Irene Vilar

Das sechzehnte Kind

Glück und Abgründe einer großen Liebe

Aus dem Englischen von
Katharina Förs und Gabriele Gockel

| Hoffmann und Campe |

Das Nachwort von Robin Morgan ist in der Originalausgabe ein Vorwort.

Blaise Pascal wird zitiert nach *Gedanken*, nach der endgültigen
Ausgabe übertragen von Wolfgang Rüttenauer, Sammlung Dietrich,
Band 7, Köln: Parkland Verlag, 1997.
Simone de Beauvoir wird zitiert nach *Das andere Geschlecht.
Sitte und Sexus der Frau*, aus dem Französischen von Uli Aumüller und
Grete Osterwald, Reinbek: Rowohlt Verlag, 1992.

Die Originalausgabe erschien 2009 unter dem Titel
»Impossible Motherhood« im Verlag Other Press in New York.

1. Auflage 2010
Copyright © 2009 by Irene Vilar
Für die deutschsprachige Ausgabe
Copyright © 2010 by
Hoffmann und Campe Verlag, Hamburg
www.hoca.de
Satz: atelier eilenberger, Leipzig
Gesetzt aus der Plantin
Druck und Bindung: Friedrich Pustet, Regensburg
Printed in Germany
ISBN 978-3-455-50168-1

HOFFMANN
UND CAMPE

Ein Unternehmen der
GANSKE VERLAGSGRUPPE

Für Dan

Das Böse ist leicht, und es gibt unendlich viel Formen des Bösen; das Gute ist beinahe einförmig. Aber eine bestimmte Art des Bösen ist ebenso schwer zu finden wie das, was man das Gute nennt, und oft gibt man dieses besondere Böse unter diesem Kennzeichen als das Gute aus. Man braucht sogar, um dieses Böse zu vollbringen, eine außerordentliche Seelengröße – ebenso wie um das Gute zu vollbringen.

Pascal, *Gedanken*

Prolog

Wenn ich mein Leben zusammenfassen sollte, würde ich sagen, es war von der extremen menschlichen Erfahrung der Abtreibung bestimmt. Jahrelang geriet ich jedes Mal, wenn ich von einer Abtreibung las oder hörte, in einen Strudel der Gefühle. Immer, wenn das Lied »A Horse with No Name« von America gespielt oder das Buch *Der Letzte der Gerechten* erwähnt wurde, das mich durch zehn erniedrigende Jahre meines Lebens begleitet hatte, war ich zutiefst aufgewühlt.

Meine Handlungen unter einem moralischen Aspekt zu betrachten ist alles andere als angenehm. Abtreibung ist moralisch gesehen ein schwieriges Thema, wie ich finde, weil es ungewöhnlich ist. Und ungewöhnlich ist es, weil der menschliche Fötus mit nichts und niemandem sonst vergleichbar ist und weil sich die einzigartige Beziehung zwischen einem Fötus und einer schwangeren Frau mit keiner anderen Beziehung vergleichen lässt.

Als ich 2001 mit der Arbeit an diesem Buch begann, sollte es, im Stil von Pygmalion/My Fair Lady, die Geschichte eines älteren Mannes und einer Jugendlichen werden, eines Lehrers und einer Studentin, und über den vorhersehbaren, aber nicht uninteressanten Zerfall ihrer gegenseitigen Faszination. Aber das blieb nicht so. Die Geschichte, die erzählt werden musste, war die einer Sucht. Obwohl ich dagegen ankämpfte, ergriff der Gedanke von mir Besitz. Diesem Buchprojekt sahen vor allem die mir nahestehenden Menschen mit Bangen entgegen. Man warnte mich, dass ich mir wahrscheinlich den Hass sowohl der Abtreibungsgegner als auch der Befürworter zuziehen würde. Was ich zu sagen hatte, musste zwangsläufig missverstanden werden.

Meine einzige Alternative wäre gewesen zu schweigen. Aber die Tatsache, dass meine persönlichen Erfahrungen mit Schwangerschaft und Abtreibung schwer nachzuvollziehen sind, war für mich nicht Grund genug, das Projekt aufzugeben. Und obgleich Abtreibungen in irgendwelchen Hinterzimmern der Vergangenheit angehören, sind legale Schwangerschaftsabbrüche noch keineswegs »normal«. Diejenigen, die sich, aus welchen Gründen auch immer, dafür entscheiden, wahren gewöhnlich Stillschweigen, und der Schleier der Heimlichkeit lastet schwer. Ich selbst habe meine Gefühle, was Abtreibung und die Identität eines Embryos und eines Fötus angeht, bis zum heutigen Tag verdrängt.

Und doch ist mein Erfahrungsbericht keine Auseinandersetzung mit der politischen Diskussion rund um die Abtreibung, und es geht darin auch nicht um die illegalen, gefährlichen Abbrüche, die für Generationen von Frauen in der Geschichte ein wichtiges Thema waren. Nein, meine Geschichte geht einem Familientrauma auf den Grund, Wunden, die ich mir selbst beigebracht habe, Zwangsmustern und der moralischen Klarheit und den moralischen Konflikten, von denen meine Entscheidungen geprägt waren. Diese Geschichte passt nicht nahtlos zu dem Slogan »Mein Bauch gehört mir«. Um das Recht auf freie Entscheidung nicht zu gefährden, verzichten viele Frauen, die wie ich für das Recht auf Abtreibung eintreten, darauf, öffentlich über Erfahrungen, die meinen ähnlich sind, zu sprechen. Die Abtreibungsdiskussion für die existenzielle Erfahrung zu öffnen, die ein Abbruch für viele Frauen bedeutet, ist zwar im Sinne der Ehrlichkeit und eines breiteren Spektrums an Ausdrucksmöglichkeiten, birgt aber auch Risiken.

Abtreibung ist eine leidvolle Erfahrung, die am Ende einer Kette von Fehlentscheidungen steht. Die Vertreter der amerikanischen Pro-Life-Bewegung instrumentalisieren diese Erfahrung in sensationsheischender Weise und gehen dabei über die Ursachen hinweg. Einer dieser menschlichen »Fehler« ist der finanzielle Druck, der neben Unwissenheit der häufigste Grund für Abtreibungen ist. In der Pro-Life-Bewegung gibt es unübersehbar lebensfeindliche Tendenzen, denn sie fördert diese Unwissenheit, indem sie sich gegen Familienplanung, Sexualerziehung und den richtigen Gebrauch von Verhütungsmitteln stellt. Ein kürzlich in der *New York Times* erschienener Artikel legte die lateinamerikanischen Abtreibungsstatistiken offen und enthüllte die alarmierenden Folgen eines rigiden Fundamentalismus, gepaart mit Armut und Unwissenheit. Die Vereinten Nationen berichten, dass in Lateinamerika jährlich mehr als vier Millionen Abtreibungen vorgenommen werden, die meisten davon illegal, und dass jedes Jahr über fünftausend Frauen an Komplikationen nach dem Eingriff sterben. Vierzig von tausend lateinamerikanischen Frauen im gebärfähigen Alter haben eine Abtreibung, das ist der höchste Prozentsatz nach Osteuropa.

Diese Zahlen zeigen unter anderem, wie wenig effektiv es ist, als einzige Form der Verhütung Abstinenz zu predigen, wie es in lateinamerikanischen Kirchen und Schulen üblich ist. Die lateinamerikanischen Abtreibungsgesetze zählen zu den schärfsten der Welt, und doch ist die Abtreibungsrate hier eine der höchsten weltweit. In den Vereinigten Staaten hingegen, wo Abtreibung legal ist und mehr Aufklärung stattfindet, erreichte die Abtreibungsrate 1993 den niedrigsten Stand seit vierundzwanzig Jahren. Der Tiefststand war 2002 erreicht, als dem Alan Guttmacher Institute zufolge auf 1000 Frauen im Alter zwischen fünfzehn und vierundvierzig 20,9 Abtreibungen fielen. Allerdings ist bei westeuropäischen Jugendlichen, die sexuell ebenso aktiv sind wie amerikanische Mädchen, aber weit mehr Zugang zu Sexualerziehung haben und besser über Verhütungsmittel informiert werden, die Wahrscheinlichkeit einer Abtreibung sieben Mal geringer, Gonorrhöe-Erkrankungen gar siebzig Mal seltener als in Amerika. Sich in irgendeiner Form mit der Pro-Life-Bewegung zu identifizieren wird vollends abwegig, wenn man sich klarmacht, dass sie im Grunde fordert, zu den in Lateinamerika herrschenden, grauenhaften Abtreibungs- und Todeszahlen von Frauen zurückzukehren, und dabei die beeindruckend niedrigen Abtreibungszahlen in Westeuropa einfach ignoriert.

Sosehr ich auch entschlossen bin, über meine Abtreibungssucht zu berichten, ohne mich mit der politischen und philosophischen Debatte um die Entscheidung Roe v. Wade aufzuhalten, muss ich doch mindestens anmerken, dass dreiunddreißig Jahre nach der Verabschiedung der richtungweisenden Gesetze durch den Obersten Gerichtshof der USA Abtreibung in einzelnen Staaten zunehmend reglementiert wird. Der Schiedsspruch gestand Frauen das durch die Verfassung geschützte Recht zu, sich in den frühen Phasen der Schwangerschaft für eine Abtreibung zu entscheiden. Im Gegensatz zu den Überzeugungen der Pro-Life-Bewegung setzte sich das Gericht bewusst mit der Tatsache auseinander, dass menschliche Ursachen, die zu der schmerzvollen Realität einer Abtreibung führen, zum Beispiel psychische Gründe wie bei mir oder wirtschaftliche Schwierigkeiten, mit denen sich so viele konfrontiert sehen, sich jeder Kontrolle entziehen. Aus diesem Grund, so hieß es, müsse die Aufgabe des Staates, das Recht der Frau auf Leben und Gesundheit zu sichern, das durch Antiabtreibungsgesetze verletzt werde, Vorrang haben. Die in alarmierendem Maße zunehmende Verschärfung der Abtreibungsgesetze kann nur dazu führen, dass bei Schwangerschaftsabbrüchen mehr Fehler und Pfuschereien entstehen.

Meine Geschichte zeigt unter anderem, dass es mir bei der Ausübung meines Rechts auf Abtreibung zunächst an einem Verantwortungsgefühl mangelte, sie zeigt aber auch, dass ich mit der Zeit ein Bewusstsein für diese Verantwortung entwickelt habe. Ich möchte der Frage nachgehen, inwieweit Abtreibung, wenn sie wiederholt auftritt und selbstschädigende Formen annimmt, auf eine Sucht hindeuten kann. Außerdem hoffe ich, Fragen anzusprechen, die verdeutlichen, dass sowohl Gegner als auch Befürworter des Rechts auf Abtreibung gleichzeitig im Recht und im Unrecht sind, wie das bei vielen fundamentalen und extremen Positionen der Fall ist.

Jahrelang kam mir gar nicht in den Sinn, dass es über Abtreibung irgendetwas zu sagen geben könnte. Ganz im Gegenteil. Es ging viel zu sehr darum, zu vergessen. Doch ich habe festgestellt, dass viele Frauen sich nichts sehnlicher wünschen, als eine von Feigheit geprägte Vergangenheit und ihr Bedürfnis, sich im Schatten der Macht eines anderen Menschen zu verstecken, zu überwinden. Viele von ihnen hatten mehrere Abtreibungen hinter sich. Wie ich selbst waren sie bemüht, Worte für eine Erfahrung zu finden, über die sie selten gesprochen hatten. Mein Bericht ist nicht der einzige seiner Art. Abgesehen von der aseptischen, sachlichen Sprache der Familienplanungsstellen und den legalistischen oder moralistischen Ausführungen der Entscheidung Roe v. Wade und deren jeweiliger Anhänger in Gestalt der Abtreibungsbefürworter und -gegner, gibt es kaum Worte, um das individuelle, intime Erleben zu artikulieren. Etwa die Hälfte aller US-amerikanischen Frauen, die 2004 eine Abtreibung vornehmen ließen, hatten schon einen Schwangerschaftsabbruch hinter sich. Fast zwanzig Prozent hatten zuvor bereits mindestens zwei Abtreibungen, zehn Prozent drei oder mehr. Eine beträchtliche Anzahl dieser wiederholten Abtreibungen geschehen in Bevölkerungsschichten, in denen Verhütungsmittel weit verbreitet sind.

»Ich hatte zwölf Abtreibungen in elf Jahren, und es waren die glücklichsten Jahre meines Lebens.« (Fünfzehn in fünfzehn Jahren, wenn ich die drei mit einem anderen Mann dazuzähle.) Diese Worte schrieb ich, bevor ich die Wahrheit zu begreifen begann, und das ist lange her. Ich weiß, dass man mich missverstehen wird, dass viele Menschen meinen Albtraum als die Geschichte eines Rechtsmissbrauchs sehen werden, als hätte ich die Abtreibung als Mittel zur Geburtenkontrolle benutzt. Das ist nicht der Fall. Mein Albtraum ist Teil des schrecklichen Geheimnisses, und die wahre Geschichte liegt hinter einem Schleier von Scham, Kolonialismus, Selbstzerstörung und einer Familiengeschichte verborgen, deren Protagonisten eine heldenhafte Großmutter, eine durch eigene Hand verstorbene Mutter und zwei heroinsüchtige Brüder sind.

Ich weiß, dass dieser Bericht das moralische Dilemma meines Handelns nicht lösen kann. Ja, ich wollte den Zauber verstehen, den ein schwangerer Körper auf mich ausübte, meine krankhafte Sehnsucht, jemand oder etwas anderes zu werden. Dabei ließ ich mich von den Tagebüchern leiten, die ich damals führte. Was ich dem Leser bieten kann, ist ein Bericht über meine Sucht, einen nicht versiegenden Unglücksstrom, der schonungslose Blick auf eine Illusion, und schließlich das erlösende Antlitz des Mutterseins.

Etwa auf der Hälfte dieses Buchs wurde ich zum sechzehnten Mal schwanger. Ich glaube nicht, dass ich ohne den Anspruch von Verantwortlichkeit und Selbstreflexion, den das Schreiben dieser Geschichte erforderte, fähig gewesen wäre, ein Kind zur Welt zu bringen. Meine Tochter, sie ist die Stimmigkeit, die aus der beschämenden Masse von fünfunddreißig Jahren hervorgegangen ist.

Ja, ich war abtreibungssüchtig, und ich suche nicht nach einem Sündenbock. Alles ist erklärbar, alles lässt sich rechtfertigen, so lehrt uns das vergangene Jahrhundert. Alles außer der Bürde unterbrochenen Lebens, die ich mit ins Grab nehmen werde.

»Der Körper ist kein Ding,
sondern eine Situation: Er ist unser Zugriff
auf die Welt und der erste Ansatz
zu unseren Entwürfen.«

Simone de Beauvoir, *Das andere Geschlecht*

Meine erste und meine letzte Erinnerung an meine Mutter ist die an einen Tanz. Bei der ersten sehe ich die grünen Zuckerrohrfelder, die unser Haus umgeben, und ihr langes schwarzes Haar, das im Wind flattert, während sie, sich an einer Palme festhaltend, Tanzschritte übt. Der umgestürzte Poincianabaum links von ihr und das von Kokosnüssen übersäte Gras deuten auf den Hurrikan Katrina und das Jahr 1973 hin. Von dem letzten Bild, das ich von meiner Mutter im Kopf habe, weiß ich das genaue Datum: Es war der 28. Februar 1977, der Tag der Hochzeit meines Bruders. Ich war acht Jahre alt. Im Tanzsaal drängten sich Körper zu einem Bolero aneinander. Mein Blick folgte dem meiner Mutter in eine Ecke des Raumes, in der sich die Schuhe meines Vaters rhythmisch um rote, hochhackige Sandalen drehten. Während sie einander umkreisten, verloren diese vier Schuhe kaum den Kontakt zum Boden. Meine Mutter packte mich am Arm und rauschte hinaus, rauchte am Wagen meines Vaters eine Zigarette, sprach mit sich selbst und bearbeitete dabei mehrmals mit ihrem Schuhabsatz einen Reifen.

Die letzten Worte meines Vaters, die meiner Mutter galten, waren an mich gerichtet: »Deine Mutter weiß nicht, was sie tut.« Dabei hob er ihren schlaffen Leichnam von der Straße. Ich folgte ihm dicht auf den Fersen bis zum Auto, wobei ich ihren nackten, leblosen Fuß mit der Hand umklammerte.

Scham ist der rote Faden, der sich bis zu den Ursprüngen meiner Heimat zurückverfolgen lässt. Auf den Karten von Lateinamerika ist meine Insel Puerto Rico entweder gar nicht vorhanden oder nur als gebietsmäßiges Anhängsel. Die Karten zeigen überdeutlich die Geschichte der puertoricanischen Abhängigkeit, zuerst von Spanien, dann von den Vereinigten Staaten. Fast alle Zeugnisse deuten auf einen Ausverkauf hin: Die Bereitschaft eines Volkes, seine nationale Identität um des ökonomischen Profits willen zu verschachern, hat an unserer Würde und an unseren Allmachtsgefühlen genagt.

Der Traum meines Urgroßvaters von einem besseren Leben zerbrach, als nordamerikanische Unternehmen die Insel in ein einziges Zuckerrohrfeld verwandelten. Lolita, seine Tochter, verkaufte sich an den neuen Besitzer der Kaffeeplantage, auf der er den größten Teil seines Lebens für die Pacht gearbeitet hatte. Sie war damals siebzehn. Die Geburt meiner Mutter war nur das Nachspiel einer Geschichte der Schande, die vor sehr langer Zeit begann.

Im Sommer 1940, zwei Monate nachdem sie meine Mutter zur Welt gebracht hat, steigt Lolita auf der Plaza in Lares in einen Bus und quetscht sich zwischen Fahrgästen und Koffern auf einen Platz. Sie ist eine Bäuerin aus dem Hochland, eine *jíbara*, und ihr Gesicht hat die für Leute vom Land typische wächserne Blässe. Die Pfunde, die sie während der Schwangerschaft zugelegt hat, ist sie noch nicht wieder los, dennoch ist sie eine hübsche Neunzehnjährige auf dem Weg hinaus in die Welt. Wenn sie jetzt nicht wegging, würde sie für immer hier festsitzen.

Wie viele vor und nach ihr besteigt sie in San Juan ein Boot nach New York, in das Land, das sie im Grunde aus ihrer Heimat vertrieben hat. Dort wird sie sehen, dass es den anderen puerto-ricanischen Auswanderern im Land der unbegrenzten Möglichkeiten nicht besser geht als früher in ihrer Heimat und dass die erzwungene Wanderschaft kolonisierter Völker nur eine andere Form der Unterjochung ist. Mehr als ein Leben als Bedienstete, nicht anders als das, das sie hinter sich gelassen hat, wird sie nicht erreichen.

Scham muss meine Großmutter aus Puerto Rico vertrieben und sie in den Straßen der Bronx und in den Textilfabriken der Lower East Side auf Schritt und Tritt begleitet haben. Scham entfachte wohl auch ihre glühende Leidenschaft für den Anführer der nationalistischen Bewegung Puerto Ricos, Don Pedro Albizu Campos, und besiegelte im Jahr 1954 ihr Martyrium, als sie mit einer Waffe und einer Nationalflagge in der Tasche die Stufen zum US-Kapitol hinaufstürmte. Für ihren Versuch, die Regierung der Vereinigten Staaten von Amerika zu stürzen, saß sie siebenundzwanzig Jahre lang im Gefängnis.

Ich vermute, dass die Geschichte meiner eigenen Scham und vielleicht auch der meiner Mutter mit jenem Tag begann, an dem meine Großmutter die Insel verließ. Meine Mutter verbrachte die ersten vierzehn Jahre ihres Lebens bei verschiedenen Onkeln. Sie zog mit ihrer Großmutter mehrmals um. Diese half zunächst Schwiegertöchtern mit ihren Neugeborenen und war am Ende, als ihre Tuberkulose schlimmer wurde, selbst auf Hilfe angewiesen. Als ihre Großmutter schließlich in einem Hospiz in San Juan lag, blieb meine Mutter bei einem der Onkel. Die Scham meiner Mutter kann ich nur erahnen, anhand der Geheimnisse, die man mir verriet: Männer aus Lares, zum Teil vom selben Blut wie sie, die ihre tastenden Hände unter ihr Kleid schoben, dicke Finger, die an ihrem Schenkel auf und ab glitten, während meine Mutter das ganze Schauspiel so distanziert verfolgte, als wäre es gar nicht sie, der all dies geschah. Und dann ist da der Onkel, bei dem sie wohnte, als ihre Großmutter ins Hospiz ging. Er betastet ihre Brüste, er, der Onkel, den sie liebt, umfasst ihre Brüste mit seinen Händen, in scheinbar väterlicher Zuneigung. Sie lächelt, lacht in derselben wissenden Unschuld, die sie darbot wie eine Maske und die jeder, der sie kennenlernt, ausnutzen wird, um sich an sie heranzumachen. Und nicht einmal wenn sie diesem einen Mann und den anderen ins Gesicht schaut, wird ihre Scham sichtbar, denn mit ihrem in Jahren des Waisendaseins geschärften Instinkt weiß sie genau, was sie zu tun hat, um zwischen den Vettern und Cousinen nicht zu stören, die, im Gegensatz zu ihr, zu der Familie gehören, in der sie leben.

Zwischen dem Onkel, der sie vergewaltigte, dem reichen Vater, den sie nie kennenlernte, der Mutter, die sie verlassen hatte, und der Stadt, die nur zusah, war sie das Geschenk, das bereitet wurde, noch bevor sie es begreifen konnte, das fast klischeehafte Opfer des Kolonialismus. Sie war die Opfergabe.

Aber sie war zu schnell, als dass die Dinge sie hätten beeinträchtigen können. Mein Vater schilderte häufig, wie forsch sie sich bewegt hatte, als er sie das erste Mal aus einem Bus steigen und einen Abhang hinuntergehen sah. Ihr Gang verriet eine kühne Aufgeschlossenheit, sie wirkte unbekümmert und auf eine Weise einladend, dass die Männer die Augen zusammenkniffen und die Herzen der Frauen weich wurden und alle sie in den Arm nehmen und beschützen wollten.

Meine Mutter heiratete meinen Vater, als sie kaum fünfzehn war, und kam gleichsam als sechstes Kind in den Haushalt Vilar. Die beiden Schwestern meines Vaters, obwohl nicht viel jünger als meine Mutter, blickten zu ihr auf. Seine Mutter, *abuela* Irene, nahm das magere, unterernährte Mädchen rasch als eigenes Kind auf, während sich der Vater meines Vaters für sie verantwortlich fühlte, war sie doch die Tochter einer Heldin. Großvater José Maria war ein Anhänger des Nationalistenführers Don Pedro Albizu Campos und hatte in dem Büro über der Kirche, der er vorstand, einmal mit ihm Kognak getrunken.

Die Familie Vilar bemerkte bald, dass meine Mutter sich gern unterwürfig gebärdete. Sie staunten über ihre Großzügigkeit und darüber, dass dieses Mädchen ihre Bedürfnisse erahnte, ehe sie ihnen selbst bewusst wurden. Teller wurden gespült, auch wenn sie gar nicht benutzt worden waren. Wenn ihr die Arbeit ausging, räumte sie die Küchenschränke aus, wusch alles, was ihr dabei in die Hände fiel, ab und polierte es blank. Deshalb schätzte sie jeder im Haus, und wenn mein Vater etwas sagte oder tat, was sie verstimmte oder ihr den Appetit verdarb, wurde er gescholten. Die Dienstbeflissenheit meiner Mutter glich einem Netz, das nicht nur sie mit den Jahren immer weiter einschnürte, sondern auch jene, denen sie zu Diensten war.

Ich beobachtete oft, wie gefällig sich meine Mutter in den Häusern bewegte, in denen wir zu Gast waren, und wie dankbar und demütig die Gastgeber sie aufnahmen. Bis heute kann ich dem Drang nicht widerstehen, mich in fremden Küchen nützlich zu machen und Geschirr zu spülen.

Es gibt nur ein einziges Foto meiner Mutter, auf dem ich deutlich ihre Augen erkennen kann. Sie sitzt auf einer niedrigen Betonmauer, die Hände im Schoß zusammengefaltet. Zwei lange Zöpfe fallen ihr über die Brust und ringeln sich in der Falte zwischen ihren Brüsten und ihrem Hochschwangerenbauch. In dem ich mich befinde.

Zwischen diesem Bild und ihrem Tod liegen acht Jahre.

An jenem letzten Abend bei der Hochzeit meines Bruders wollte ich meine Mutter daran erinnern, dass die Frau mit den roten Schuhen ihre eigene geliebte Cousine Teresa war. Doch wenn meine Mutter mit sich selbst redete, war sie nicht ansprechbar. Diese Augenblicke zählten zu den wenigen, in denen sie gelegentlich vergaß, wie lieb sie einen hatte.

Sie war stets voller Hingabe, immer mit dem Gedanken beschäftigt, was sie tun könnte, um geliebt zu werden. Mit der Zeit hatte ich gelernt, in den Momenten, in denen es ihr schlecht ging, schweigend an ihrer Seite zu sein und mich mit irgendwelchen Dingen zu beschäftigen, während ich darauf wartete, dass sich die dunklen Wolken wieder verzogen. Dieses Mal aber sollten die Wolken nicht mehr verschwinden.

In der einen Stunde zwischen dem Augenblick, da ich merkte, dass meine Mutter tot war, und der Ankunft meines Vaters im Haus meines Onkels schloss ich mich in einem Zimmer ein, lief dort hin und her, rannte gegen die Möbel und probierte alle möglichen Verstecke aus. Ich kroch in einen Schrank und zog die hängende Garderobe über mir zu, bis ich nur noch ein Haufen Kleider war. Zusammengekrümmt drückte ich mich unter einem Bett gegen die Wand und weinte, das Gesicht in einer Ecke verborgen, jämmerlich. Dann hockte ich mich hinter einen Schreibtisch, meine Tränen waren versiegt, aber ich schlug mehrmals den Kopf gegen das Holz. Irgendwann bekam ich Angst, ich musste das Zimmer verlassen, um nach meiner Tante Ausschau zu halten. Als mein Vater schließlich kam, nahm er mich auf den Schoß, und noch bevor er den Mund aufmachen konnte, erklärte ich ihm, ich wüsste bereits, dass Mama gestorben sei. Dann sagte ich zu ihm, er solle sich keine Sorgen machen, alles werde gut. Ich könne Reis kochen, jeden Tag, gleich morgen würde ich damit beginnen. Ich war ein stoisches kleines Mädchen, das seinen Vater tröstete und seine Tante daran erinnerte, dass sie schwarze Kleidung für die Beerdigung benötigte.

Alle entschieden sich dafür zu glauben, dass meine Mutter im Schlaf aus dem Auto gefallen war, weil sich plötzlich die Tür geöffnet hatte. Sie müssen die Wahrheit geahnt haben, schließlich hatten sie die Hingabe meiner Mutter weidlich genossen und die Folgen gefürchtet, den Preis, den sie würde zahlen müssen, wenn ihr klar wurde, dass niemand auf der ganzen Welt diese Aufopferung mit Gleichem würde vergelten können. Dieser Verdacht sorgte wohl zusammen mit einem Gefühl von Komplizenschaft dafür, dass sich in meiner Familie Schweigen ausbreitete und man sich immer weiter voneinander entfernte.

An dem Tag, an dem sie beschloss, sich mit einem Sprung aus unserem Leben zu verabschieden, verließ meine Mutter ein achtjähriges Mädchen und einen vierzigjährigen Ehemann, der Angst vor Fragen hatte. Zurück blieben außerdem meine drei Brüder Miguel, fünfzehn, Cheo, neunzehn, und Fonso, zwanzig. Erst kürzlich habe ich überhaupt einmal darüber nachgedacht, was der Tod meiner Mutter für sie bedeutet haben mag. Was mich selbst betraf, so fragte mich niemand in der ganzen Familie jemals, wie es mir ging. Keiner sprach über das, was geschehen war. An dem Abend, als meine Mutter starb, fuhren mein Vater und ich schweigend zum Krankenhaus, und wir schweigen bis zum heutigen Tag über ihren Tod. Tage später saßen wir in einem Raum des Gerichtsgebäudes und wurden befragt. Wir sahen uns gegenseitig in die Augen, um einander etwas Trost zu spenden, und das war's. Vater war kein Mensch, der auf Antworten aus war, und gerade das machte seinen Charme aus. Dieses unbekümmerte Entrücktsein wurde besonders deutlich, wenn er auf die Tanzfläche ging und sich den Kopf freitanzte. Immer wieder beeindruckte er mit Cumbia, Salsa und Merengue, und er tanzte in der Küche weiter, sodass wir alle unsere Ängste vergaßen. Was auch immer er gerade tat, er summte, sang oder scherzte und sagte jedem, der mit Problemen zu ihm kam, er solle erst einmal etwas Gutes essen und einen Schluck trinken, dann werde man schon sehen. Ich erinnere mich, dass er in meiner Kindheit ständig jemandem einen randvollen Teller Reis mit Bohnen oder ein Gläschen Rum vorsetzte.

Wir riskierten nie, Fragen zu stellen. Das war Sache der Polizei. Unsere Aufgabe bestand darin, weiterzuleben, ohne noch mehr Leichen auf unserem Weg zu hinterlassen.

Etwa ein Jahr lang lebten wir allein zu Hause, mein Vater, Miguel, Fonsito und ich. Cheo wohnte in San Juan zusammen mit seiner frisch angetrauten Frau, die sich um seinen neunzehn Jahre alten zerstörten Körper kümmerte. Nach einem Unfall ein Jahr vor seiner Heirat konnte er nicht mehr laufen, er war von der Hüfte abwärts gelähmt, Blase, Harnröhre und Prostata waren kaputt. Wir besuchten ihn jedes Wochenende auf dem Weg zu Großmutter Irene. Dann hielt mein Vater immer erst bei einem Buchmacher in einem Winkel des Wohnkomplexes und schloss für seinen Sohn Pferdewetten ab. In Cheos kleiner Wohnung spielte ich mit der Frau meines Bruders Karten, während mein Vater mit seinen kräftigen Armen meinen Bruder zur Badewanne trug und ihn badete.

Durch die Abwesenheit meiner Mutter änderte sich wenig bei uns zu Hause, bloß, dass sie eben nicht mehr da war. Häufig streifte ich mit dem betäubenden, beinahe zwanghaften Wunsch durch die stillen Räume, irgendetwas zu tun: bei den Vettern und Cousinen übernachten, Seemuscheln suchen, Glanzleistungen in der Schule vollbringen, Comic-Hefte sammeln, Weihnachtslieder auswendig lernen, Flamenco tanzen, masturbieren, alles, was mich davon abhielt, etwas zu fühlen.

Ich beschäftigte mich, indem ich Krebse fing und Lieder auswendig lernte, die ich meinem Vater vor dem Schlafengehen vorsingen wollte. Ich sortierte die Wäsche für ihn, wenn er unsere Sachen wusch, und hielt die Flasche mit der Stärke, während er meine Schuluniformen bügelte. Ich saß im

Flur und schluchzte, wenn er zwischen meinem Zimmer und dem Bad den Durchfall vom Boden aufwischte, während er mir unablässig versicherte, ich sei sein kleines Mädchen, und sein Lieblingslied von einem alten Pferd summte, das schneller laufen konnte als sein Junges. Ich hatte ständig Durchfall, bis ich mit elf meine Periode bekam. Ich weiß das noch, weil ich, nachdem ich den Badezimmerboden im Internat beschmutzt hatte, zur Toilette lief und dort entdeckte, dass meine Unterhose rot gefärbt war. Danach kann ich mich an keine Missgeschicke mehr erinnern.

Ich sehe meinen Vater vor mir, wie er in der Küche seines kleinen Restaurants am Strand einen Tintenfisch klopft. Das Restaurant war sein Hobby, er führte es nach der Arbeit und an den Wochenenden. Wahrscheinlich schützte er sich mit dem Lokal auch vor der unersättlichen, bedürftigen Liebe meiner Mutter. An Samstagen nahm er mich oft dorthin mit und ließ mich die Muschelschalen ausspülen, nachdem er das Fleisch herausgelöst hatte. Ich tauchte sie in einen Eimer mit Wasser und schrubbte dann die haarigen Algen und harten Seepocken ab. Jedes Mal suchte ich mir eine aus und nahm sie mit nach Hause, geriet aber immer an den Rand der Verzweiflung, wenn ich herauszufinden versuchte, mit welcher sich das Meeresrauschen am besten hören ließ. Sie klangen alle unterschiedlich und doch gleich, und häufig ließ ich, den Tränen nahe, meinen Vater entscheiden.

In gewisser Weise fühlte ich mich bei meinem Vater stets sicher und bei meiner Mutter in Gefahr. Ihre Liebe zu mir war genauso leidenschaftlich und hingebungsvoll wie die zu meinem Vater, offenbarte sich aber in Wellen und veränderte sich mit Zeiten quälenden Schweigens und der Vernachlässigung. Den einen Abend verteidigte sie mich auf der Treppe unseres Hauses unter Einsatz ihrer Zähne und Fingernägel gegen einen Dieb, bis der Kerl blutend davonlief, am nächsten ließ sie mich allein, ging mitten in der Nacht zu den Zuckerrohrfeldern oder suchte meinen Vater.

Sie konnte sonderbar und unberechenbar sein. Zu meinem siebten Geburtstag versprach sie mir, einen Kuchen zu backen, den ich mit in die Schule nehmen sollte. Es war ihre eigene Idee. Sie informierte den Lehrer, und ich beobachtete, wie sie sich lange über diesen Kuchen unterhielten. Als ich am Morgen meines Geburtstags ins Auto stieg, fragte ich, ob sie den Kuchen in den Kofferraum gestellt hätte. Es gebe keinen Kuchen, erwiderte sie. Ich weinte während der ganzen Fahrt zur Schule. Als wir dort ankamen, öffnete sie den Kofferraum und holte einen riesigen Schokoladenkuchen heraus. Er bestand aus drei Schichten und war mit einem kleinen Brunnen in der Mitte verziert, in dem ein Goldfisch schwamm. Dann nahm sie mein Gesicht in die Hände und fragte mich: »Wie konntest du nur glauben, ich würde nicht den besten Kuchen der Welt für dich backen?«

Es ist wohl überflüssig zu sagen, dass ich jeden Tag, wenn mein Vater nach Hause kam, Zuflucht in seinen sicheren Armen suchte, als bangte ich um mein Leben. Und doch wollte ich nur, dass meine Mutter glücklich war. Man sollte meinen, als sie starb, hätte ich mich elend gefühlt wie niemand sonst auf dieser Erde. Aber ich erinnere mich nicht, irgendetwas dieser Art empfunden zu haben.

Mein Vater stellte mir Blanquita als gute Freundin vor, die seiner Tochter einen schönen Geburtstag ausrichten wolle. Sie zog an Weihnachten zu uns, neun Monate nach dem Tod meiner Mutter. Unmittelbar darauf machte sie sich daran, das gesamte Haus neu einzurichten, vor allem das Schlafzimmer meiner Eltern. Ich weiß noch, dass ich ihr auf Schritt und Tritt folgte, fast verliebt und voller Sehnsucht, von ihr beachtet zu werden. Ich bewunderte ihr blondes, zu einem perfekten Knoten geschlungenes Haar und ihre kleinen Ohren, die eng an dem feingeschnittenen Kopf anlagen. Sie sprach häufig von ihren drei Töchtern, die sie bei der Scheidung dem reichen Vater hatte überlassen müssen. Sie durfte sie nicht sehen. Als sie mir Fotos von ihnen zeigte, war ich eifersüchtig, ich erinnere mich noch gut daran. Ich wollte die Tochter meiner Stiefmutter sein, und mit diesen verblassten Fotos erinnerte sie mich daran, dass ich das nicht war.

Seit dem Tod meiner Mutter übernachtete mein Bruder Miguel häufig bei Schulfreunden in der Stadt. Wenn er nach Hause kam, brachte er immer Kumpels mit und hatte keine Zeit mehr, mich auf der Schaukel anzuschubsen, mit mir auf Bäume zu klettern oder mir beim Singen zuzuhören. Einmal, als er allein im Palmenhain saß, fragte ich ihn, ob er mit mir auf dem Bett herumspringen wolle. Er sagte, Blanquita möge es nicht, wenn er sich im Haupthaus aufhalte. Ein anderes Mal kam er zum Haus, weil er sich aus seinem Studio ausgesperrt hatte, das an die Garage angebaut war. Ich rannte auf ihn zu, doch noch ehe ich bei ihm war, bat ihn Blanquita, draußen auf der Veranda zu warten. Seine Schuhe seien voller Dreck, sagte sie. Ich sah, wie er uns anblickte – ihr Arm lag auf meinen Schultern –, und schämte mich.

Dann verschwand er. Ich bekam mit, wie Blanquita zu meinem Vater sagte, sie hoffe, er bleibe für immer weg. Er nehme Drogen. Mein Vater entgegnete, er werde zurückkommen. Er war schon oft weggelaufen, allerdings noch nie für so lange Zeit, und jedes Mal hatte er etwas aus dem Haus, von einem Verwandten oder Freund gestohlen. Blanquita fand, es sei gefährlich für mich, mich mit ihm abzugeben. Jeden Tag nach der Schule ging ich in sein Zimmer und betrachtete seine Sachen. Ich vermisste ihn. Ich setzte mich auf den Badezimmerboden, sog den Geruch der halbgerauchten Joints und winzigen Kippen ein, die in einem gläsernen Coca-Cola-Aschenbecher neben der Badewanne lagen. Ich sang die Weihnachtslieder aus dem Büchlein, das er mir geschenkt hatte. Zwischen den Liedern stopfte ich mir Klopapier in den Mund, eine Angewohnheit, die ich beibehielt, bis ich ein paar Monate vor meinem zehnten Geburtstag aufs Internat kam.

Ich bat meinen Vater, bei Onkel José und Tante Betsy wohnen zu dürfen. Sie zogen mit meinen drei Cousins und Cousinen in eine Schule in den schneereichen Wäldern von New Hampshire, wo Rehkitze im Garten ein Nickerchen hielten und sich streicheln ließen. Mein Onkel sollte dort Griechisch und Latein unterrichten und dafür vom Schulgeld für seine Kinder befreit werden sowie freie Kost und Logis erhalten. Der Direktor der Schule, Mr Boynton, war Anfang der fünfziger Jahre an einer Privatschule der Episkopalkirche in San Juan Lehrer meines Onkels und meines Vaters gewesen.

An dem Morgen, an dem ich zum Flughafen aufbrach,

fanden wir Miguel schlafend auf dem Boden der Garage. Vom Rücksitz des Wagens aus sah ich, wie er beim Geräusch des Motors aufwachte. Mein Vater wandte den Blick von meinem Bruder ab, als er aus der Garage fuhr. Blanquita war in Sorge, ich könnte mein Flugzeug verpassen. Ich kurbelte das Fenster herunter und rief den Namen meines Bruders. Da hielt mein Vater an und stieg aus. Ich sah, wie er Geld aus der Hosentasche zog und es meinem Bruder in die Hand drückte. Miguel starrte erst die Scheine an, dann blickte er auf und zu mir herüber. Er sah nicht aus wie mein Bruder.

In den Wäldern von New Hampshire wandte ich mich der Religion zu. Ich wollte eine Heilige sein, eine geschickte Tarnung für meine Sehnsucht nach meiner Mutter, meinem Vater, meiner Familie. Mit der Bibel in der Hand streifte ich durch die Landschaft. In den Ahornwäldern war ein Gott zu Hause, gegen den die Abwesenheit meiner Mutter, im Leben wie im Tod, und die Unnahbarkeit meines Vaters nicht mehr Bedeutung hatten als das Fällen eines Baumes für den Holzofen der Schule.

In den zwei Jahren, in denen ich das Internat besuchte, fuhr ich viermal nach Hause. Nichts und doch alles hatte sich verändert. Während ich meine ungestellten Fragen von Raum zu Raum schleppte, begleiteten mich die Traurigkeit und das Lachen meiner Mutter. Manchmal überkam mich der Impuls, meinen Vater nach den Dingen zu fragen, die mich beunruhigten. Ich beobachtete ihn und wartete auf den passenden Augenblick, aber der kam nie. Er war wie ein wichtiger und liebevoller Fremder, der keine Zeit erübrigen konnte. Und ich, ich hatte keine Worte für meine Fragen. Ich wanderte durch das Haus, wenn niemand da war, und warf einen Blick in die Zimmer, die von Blanquita neu ausgestattet worden waren. Nur ein Wandgemälde im Zimmer meines Vaters, das mein Bruder Cheo gemalt hatte, ein Regenbogen, der sich über die Namen meiner Eltern spannte, wies den Weg zurück.

Miguel war nie da, wenn ich nach Hause kam, zweimal befand er sich in Resozialisation, die anderen beiden Male saß er wegen Drogenbesitz im Gefängnis. Sonntags traf sich die ganze Familie bei meiner Großmutter Irene, und dann wurde aufgezählt, was ihnen mein Bruder alles geklaut hatte, Videorecorder, Fernsehgeräte, Kameras, Scheckhefte, Telefone, Bücher, einem Onkel fehlte eine Salvat-Enzyklopädie, dem anderen eine Encyclopedia Britannica. Auch aus den Kirchen, denen mein Onkel als Bischof vorstand, waren viele Gegenstände verschwunden. Kreuze, Kommunionpatenen, silberne Altarleuchter, Zingulums, der mit Blattgold versehene Rundfuß eines Taufbeckens und Predigtstolen. Meine Großmutter pflegte dann das Thema zu wechseln und ihre Kinder wegen solcher Gespräche zu tadeln: Ihr Enkel sei krank. Ich war stolz auf meinen Bruder, weil er nur Verwandte und Freunde beklaute, niemals aber Fremde.

Im Sommer vor meinem zwölften Geburtstag verlor mein ältester Bruder Fonso wegen seiner Drogenabhängigkeit seine Arbeit, seine Frau und seine beiden Kinder. Alle in der Familie waren fassungslos. Mit seinen fünfundzwanzig Jahren hatte er charakterlich sehr gefestigt gewirkt. Im Juli 1981 saßen zwei meiner Brüder wegen Drogenbesitz im Gefängnis. Und Onkel José zog mit seiner Familie nach Baltimore, kehrte also nicht nach New Hampshire zurück. Ich fühlte mich daheim wie gestrandet und verließ nur selten mein Zimmer. Mittlerweile machte es mir Angst, dass Blanquita, außer sich, weil meinem Vater die Beziehung nicht mehr wichtig zu sein schien, mir nicht von der Seite wich. Sie sagte, ich sollte ihn bitten, sie zu heiraten, und erzählte mir von seinen anderen Frauen. Allerdings wusste sie, dass sie ihm nichts bedeuteten.

Ich wollte weg, wollte wieder in die Boynton-Schule oder bei meinen anderen Tanten, Vettern und Cousinen in San Juan wohnen. Als uns Anfang August der spanische Onkel meines Vaters mit seiner Familie besuchen kam, witterte ich meine Chance. Genauso wie Blanquita. Sie bot an, mit uns in Spanien Ferien zu machen. Einmal dort, bat ich, bleiben zu dürfen. Sie schrieb mich in einem katholischen Internat ein, ein paar Fahrtstunden von der Kleinstadt entfernt, in der meine Verwandten lebten.

Mit zwölf Jahren sitze ich einsam in einer spanischen Klosterschule für Mädchen auf dem Rand meines Bettes. Dabei fällt mein Blick auf ein schmales Buch, das auf dem Nachttisch meiner Zimmergenossin liegt. Auf dem Einband ein Mädchen in meinem Alter. In der Hoffnung, es sei ein Liebesroman, schlage ich es auf. Ich lese Tagebucheintrag um Tagebucheintrag und warte darauf, dass die Geschichte endlich anfängt, doch es gibt keinen Anfang, nur ein Ende, das Ende der sympathischen Protagonistin und ihrer gesamten Familie. Das *Tagebuch der Anne Frank* hinterließ Spuren in mir, eigentlich eher eine Narbe, mit der ich fertigzuwerden versuchte, indem ich selbst Tagebuch schrieb. Damit begann eine endlose Reihe vergeblicher Versuche, einen Zeitplan einzuhalten, den niemand anderes mir vorgab als ich selbst.

Die Narbe auf meiner Seele hatte wenig mit den Schrecken des Holocaust zu tun, von denen ich keine Vorstellung hatte, sondern eher mit dem Mädchen, das jeden Morgen in einer Dachkammer aufwacht, vor sich die Aufgabe, untertänigst um Erlaubnis zu bitten, in einem Mauseloch existieren zu dürfen. Nicht Hitler muss sie darum bitten, sondern die Gleichaltrigen, die den Dachboden mit ihr teilen. So sah mein Leben seit dem Tod meiner Mutter aus. Überall war ich nur Gast, fühlte mich nirgends willkommen, wachte immer wieder in einem anderen Zuhause auf, bei Tanten,

Vettern und Cousinen, Freunden der Familie, und entlastete auf diese Weise meinen Vater. Ich musste meinen großzügigen Gastgebern mit strahlendem Lächeln entgegentreten und um die Erlaubnis bitten, ein wenig Platz auf der Welt in Anspruch nehmen zu dürfen. Jeden Morgen wachte ich mit dem Gedanken auf, was wohl die anderen über mich dachten oder welche Gefühle sie mir gegenüber hegten. War ich ihnen im Weg? Meinen nicht enden wollenden inneren Monolog, dieses ständige Interpretieren von Gedanken und Handlungen anderer, fand ich bei Anne Frank wieder.

Eineinhalb Jahre später flog ich zur Hochzeit meines Vaters wieder nach Puerto Rico und zog bei den frisch Vermählten ein. Nach fast vier Jahren auf Internaten in den Vereinigten Staaten und Spanien machte ich mit dreizehn die Aufnahmeprüfung für eine Highschool und wurde in die neunte Klasse aufgenommen. Myrna, die Frau meines Vaters, war in der Oberstufe und im dritten Monat schwanger. Er hatte sie in einem Café in der Nähe ihrer Schule gegenüber von seinem Büro kennengelernt. Sie hatte nicht nur denselben Namen wie meine Mutter, sondern auch dasselbe Sternzeichen. In den ersten Tagen nach der Hochzeit saß ich auf einem Hocker an der Küchentheke und sah ihr beim Kochen zu. Ich wusste nicht, ob ich Blanquita vermisste, aber ich fühlte mich unwohl, weil wir jeden Kontakt verloren hatten. Wenn ich, was selten vorkam, meinen Vater nach ihr fragte, bekam ich zur Antwort, er wisse nicht, wo sie wohne. Er habe gehört, sie sei zu einem anderen Mann gezogen. Dabei beschlich mich ein genauso flaues Gefühl wie bei dem Gedanken an die drei Jahre Altersunterschied zu meiner neuen Stiefmutter. Ich folgte ihren Schritten in der Küche mit wachsendem Zorn. Sie war schüchtern und unbeholfen, und kochen konnte sie auch nicht. Ich weigerte mich, die von ihr zubereiteten Speisen zu essen. Eines frühen Morgens fand ich sie weinend in der Küche. Mein Vater war nicht nach Hause gekommen. Doch schon bald wichen ihre Tränen einer Trauer und Bedürftigkeit, wie ich sie von meiner Mutter kannte. Von da an wandte ich mich ihr zu. Als mein Vater trotz ihrer Schwangerschaft weiterhin lange ausblieb, wurde sie wütend.

Als im Februar 1983 meine Schwester Diana zur Welt kam, war meine Stiefmutter die unglücklichste Frau, die ich jemals erlebt hatte. Nach ihrer Rückkehr aus dem Krankenhaus hielt ich Diana die ganze Nacht im Arm. Sie hatte Koliken, und meine Stiefmutter konnte wegen ihres Kaiserschnitts nicht auf und ab gehen, ohne sich vor Schmerzen zu krümmen. In ihrem ersten Lebensjahr rettete ich meine kleine Schwester oft vor der Traurigkeit ihrer Mutter. Ein paarmal sorgte ich dafür, dass sie nicht in der Nähe war, wenn meine Eltern stritten. Vater, der von seinen gewohnten Spielchen mit anderen Frauen nicht lassen konnte, kam weiterhin spät nach Hause, und meine Stiefmutter weinte. Eines Tages erhob sie die Hand gegen ihn, und ich fing das Baby auf. Wenn sie vor Eifersucht und Zorn zu toben begann, erinnerte sie mich mehr denn je an meine Mutter.

Fünfzehn Monate später kam eine weitere Tochter zur Welt, Merilde. Myrna war jetzt achtzehn und mit zwei Babys völlig überfordert. Jeden Morgen, wenn ich zur Schule ging, machte ich mir Sorgen um die Kleinen. Wenn ich zurückkam, kümmerte ich mich um sie, während meine Stiefmutter abends für ihren Schulabschluss lernte. Manchmal erschien sie mir glücklich. Wenn mein Vater da war, verwöhnte er sie und war lieb zu ihr. Aber genau wie einst meiner Mutter gab er ihr in der einen Minute das Gefühl, gebraucht zu werden und ihm wichtig zu sein, und zog ihr in der nächsten irgendetwas vor, Domino, Pferderennen, eine andere Frau, ein Baseballspiel, die Zeitung.

Mit der Zeit kamen mein Bruder Cheo, der inzwischen für meinen Vater arbeitete, und ich uns näher. Nach mehreren Operationen konnte er wieder ohne Katheter an Oberschenkel und Hüfte gehen. Oft holte er mich mit dem Auto von der Schule ab. Und wenn ich nach Miguel und Fonso fragte, lenkte er mich gern mit Geschichten von unserer Mutter ab, an die ich mich nicht erinnern konnte, weil ich zu jung war. Eines Tages war er ungewöhnlich schweigsam. Er bat mich, das Handschuhfach zu öffnen und mir ein rosafarbenes Papierstück anzusehen. Als ich daraus nicht schlau wurde, erklärte er mir, er habe Blasenkrebs und bereits im ganzen Körper Metastasen. Den Rest des Heimwegs weinte ich in seinem Schoß.

Während all das um mich herum geschah, entdeckte ich meine heldenmütige Großmutter für mich und machte sie zum Gegenstand meiner Liebe. Seitdem Präsident Carter sie begnadigt hatte und sie nach Puerto Rico zurückgekehrt war, besuchte ich sie oft, wenn ich auf der Insel war. Nach meiner endgültigen Rückkehr aus Spanien verbrachte ich viele Wochenenden bei ihr. Ich wollte Revolutionärin werden, meine Insel vom Kolonialismus »befreien« und Politikwissenschaft studieren. Wenn wir uns sahen, erinnerte sie mich stets daran, sie bei ihrem Namen zu nennen: Lolita. Und von meiner Mutter sprach sie stets als Tatita, nie von »meiner Tochter« oder »deiner Mutter«.

Einmal fragte ich sie, warum.

»Tatita gehört nur sich selbst. Nicht dir und nicht mir«, sagte sie, beide Zeigefinger zur Decke gerichtet.

Die schonungslose Missachtung meiner Gefühle, die meine Großmutter an den Tag legte, betrachtete ich als erhabene Aufrichtigkeit. Vielleicht zum Teil auch deshalb, weil es für mich wichtig war, dass sie genau das darstellte: Lolita, die Heldin.

Die ständige Drohung von Verlust war für mich der Normalzustand. Die dramatischen, tödlichen Machtkämpfe, die fast jeden in meiner Umgebung antrieben und im Falle meiner Mutter in einer Tragödie geendet hatten, zwängten mich in eine Ecke strengsten Gehorsams und Wohlverhaltens. Heute weiß ich, dass ich mit der Zeit lernte, jeden Konflikt – der Stoff, aus dem Wachstum und Entwicklung entstehen – als Bedrohung zu begreifen. Während dieser prägenden Entwicklungsjahre hatte ich außer meinen Onkeln und Tanten väterlicherseits keinerlei Vorbild, das mir gezeigt hätte, dass Machtkämpfe auch gut ausgehen können. Ich ging allen Konflikten aus dem Weg, rastlos, stets darauf bedacht, mein Pensum überzuerfüllen. So galt ich als das hingebungsvollste, stets gebende, gehorsamste kleine Mädchen, das je auf Erden wandelte. Ich war die Tochter meiner Mutter, obwohl mir versichert wurde, die Tochter meines Vaters zu sein. Während Vater kam und ging, wie Tag und Nacht kommen und gehen, vorhersehbar und regelmäßig, war meine Mutter zu mir gekommen wie herabfallende Sterne, durch eine glückliche Fügung, durch Zufall, reine Magie. So präsent sie gewesen war, so abwesend hatte sie sein können. Der ständige Wechsel zwischen tiefer Traurigkeit und manischer Liebe hatte mich stets im Alarmzustand gehalten. Noch Jahre später spürte ich beim Segeln auf dem Golfstrom ihre Gegenwart, wenn ich während der Nachtwachen am Steuer war. Zunächst glaubte ich, diese langen Stunden, in denen man die Gedanken schweifen lässt, seien prädestiniert dafür, die eigene Mutter heraufzubeschwören, doch inzwischen weiß ich es besser. Dort im Ruderstand war sie bei mir, weil ich allein und in Alarmbereitschaft war.

Irgendwann hörte ich auf, mich einsam zu fühlen. Ich verwandelte die Abwesenheit meiner Mutter in harmlose Unruhe, in die Sehnsucht nach einem Leben ohne Machtkämpfe, und schuf mir aus dieser Hoffnung und diesem Vergessen eine eigene Welt.

An dem Sommerabend des Jahres 1984, als ich meine Sachen für das College packte, saß meine kleine Schwester Diana in meinem Koffer und war nicht dazu zu bewegen, aufzustehen. Sie weinte, und schließlich hockte sie sich hin und pinkelte auf meine Klamotten. Im Schlaf hielt sie dann die Arme eng um meinen Hals geschlungen. Am nächsten Morgen riss sie die Wiege meiner jüngeren Schwester mit dem schlafenden Säugling darin zu Boden. Ich flog mit dem Gefühl nach New York, sie im Stich gelassen zu haben.

Ich war fünfzehn, und Verwandte und Freunde der Familie meinten, mein Vater entlasse mich zu schnell, zu früh in die Freiheit. In den Tagen, nachdem er mich im Wohnheim des Colleges abgeliefert hatte und nach Puerto Rico zurückgeflogen war, fühlte ich mich einsamer und hatte mehr Angst als je zuvor. Jeden Tag ging ich fast fünf Kilometer zu Fuß zu einer Englischlehrerin, die ich nicht verstand. Sie setzte mir perfekte, winzige Sandwichdreiecke mit Pfefferschinken und Eistee vor. Ich hörte ihr zu, wenn sie von einem Sohn erzählte, der in Vietnam gefallen war, und einem anderen, der auf Hawaii lebte und nie anrief. Ihre Wohnung war ein dunkles Verlies voller Kriegsandenken. Den ganzen Monat, in dem ich jeden Tag zu dieser Frau und wieder zurück ging, wünschte ich mir, ich könnte das College schmeißen und nach Hause fahren. Allerdings wusste ich nicht recht, wo das sein sollte.

Auf dem Rückweg von den Englischstunden ging ich immer in die Buchhandlung. Unter all den Büchern fühlte ich mich weniger allein. Einmal entdeckte ich dabei ein ganzes Regal zum Thema Adoption. In einem der Bücher stieß ich auf das Bild eines dunkelhäutigen, mexikanisch aussehenden Babys, das mich mit flehendem Blick ansah. Ich zählte meine letzten Dollar und beschloss, statt dem Essen für das Wochenende die Bücher zu kaufen. Mit der Vorstellung, den Kindern in diesen Büchern eine Mutter zu sein, überwand ich in den ersten beiden Semestern die Lähmungs- und Angstzustände, die mich besonders nachts im Bett heimsuchten.

Meine erste wirklich wichtige Freundin an der Syracuse University und überhaupt in meinem Leben war Alba. Wir lernten uns in meinem zweiten Semester kennen. Ich mochte sie auf Anhieb, als Ivan, mein venezolanischer Freund, uns in der Studentenorganisation, die er anführte und in der Alba die Beauftragte für kulturelle Beziehungen war, einander vorstellte. Sie küsste mich auf beide Wangen und fragte mich mit breitem Lächeln, woher ich stamme. Ich konnte den Blick nicht von ihrem langen blonden Haar abwenden. Es fiel ihr über die Schultern, teilte sich auf der Höhe ihrer Brüste und reichte bis zu ihrer Taille, wo es bei jeder Bewegung ihre Hüften umspielte. Sie war groß, kleidete sich wie ein Hippie und hätte, obwohl sie sich nicht schminkte, direkt der *Vogue* entsprungen sein können. Ihre klugen Augen schienen Antworten zu fordern, während ihr Lächeln verriet, dass sie ihr gleichgültig waren.

Ich sagte ihr, dass mir ihr Haar gefalle. Sie erwiderte, ihr gefalle das Land, aus dem ich komme. Worauf ich wiederum sagte, ich wünschte, es gäbe ein Land, das ich meins nennen könnte. »Puerto Rico ist ja eigentlich eine Kolonie«, erklärte ich. Wegen des Notizbuchs, in das sie schrieb, als ich das

Büro betrat, und das Ivan als Albas offizielles Tagebuch menschlicher Tragödien bezeichnete, dachte ich, sie würde solche Worte schätzen. Sie hatte die Angewohnheit, banale Dinge aufzuschreiben, die sie für erinnerungswürdig hielt. Das Notizbuch enthielt auch Zeichnungen: Gesichter von Menschen, die ihr begegneten, und alle möglichen Dinge, auf die sie stieß. Sie schienen eine Bedeutung zu haben, die sie festhalten wollte. Natürlich wollte ich auch gern eine Person in ihrem Notizbuch sein.

Sie mochte mich wohl auch und zeigte es, indem sie mich zu sich nach Hause einlud. Ihr Vater, ein Dichter und Professor für spanische Literatur an unserer Universität, wusste von meiner Großmutter Lolita und hatte sogar ein Gedicht über sie geschrieben. Mercedes, Albas Mutter, war kühl und distanziert. Sie schwadronierte ellenlang darüber, wie furchtbar sie Amerika und insbesondere Syracuse fand. Sie erschien mir verbittert und verbraucht vom Rauch der Zigaretten auf dem Sofatisch, von denen ständig eine brannte. Doch den unterdrückten Zorn auf ihren Ehemann, der sie aus Spanien und von dem Leben, das sie hätte führen können, weggeholt hatte, hatte sie in schwarzen Humor verwandelt, der mich so zum Lachen brachte, dass ich mich schämte. Zwar zeigte Mercedes kein gesteigertes Mitgefühl, als sie erfuhr, dass ich wie sie mit acht Jahren meine Mutter verloren hatte, doch im Gegensatz zu ihrer Tochter und ihrem Mann war ich nie Gegenstand ihrer spitzen Scherze.

In den Weihnachtsferien des Jahres 1986 war ich in Puerto Rico und dachte gerade an Ivan, den ich vermisste, als das Telefon läutete und ich die Nachricht von Albas Autounfall erhielt. Mercedes war kaum in der Lage zu sprechen. Alba hatte überlebt, aber ihr Freund, der auf dem Beifahrersitz gesessen hatte, war tot. Alba hatte seit zwei Tagen weder etwas gegessen noch ein Wort gesagt. Ich versprach, auf der Stelle zu kommen.

Als ich, bei ihnen eingetroffen, die Tür zu Albas Zimmer öffnete, konnte ich den Schmerz riechen. Sie lag im Bett und starrte die Wand an. Ihre Bluse war blutbefleckt, ebenso Teile ihres Haars. Ich nahm sie in die Arme, bis mir die Kraft ausging. Anfangs hing sie nur schlaff da, dann schluchzte sie leise, fast emotionslos, bis die Schluchzer in ein Zittern übergingen. Dann fiel sie, fast wie von Zauberhand, in Schlaf, und ein leichtes, melodiöses Schnarchen erfüllte den Raum. Jetzt konnte ich es wagen, sie mir in dem auf dem Dach liegenden Wagen vorzustellen, wach und lebendig unter dem Leichnam ihres chinesischen Freundes gefangen. Beinahe zwei Stunden lang hatte der Tod auf ihr gelegen.

Jeden Tag gingen wir stundenlang schweigend spazieren. Ich zwang sie zu essen, indem ich mit einem Hungerstreik drohte. Ich wöge fünfundvierzig Kilo, und wenn ich nicht äße, würde ich zum Semesterbeginn nur noch vierzig wiegen und zwangsläufig magersüchtig werden. Wahrscheinlich würde ich mich beurlauben lassen müssen. Ich badete Alba, schlief neben ihr und klemmte dabei für den Fall des Falles ihre Füße zwischen meine Beine. Sie hatte einen fast erschreckend tiefen Schlaf, bis sie eines Tages mit einem Lächeln aufwachte und meinte, das Doppelbett sei zu klein für uns beide. In diesem Augenblick hatte ich das Gefühl, etwas Schönes zustande gebracht zu haben.

Irgendwann schloss sich Mercedes unseren Spaziergängen an. Nach und nach schafften wir es bis in die Stadt, besuchten Secondhandläden, gingen längere Strecken, erforschten andere Viertel und kauften auf privaten Flohmärkten Dinge, die wir gar nicht brauchten. Wieder zurück in Albas Zimmer, tauschten wir Klamotten und lasen uns gegenseitig vor, bis eine von uns einschlief. Diese Zeremonie wurde zu einem Bestandteil unserer Freundschaft, und nie wurde sie durch Augenblicke der Gleichgültigkeit, durch Missverständnisse oder Zweifel getrübt.

»Ich wollte, du wärst ein Mann«, sagte ich in Gedanken oftmals zu ihr. »Ich wollte, du wärst einer«, ließ ich sie antworten.

Nach außen hin umarmte und küsste ich herum und zog Leute hinter mir her. Im Grunde meines Herzens aber war ich mir meiner Gefühle nicht sicher und wusste nicht, wohin es mit mir ging. Einzig die Liebe und Fürsorge für Alba gaben mir eine gewisse Richtung. Sie hingegen befand sich, von außen betrachtet, in einem Zustand des Chaos und der Verwirrung. Sie wagte nicht, den Blick von ihren Philosophiebüchern zu heben, in denen es um den Tod Gottes und die Fragen nach dem Sinn des Lebens ging, und diesem Chaos ins Auge zu blicken. Es zog sie in die Höhlen blinden Leidens. In meinem Bedürfnis, ständig etwas zu unternehmen, in meinem zwanghaften Wunsch, in Bewegung zu bleiben, ja, in dem kleinen Mädchen, das die Augen vor der Wahrheit verschloss, das mein Leben bestimmte, indem es jedem Konflikt auswich und um jeden Preis erfolgreich sein wollte, fand sie Erholung und Zuflucht. Doch trotz all ihrer Ängste war Alba in ihrem Innern ganz und gar Ordnung, Klarheit und Reinheit. Sie wusste, dass Gefühle wie Zorn, Eifersucht und Verzweiflung beherrschbar waren, und sie weigerte sich, sich von ihnen zerstören zu lassen. Die agnostische Mercedes zur Mutter zu haben hatte ihr sicherlich geholfen, dieses Vertrauen in die Rationalität zu entwickeln, das sie wie ein Kokon schützte, aber auch die idealistische, typisch spanische Eigenwilligkeit war ihr hilfreich. Ich spürte dieses Land durch die Kleider hindurch, die ihren Schrank füllten, an ihnen war ihr ganzes Leben abzulesen.

Auch das Haus barg Dinge aus Zeiten, die Generationen zurücklagen, Bücher, Gemälde, Möbel, eine Sammlung von

Ohrringen, die Alba auf eine Stickarbeit ihrer Großmutter befestigt hatte. Ich konnte mich nicht daran erinnern, jemals etwas besessen zu haben, das mehr als ein paar Jahre alt war. Und wenn ich Alba dabei zusah, wie sie sich die Haare kämmte, hatte ich das Gefühl, dass auch deren außergewöhnliche Länge die Beständigkeit und die konstante Geschichte verkörperte, die ich nicht besaß.

Als Ivan Ende Januar 1987 auf dem Campus eintraf, war ich eine andere geworden. Wenn wir ins Kino gingen, musste ich unablässig an Alba denken. Ging es ihr gut? War sie zu Hause, oder streifte sie allein durch die Straßen wie ein irres, unheimliches Wesen? Wenn er meine Brust liebkoste oder die Hand an meinen Beinen hinuntergleiten ließ, sah ich sie im Bett liegen und an die Decke starren. Allmählich war sie mir wichtiger als er.

Eines Abends weigerte ich mich, mit ihm zu schlafen, weil ich zu Alba musste. Er meinte, sie sei bestimmt lesbisch. Worauf ich ihn für verrückt erklärte. Kurz nach dieser Auseinandersetzung erzählte mir meine Zimmergenossin, sie habe gesehen, wie er in meinem Auto ein Mädchen geküsst habe. Das sei unmöglich, erwiderte ich, der Mann habe schließlich Prinzipien. Er würde das niemals in meinem Auto tun. Aber ich begann, ihn zu ungewöhnlichen Zeiten aufzusuchen. Eines Abends schickte er mich weg, weil er zu viel Arbeit habe und sich keine Unterbrechung leisten könne. Außerdem bat er mich, vorher anzurufen, wenn ich kommen wolle. Als ich wieder in meinem Wohnheim war, rief ich einen Freund aus dem Seminar an und lud ihn zum Abendessen ein. Es dauerte keine Woche, bis Ivan an meine Tür klopfte und sah, was passieren kann, wenn man jemanden unangekündigt besucht. Schließlich trennten wir uns, nach zweijähriger Beziehung. Es war April, und ich würde bei den Semesterprüfungen durchfallen. Aber das war alles nicht so schlimm. Ich hatte ja Alba.

Als der Mai kam, befand ich mich in einem Zustand sprachloser Verwirrung. Ich saß mit einem unvollendeten Abschluss auf dem Campus fest. Mein Ethnologieprofessor schlug mir vor, nach Mexiko-Stadt zu gehen und dort zu forschen. Dafür würde ich dann meinen Abschluss bekommen. Ich würde mit der Arbeit, die ich während des Semesters für ihn gemacht hatte, fortfahren, die Toten in einem kolonialen Kirchenregister aus dem 17. Jahrhundert zählen und ihre Rasse, ihr Alter, die Todesursache und so weiter in eine Tabelle eingeben. Wenn er und sein Kollege ihr Buch über die Kindersterblichkeit in Mexiko in der Kolonialzeit veröffentlichen, würden sie meine Forschungen erwähnen. Alba meinte, sie würde mitkommen. Und es war ja nicht so, dass ich ohne Ivan nicht sein konnte. Allein mit meiner besten Freundin zu reisen schien beinahe den Preis der Trennung wert. So flogen wir am Tag nach Semesterschluss nach Mexiko und zogen für den Sommer in eine Jugendherberge. Damals ahnte ich nicht, dass diese Reise mich auf den Tiefpunkt bringen und ich schließlich jeden Glauben an mich selbst verlieren würde.

Ich denke, alles begann und endete in einem Haus, das mich mit Staunen und einer nie dagewesenen Sehnsucht erfüllte. Die alte Villa des Ethnologieprofessors stand im historischen Zentrum der Zona Rosa von Mexiko-Stadt. Die Wände hatten Risse, und der Boden war eingesunken. Draußen im Hof, an einem kleinen Brunnen, stand eine alte Bank, auf die ich mich setzte. Unter meinen Füßen erstreckten sich Fliesen mit einem Muster aus zarten rosa Blumen, das mal mit kräftigen, mal mit blasseren Strichen gezeichnet war. Das Gras, das spärlich dazwischen emporwuchs, war von einer ganz eigenen Schönheit. In dem von Mauern umgebenen Patio fing sich der sanfte Wind und spielte mit meinem Rock. Der unheimlich süße, stechende Duft von Gardenien hing in der Luft.

Noch nie war mir eine so ungewöhnliche Mischung von Verfall und Schönheit begegnet. Ich kam von einer Insel, hatte nur geringe historische Kenntnisse und fand es schwierig, eine Insel mit etwas so Großem wie Geschichte in Verbindung zu bringen. Vielleicht war es vor allem deshalb so leicht gewesen, von dort wegzugehen. Meine Zeitvorstellungen hingen eher mit Dingen wie dem Wetter und dem Vergessen zusammen. Bei uns gab es die Jahreszeit der Hurrikane, die alles verwüsteten, was der Mensch nicht hatte zerstören können. Wir hatten unsere eigene erbärmliche Version von Geschichte. Schließlich hatten bei uns keine bedeutenden Zivilisationen auf die Ankunft von Kolumbus gewartet, wir hatten keine ausgeklügelten Kalender, über die man in der Zukunft sprechen würde, und auch kein Silber oder Gold oder Ländereien, die einer Oligarchie hätten den Lebensunterhalt sichern können.

Ich war in der Neuen Welt geboren, auf einer Insel, auf der Spanisch gesprochen wurde, die Sprache der Alten Welt. Die spanische Sprache ist prall gefüllt mit Geschichte, und ich glaube, das war es, was ich in Mexiko ebenso spürte wie bei Alba, in jenem heruntergekommenen Hof ebenso wie in ihrem Haus. Meine Sprache, das Spanische, hatte eine Heimat, mein Körper jedoch nicht. Er war nur Teil eines fragilen geographischen Gebildes, das nicht einmal einen eigenen Pass hatte, er saß in einem dem Fortschritt hinterherhinkenden Land fest, auf einer Insel, die dahintrieb zwischen den Imperien der Alten Welt im Osten und ihren unabhängigen Kolonien im Westen einerseits, zwischen dem neuen Reich im Norden, in dem ich lebte, und der nationalistischen Großmutter im Süden, die mir nicht aus dem Kopf ging, andererseits.

In gewisser Weise waren diese Spannungen für die Scham verantwortlich, die ich in Mexiko empfand. Und das mit solchem Ingrimm und solcher Verzweiflung, als beneidete ich beinahe den heruntergekommenen Hof der alten Villa.

Der Erste war Rodolfo. Er arbeitete im selben Flügel des Archivs und zählte mit höchster Konzentration die Verstorbenen. Ich ignorierte ihn und vertraute darauf, dass er früher oder später von den Toten auferstehen würde. Und so war es auch. Wir aßen bei seiner Mutter zu Mittag, und am Sonntag darauf nahm er mich zur Hochzeit seines besten Freundes mit. Bis darauf, dass ich den Absatz meines rechten Schuhs verlor und gedemütigt zum Hotelzimmer zurückhumpelte, habe ich keine Erinnerungen mehr an diesen Tag. Das Gefühl verschlimmerte sich noch, als er sich an der Tür einfach verabschiedete und ging. Am nächsten Tag im Archiv hob er mich zur Begrüßung hoch. Er lachte und genoss seine Kraft. Da schau sich einer diesen Kerl an, sagte ich im Geiste zu ihm, ich werde dir schon wahren Genuss verschaffen. Was ich noch am selben Abend tat.

»Wenn man dich so ansieht, kommt man erst einmal nicht darauf, was für eine Frau du bist«, sagte er.

Ich fuhr ihm anerkennend mit der Hand über den Rücken. Er rauchte gegen die Kissen gelehnt, während ich, die Knie an die kleinen Brüste gedrückt, mich fragte, was dieser attraktive Mann an mir fand. Er fing meinen Blick auf.

»Was geht bloß in deinem Kopf vor? Er scheint ja ziemlich beschäftigt.«

Plötzlich erinnerte mich sein Lächeln an Ivans Lächeln, ein narzisstisches und unheilvolles Lächeln. Ich kannte keine Frau, die so lächelte. Von da an mied ich ihn.

Dann lernte ich beim Frühstück im Essensraum der Jugendherberge Timothy kennen. Wir unterhielten uns über Joyce und den irischen Bürgerkrieg. Noch bevor es mir richtig klar war, saß ich schon oben im Zimmer auf seinem Bett und sah mir die Kugelschreiberauswahl an, die er in Mexiko an den Mann bringen wollte.

»Macht dir das etwas aus?«

Er zog seine Jacke aus, ließ sie auf einen Stuhl fallen und trat auf mich zu. Mir fiel auf, dass sein langer Hals in dem offenen Hemd milchweiß aussah, und als er meine Hüfte umfasste, kam es mir falsch vor. Während er mich liebkoste und wir uns gegenseitig auszogen, musste ich ständig an seinen Hals und seinen schmalen, langen Körper denken. Mir war unbehaglich zumute, alles schien kalt und fremd, bis er meinen Körper hochhob und auf seinen Schoß setzte. Als ich ihn steif und groß in mir spürte und er mich fest packte, wurden meine Gedanken und Zweifel hinweggefegt. Jetzt kam er mir vertraut vor. Doch als er sich aus mir zurückzog und mir in die Augen sah, war er wieder ein schrecklich weißer, magerer Junge aus dem fernen Irland, und ich war wieder verloren.

Dem Azteken begegnete ich an einer Telefonzelle einen Häuserblock von meiner Jugendherberge entfernt. Es war Mittag, und ich musste bei einer Bank anrufen, um zu fragen, ob das Geld meines Vaters angekommen war. Inzwischen war ich schon ein paar Tage lang pleite und hatte nichts mehr zu essen. Die Frau, mit der ich sprach, sagte, es sei Freitag und vor Montag könne man nichts tun. Geknickt hängte ich ein. Da fragte mich hinter mir, sehr nah an meinem Ohr, eine Stimme, ob ich irgendwohin mitgenommen werden wolle. Ich drehte mich um und sah einen großen Mann mit einem sehr indianischen Gesicht, der für einen Mexikaner viel zu hochgewachsen war. Sein Verhalten war ungewöhnlich. Nachdem er sich vorgestellt hatte, fragte er mich, ob ich mit ihm zu Mittag essen wolle. Er kenne ein wunderbares japanisches Lokal in der Nähe. Ich hatte noch nie japanisch gegessen, aber ich hatte Hunger. Auf dem Weg dorthin fiel mir seine Ruhe auf, die die Stadt und mich selbst lauter als sonst wirken ließ. Er atmete tief ein und aus, sodass man es mitbekam, und ich sprach ihn darauf an.

»Yoga«, sagte er.

Er praktiziere auch beim Gehen Yoga. Im Restaurant sagte ich, ich hätte keinen Appetit. Es wäre mir peinlich gewesen, auf seine Kosten zu essen.

In seiner hübschen Wohnung, die in der Nähe der Telefonzelle lag, zeigte er mir seine Bibliothek und fragte mich, ob ich Schach spielen wolle. Wir spielten eine Partie, die ich nach wenigen Minuten verlor. Dann ging er in die Küche, um etwas zu trinken zu holen. Ich sah mich um und hoffte, er würde mir eine Kleinigkeit zu essen anbieten. Dabei bemerkte ich die vielen Teddybären im Zimmer. Aus Angst, es könnte sich um einen unheimlichen Fetisch handeln, überlegte ich, wie ich am besten wieder hinauskäme. Aber da kehrte er schon zurück und erklärte mir, er habe eine Tochter aus einer früheren Ehe. Sie besuche ihn an den Wochenenden, und er erwarte sie jedes Mal mit einem neuen Teddybären.

Er legte sich auf mich, und ich fragte mich, ob er ahnte, dass ich Hunger hatte. Ich schwor mir, danach etwas zu essen. Ich würde keine Hemmungen haben, mir etwas aus seiner Küche zu nehmen, ganz bestimmt nicht. Während mich dieser Gedanke noch beschäftigte, war er auch schon in mir. Ich klammerte mich an diesen Fremden nur aus der Hoffnung heraus, er möge mein Herz berühren und die Teile in mir verstehen, die ich nicht verstand, damit ich nicht allein war.

Ich wusste, dass ich mich verlor. Mir war alles egal, ich öffnete die Augen, die ich sonst immer geschlossen hielt, sah nur seine Wange, machte die Augen wieder zu und kehrte in meine betäubende Finsternis zurück.

Dieses Ritual wiederholte sich eineinhalb Tage lang. Ich ging buchstäblich verschollen. Irgendwann sagte er, als er auf mir lag:

»Ich glaube, ich werde langsam süchtig nach dir.«

Als er wegdöste, kroch ich aus dem Bett und streckte mich auf dem kalten Boden aus. An der weißen Wand mir gegenüber hingen gerahmte Fotos: Pyramiden, alte Masken, ein leerer Platz, ein buddhistischer Mönch. Ich dachte über diesen seltsamen Mann nach, der mit mir verbunden war, über diese Wohnung voller Teddybären, die weiße Wand mit den Bildern und die Autos, die unten vorbeirauschten.

Ich musste mich anstrengen, um mich an Alba ein paar Straßen weiter zu erinnern, an mein College-Leben in Syracuse, an meinen Vater. Ich zog mich an und rannte um mein Leben. Auf dem Weg hinaus stahl ich einen Laib Brot.

Der Sommer des Jahres 1987, als ich in Mexiko nichts mehr zu essen hatte, war das Vorspiel zu der Geschichte, die dann folgte. Heute kann ich zweifelsfrei sagen, dass der Tod meiner Mutter das Ohnmachtsgefühl verstärkte und übermäßig real werden ließ, das jedes Kind fürchtet und gegen das es mit aller Kraft ankämpft. Als geborene Narzisstin und eingefleischte, unverwüstliche Überlebenskünstlerin gab ich mir die allergrößte Mühe, Aufmerksamkeit zu erlangen. Ich arbeitete wie eine Besessene, um den Schrecken meiner Geringfügigkeit zu bannen. Am Ende wurde aus der Art und Weise, wie ich mein Verlangen nach Bedeutung und Wichtigkeit stillte, aus den Entscheidungen, die ich traf, und den Lügen, die ich erzählte, meine Lebensgeschichte.

Um die Angst zu überwinden und uns in der Welt sicher zu fühlen, um eine Wirklichkeit herzustellen, die wir unter Kontrolle haben und die uns nützlich ist, wird die Übertragung zu einer Leidenschaft, die nur zu heilen ist, indem wir Erfüllung in einem anderen Menschen finden. Für Jung ist die Übertragung eine notwendige Projektion, um das Leben, sich selbst und die Ernüchterungen zu ertragen, die von dem Wissen herrühren, dass wir letztlich allein sind, wenn wir zugrunde gehen und sterben. Seit ich denken kann, besonders aber seit dem Abend des Selbstmords meiner Mutter, als ich mich an den weißen Mantel des Arztes geklammert und ihn nicht mehr losgelassen hatte, wollte ich meine Ohnmacht vergessen und um jeden Preis all meine Ängste vertreiben. Eine blinde Sehnsucht nach Kontrolle prägte meine Tage.

Goethe schrieb in den *Wahlverwandtschaften*: »Gegen große Vorzüge eines andern gibt es kein Rettungsmittel als die Liebe.« (Leipzig 2008) Das verstehe ich. Schließlich bin ich fast zehn Jahre lang den Gedanken eines einzigen Menschen gefolgt. Er schien mir der stärkste von allen, kein anderer hatte alles so fest im Griff. Nach ihm formte ich meine Ideale. So einfach und banal ist das. Mein erstes Buch waren Erinnerungen, die sich heute für mich als Beweis für die Lebenslüge lesen, der ich eine Zeitlang verfallen war. Ich erzählte darin eine klar umrissene Geschichte dreier Generationen von Frauen innerhalb einer Familie (der meiner Großmutter, meiner Mutter und meiner eigenen), die vor dem Hintergrund eines politischen Kampfes zur Selbstzerstörung entschlossen waren. Das entsetzliche Skript der Übertragung, das ich mit dem Mann, den ich liebte und von dem ich mehrmals schwanger wurde, in den Jahren meiner Arbeit an jenen Erinnerungen durchlebte, kam darin nicht vor, es verschwand unter dem hehren Teppich der Familiengeschichte. Die Geschichte, die ich damals erzählte, war wahr, sie hätte aber wahrer sein können.

Jetzt, beim Niederschreiben jener anderen Geschichte, habe ich entdeckt, dass sich meine persönliche Geschichte ständig ändert, je mehr mir wieder »einfällt« oder ins Bewusstsein tritt, sodass mein Gefühl für mich selbst und die Leben, die ich geführt habe, immer wieder neue Formen annimmt. Wenn ich an meine Vergangenheit und meine

Gegenwart denke, stelle ich zugleich erschreckende Kontinuität und Diskontinuität fest. Wie anders ich war. Doch noch erschreckender ist das Bewusstsein, dass ich noch vollkommen anders werden könnte.

Beim Schreiben bemächtigt sich meiner eine stärkere Bewusstheit, und mir wird klar, dass irgendwo noch eine Wahrheit verborgen liegt, es hängt nur von mir ab und von den Wörtern. Im Moment habe ich mit einem scheinbar unlösbaren Problem zu kämpfen. Obwohl die Täuschungen, denen ich unterlag, darauf zurückzuführen waren, dass ich hoffnungslos mit mir selbst beschäftigt war, dass ich im Leben nur das sah, was ich unbedingt sehen musste, wähle ich die Form der Erinnerungen, die ebenfalls das Ich in den Mittelpunkt stellt. Mit siebzehn genauso wie mit elf, und auch davor als Kind, als Kleinkind, als Säugling, war ich nur mit mir selbst beschäftigt. Und das bin ich immer noch.

Nach Erich Fromm ist der Mensch seinem Wesen nach narzisstisch, wohl wegen unseres animalischen Ursprungs. Während unserer jahrtausendelangen Entwicklungsgeschichte mussten wir unsere Integrität schützen, unsere physiochemische Identität wahren. Der Mensch ist sich seiner physiochemischen Identität, seiner Macht und seiner Handlungsfähigkeit bewusst, sodass Narzissmus und Selbstwertgefühl nicht mehr voneinander zu trennen sind. Da wir jedoch das Produkt einer Welt der Symbole sind, ist auch unser Selbstwertgefühl ein symbolisches Konstrukt, es beruht auf unseren Vorstellungen über unseren eigenen Wert. Wir bauen unser Selbst auf, während wir gleichzeitig unserer Ohnmacht angesichts des Todes stärker gewiss werden. Es ist ein ausweglosses Schicksal. Kann man uns da dafür tadeln, dass wir uns selbst belügen?

Man könnte auch einfach auf sein Leben zurückblicken und seinen Sinn erfassen, indem man sich fragt, inwieweit man sich bewusst ist, womit man sich ein Selbstwertgefühl zu verschaffen sucht. In meinem Fall habe ich verzweifelt vermieden, mir einzugestehen, dass ich mich im Mantel der Macht eines anderen verkrochen habe.

Noch bis vor kurzem habe ich mich als bereitwillige Dienerin betrachtet und war stolz darauf. Albert Camus schrieb in *Der Fall*: »Ach, mein Lieber, für den Einsamen, der keinen Gott und keinen Meister kennt, ist die Last der Tage fürchterlich. Man muss sich daher einen Meister suchen, denn Gott ist nicht mehr Mode.« (Reinbek 1997)

Lernen Sie also meinen Meister kennen.

Er war Professor für Lateinamerikanische Literatur und Literaturtheorie und konnte daher von Amts wegen seine Begabung zum Dozieren und als umtriebiger Denker voll ausleben. Es kursierten Geschichten über überfüllte Seminare, in denen auch nicht angemeldete Studenten auftauchten, obwohl die maximale Teilnehmerzahl längst erreicht war, und über Zuhörer, die stundenlang endlose Schlangen in den Fluren bildeten, um den genialen Gedankengängen des Professors Beifall zu zollen. Und als das Gerücht die Runde machte, er werde entlassen, hatte angeblich die Studentenschaft vor dem Gebäude des New Yorker Universitätskanzlers protestiert und die Verlängerung des Lehrvertrags für den beliebten Professor verlangt.

Seine andere Leidenschaft war das Schreiben. Jahrelang hatte er eine Zeitschrift herausgegeben und Texte seiner Freunde Julio Cortázar, Carlos Fuentes, Gabriel García Márquez, Manuel Puig und Octavio Paz veröffentlicht. Abgesehen von bescheidenem Ruhm brachte ihm die Zeitschrift nichts ein, kostete ihn aber auch nichts. Seit dem Jahr meiner Geburt arbeitete er an einem Roman mit dem Titel *Agatha*. Außer einem gelegentlichen erhellenden Essay in seiner eigenen Zeitschrift hatte er jedoch noch keine Zeile veröffentlicht, nicht, weil er an seinen eigenen Fähigkeiten gezweifelt hätte, dazu war er sich seiner Begabungen nur allzu sicher, sondern aus purer Trägheit, gepaart mit etwas anderem, das sich ihm entzog. Sein Tun und Lassen schien auf der Überzeugung zu beruhen, sein Genie schlummere nur, und es gebe einen tickenden Wecker in seinem Inneren, der es zu bestimmten Zeiten wachrief.

Er war Argentinier mit jüdischen Vorfahren und hatte in Indien Philosophie studiert, bevor die Beatles das Land für sich entdeckten. Er war Überlebender einer Studentengeneration, die durch die Geheimpolizei einer Diktatur dezimiert worden war. Er war Protegé Kalman Silvers, des Literaten der Ford Foundation. Er war Produkt von Vormittagen in Staatsschulen, Nachmittagen in der Talmudhochschule und Abenden in Tangokellern. Dinge, die der Mutter seiner ersten Frau Camilla ein Gräuel waren, für die gute Katholikin Camilla hingegen voller Verheißungen. Beide einundzwanzig, hatten sie sich in einem Seminar über buddhistische Philosophie kennengelernt und am Ende des Semesters beschlossen zu heiraten. Die aristokratische Schwiegermutter hatte ihn daraufhin in seiner kleinen Wohnung mit Blick auf den Hafen von Buenos Aires aufgesucht und gedroht, ihn verhaften zu lassen, sollte er sich nicht von Camilla trennen. »Ich werde niemals zulassen, dass meine Tochter einen Kommunisten, einen Philosophen, einen Faulenzer, einen Juden heiratet«, hatte sie gesagt.

Er hatte gefragt: »In dieser Reihenfolge, gnädige Frau?«

Die Ehe hatte nur sechs Monate gehalten.

Wenn ich sein Leben betrachte, mischen sich unwillkürlich meine eigenen Sehnsüchte in die Bilder. Ich stelle ihn mir als Sechzehnjährigen vor, wie er in der Ära Perón zwischen einer Yeshiva und einer öffentlichen Oberschule hin- und herläuft und dabei wie eine Skizze der Stadt, die er in- und auswendig kennt, die zweiunddreißig geheimen Pfade der Weisheit im Kopf hat. Unser lernbegieriger junger Mann weiß, dass jeder dieser Pfade für die gesamte Schöpfung verantwortlich ist, und, mehr noch, er kann im Talmudunterricht Beispiele anführen, angesichts derer der Rabbi den Blick verzweifelt zum Fenster wendet.

Wenn er zu jener Stunde, da die Stadt vor abendlicher Hoffnung erbebt, die Yeshiva verlässt und sich aufmacht zum Fußballfeld, tut er einen Schritt zur Seite und einen nach hinten, als wollte er seine eigenen Schritte nachzeichnen, und summt dabei einen Tango, den er mit der neuen Haushaltshilfe üben will. Sehr viel später, wenn alle schon schlafen gegangen sind, wird er in ihr Zimmer gehen, aufs Neue seine heiße Hand auf ihrem Geschlecht brennen spüren und das Begehren empfinden, das ihn mit aller Macht hineinzieht in seine größten Hoffnungen, an jenen Ort, an dem sich alle zweiunddreißig Pfade der Weisheit kreuzen. Er sieht auf. Um sich herum erblickt er Rom und begreift, warum alle Straßen nach Buenos Aires führen müssen.

Zehn Jahre später, mit sechsundzwanzig Jahren, führten ihn alle Straßen nach Indien. Kurz vor seinem Abschluss in Geschichtsphilosophie hatten ihn die Panikattacken wieder heimgesucht. Sein Freund, der Psychoanalytiker, hatte ihm geraten, nicht zu viel darüber nachzudenken und stattdessen nach Indien zu fahren. Vor seiner Abreise litt er monatelang so schreckliche Qualen, dass er überzeugt war, sterben zu müssen.

Einmal erzählte er mir, dass die Anfälle begonnen hatten, als seine Schwester ihren Ehemann betrog. Damals sei er sehr enttäuscht gewesen. Vier Jahre älter als er, hatte sie ihm all das nahegebracht, was ihn zu dem Menschen gemacht hatte, der er war. Heifetz, Freud, Marx, Walter Benjamin ... Aber im Alter von sechzehn hatte sie, als hätte sie in den Spiegel geblickt und Angst vor der großartigen Frau bekommen, die zu werden sie im Begriff war, eingewilligt, den Sohn von Rabbi Polanski zu ehelichen, der selbst ebenfalls das Rabbineramt anstrebte. Ein Jahr später heirateten sie, und Rebecca Polanski kehrte ihrer Heimatstadt und dem Leben, das sie hätte führen können, den Rücken. Allerdings nicht für lange Zeit. Kurz nach der Geburt ihres Sohnes fing sie eine Reihe von Affären mit Freunden ihres Bruders an, die ihren Untergang einleiteten. Sie floh nach New York.

Seine Panikattacken kehrten wieder, als man ihm ein Stipendium für ein Promotionsstudium in Indien anbot. Es ging alles zu schnell. An einem Morgen stand er im Büro des Dekans und erfuhr, dass ihm das Stipendium gewährt wurde, am nächsten Tag lag er auf der Couch in der Praxis seines Freundes, und am folgenden wurde er keinem Geringeren als dem Präsidenten der Republik vorgestellt. Hier, in der Casa Rosada, unterschrieb das Oberhaupt des Landes das amtliche Dokument, dem zufolge die Kosten seines Studiums sowie der Schiffsreise von der Regierung übernommen wurden. Er hatte darum gebeten, den Seeweg nehmen zu dürfen, weil er seit dem Flugzeugabsturz, bei dem der Tangosänger Carlos Gardel ums Leben gekommen war, keinen Fuß mehr in eine Maschine setzen konnte.

Am Morgen seiner Abreise kamen Hunderte seiner Studenten und Freunde von der Universität Buenos Aires, um sich von ihm zu verabschieden. Das war 1961. Es erklang bereits die Schiffssirene, doch von seinem Vater immer noch keine Spur. Seine Mutter hatte ihn zum Abschied umarmt, nicht aber sein Vater. Im letzten Moment, er kletterte bereits die Gangway hinauf, rief seine Exfrau Camilla ihm zu, sein Vater sei da. Er drehte sich um und sah ihn unter einem Baum stehen, in einem schwarzen Anzug und mit Hut wie zu einer Beerdigung.

Sein Vater Noe hatte seine Familie in allem unterstützt. Seine Frau ebenso wie seine Tochter Rebecca, vor allem aber seinen Sohn. Wo er im Leben Beschränkungen hatte hinnehmen müssen, sollte sein Sohn freie Bahn haben. Das muss sein Traum gewesen sein. Doch bei dem Sohn warf diese

Freiheit den Schatten eines Bruchs mit dem Vater voraus, und diese Vorahnung lastete auf seinen Schultern. Ihre Schicksale, das des Vaters wie sein eigenes, waren in seiner Vorstellung miteinander verflochten. Jedes Mal, wenn er in einem Buch eine Zeile las, die ihn ob ihrer Weisheit beeindruckte, wünschte er sich, auch sein Vater könnte sie lesen und verstehen.

Er weigerte sich, die Seidenfabrik zu übernehmen, die sein Vater im fremden Land mit so viel Mühe aufgebaut hatte, für sie alle. Dass er sich kurz nach seinem Abbruch der Yeshiva weigerte, an der Universität Philosophie zu studieren, war für seinen Vater ebenso ein Schlag gewesen wie die Tatsache, dass er eine Nicht-Jüdin heiratete. Er respektierte die Wünsche seines Sohnes, wurde aber immer schweigsamer. Wenn er einmal sprach, so in der unsicheren Mischung von Jiddisch und Spanisch, die sein Sohn als peinlich empfand.

Zum endgültigen Bruch führte schließlich Indien. Sein Vater sagte zu ihm: »Du fährst nach Indien, um eine Religion zu studieren, die völlig bedeutungslos ist. Mein Sohn, das gefällt mir nicht, und ich verstehe es nicht.«

Irgendetwas sagt mir, dass er an genau diesem Tag, an dem er die Nase an die unsichtbare Mauer drückte, die sich zwischen seinem Vater und ihm erhob, jene Selbstsicherheit erwarb, die viele Menschen verwirrte und mich einschüchterte. Seine Art, einen zu begrüßen, wirkte eher wie ein Lebewohl, so, als wäre er ständig auf dem Sprung.

Indien, stellte sich heraus, war genau so, wie es klang: feminin, zu groß und ein bisschen grausam. In der ersten Woche nach seiner Ankunft saß er in Benares auf der Terrasse der Wohnung mit Blick auf den Ganges, die man ihm gegeben hatte. Ein vertrauter Geruch stieg ihm in die Nase, und er bekam Hunger. Er sah sich um, aber nirgends wurde Fleisch gegrillt. Wenig später, als er am Fluss entlangging und schöne Inderinnen dabei beobachtete, wie sie ihre Saris hoben, um ihre nackten Beine, Schenkel und Arme in den heiligen Fluss zu tauchen, begriff er, was das für ein Geruch war. Hinter ihm schleppte ein hagerer Mann mit faltigem Gesicht eine Pritsche auf dem Kopf. Das Gehen mit der Pritsche, auf der alsbald der schmerzhaft schöne, schlafende Körper einer Frau sichtbar wurde, bereitete ihm Mühe. Er stieg mit ihr die Treppen zum Wasser hinunter, um sich in die Schlange vor dem Boot, auf dem die Toten verbrannt wurden, einzureihen. Der Hunger, der den Indienreisenden überkommen hatte, verwandelte sich unwillkürlich in pures Grauen, und er hatte das Gefühl, der Boden unter ihm würde erbeben.

Ein Jahr lang durchquerte er mit einem Jeep den ganzen Subkontinent. Dabei lernte er den mexikanischen Schriftsteller Octavio Paz kennen, der als Botschafter in Indien tätig war, und schloss mit ihm eine Freundschaft, die sein Leben für immer veränderte. Er kehrte mit der Gewissheit nach Benares zurück, kein Berufsphilosoph, falls es so etwas überhaupt gab, werden zu wollen. Er wollte Schriftsteller werden. Von Indien aus ging er nach Italien, und auf dem Schiff dorthin lernte er Emma kennen, die Australierin, die seine zweite Frau werden sollte.

Nachdem er in Rom als wissenschaftliche Hilfskraft gearbeitet hatte, kehrte er nach Buenos Aires zurück. Dort erhielt er die Stelle des verstorbenen Universitätsprofessors, der ihn nach Indien geschickt hatte. Doch er blieb gerade mal einen Tag auf diesem Posten. Sein Arbeitsantritt fiel mit der Übernahme der Universität durch das Militär und der Entlassung einer ganzen Generation von Intellektuellen zusammen. Man versuchte ihn mit dem Argument, die Regierung habe seine Reise nach Indien und sein dortiges Studium finanziert, zum Bleiben zu zwingen, doch er konnte sich nicht fügen. Damit begann seine lange Pilgerschaft. In den folgenden zehn Jahren verschwanden die meisten seiner Freunde aus Schul- und Universitätszeiten, die noch geblieben waren, durch die Hände der Geheimpolizei. Buenos Aires besuchte er letztmalig 1981, um für seine Eltern die sichere Ausreise nach New York zu arrangieren.

In Amerika gründete er eine Literaturzeitschrift und schloss enge Freundschaften. Wochenlang beherbergte er den Schriftsteller Borges, seinen ehemaligen Lehrer. Beim Unterrichten trug er lange, purpurfarbene Hosen, und er verachtete sowohl seine weißen, angelsächsischen, protestantischen Kollegen als auch diejenigen, die der Anti-defamation League angehörten und gegen die Diskriminierung und Diffamierung von Juden zu Felde zogen. Er lehrte die französischen Theoretiker, noch ehe sie ins Englische übersetzt waren. Er trennte sich von Emma, der Australierin, und ersetzte sie durch Kathy, die aufstrebende jüdische Broadway-Schauspielerin. Schließlich traf er Ada, eine argentinische Tänzerin, die inzwischen Psychologie studierte. Ich lernte ihn kennen, nachdem er sich von ihr getrennt hatte.

Er sagte immer, seine Lebensgeschichte sei die Geschichte eines Bruchs mit der Vergangenheit, eines notwendigen Bruchs. Ich profitierte davon, es war etwas, das mir nützte. Sein Bruch mit der Vergangenheit, den er deutlich sichtbar vor sich hertrug, wurde für mich zum Zufluchtsort.

Ich war sechzehn und er war fünfzig. Ich war müde und er war voller Leben. Er war Professor, und ich war im Herbstsemester 1986, vor Albas Unfall, seine Studentin. Ich war dabei, als er im Seminar, an den Kreidehalter der Tafel gelehnt, eine Hand lässig an der Seite, in der anderen einen blauen Stift, auf den er starrte, erzählte, wie er aufgehört hatte zu rauchen:

»Der Zufall wollte es«, sagt er, »dass ich in meinem Leben viele Frauen geliebt habe und von vielen Frauen geliebt worden bin. Ich habe auch viele Frauen verlassen und, ja, bin auch von vielen verlassen worden. Und Freunde und Freundinnen, na ja, die kamen und gingen, genau wie ich, aber eine, eine war immer bei mir, sie war mir treu wie nichts und niemand sonst. Sie war meine ständige Gefährtin, ja, das war sie, in gewisser Hinsicht ein Ebenbild Gottes, und ich habe sie verlassen, meine treue, geliebte Marlboro-Zigarette.«

Er legte den Stift beiseite und wandte uns den Blick zu. Was soll ich sagen? Er war Schönheit, aus Worten gemeißelte, in Fleisch geprägte, wunderbar anmutige Schönheit.

»Wissen Sie«, fuhr er fort, »das Dunkle muss uns nicht zwangsläufig mit Schrecken erfüllen, und ebenso wenig beschert uns das Helle unbedingt einen ruhigen Schlaf. Wir gestalten eigentlich jede Geschichte so um, dass sie zu uns passt. Es kommt darauf an, unser Leben wahrhaftig zu erleben, damit nicht alles vergebens gewesen ist.«

Dann zeigte er uns das Spiel mit der Vogelperspektive, seine Art, mit Geschichten umzugehen, um an das heranzukommen, was sich einem sonst nicht ohne weiteres erschließt. Ich probierte es selbst aus. Ich schloss die Augen und betrachtete zum ersten Mal in meinem Leben meine frühen Jugendjahre aus der Vogelperspektive. So weit weg waren sie gar nicht. Ich konnte bestimmte Rituale und Initiationserlebnisse erkennen. Das Klettern auf Bäume zum Beispiel, Schaukeln und Dachfirste, das vorsichtige Herumschleichen um manche Dinge, der spähende Blick auf sie, und das Verbergen des Doppellebens, das ich geführt hatte, seit zuerst meine Eltern mit ihrer Krise und dann meine Mutter mit ihrem Tod meine Existenz entzweigebrochen hatten. Als ich wieder in die Gegenwart zurückkehrte, blickte ich in seine Augen. Sie ruhten auf mir. Vielleicht nur, weil ich ein wenig zu lange geflogen war, jedenfalls war es so. Eine Erkenntnis von solchem Gewicht und solcher Intensität, dass ich sprachlos war und jenes eine Wort herbeisehnte, das uns, mich und die Wahrheit in seinen Worten, miteinander identisch machen würde.

Gleich nach dem Seminar suchte ich ihn in seinem Büro auf. Vorher ging ich auf die Toilette und prüfte mein Erscheinungsbild im Spiegel. Ich knöpfte meine Bluse so weit auf, dass mein noch kaum entwickelter Brustansatz als Busen durchgehen konnte, an den er vielleicht seinen Kopf betten mochte. Er saß hinter seinem Schreibtisch, die Hände wie im Gebet zusammengefaltet. Mit einer Geste bedeutete er mir, mich zu setzen, und während seine Augen über meinen Körper wanderten und an meinem Hals hängenblieben, fragte er mich, was ich in meinem Aufsatz über García Márquez' *Hundert Jahre Einsamkeit* mit dem Wort Substruktur gemeint habe. Ich hätte, erwiderte ich etwas dümmlich, in einem Buch mal etwas über Strukturen gelesen. Er starrte gedankenverloren auf irgendeinen Punkt hinter mir, während ich vor Verlegenheit errötete und sich in meinen Handflächen kalter Schweiß zu sammeln begann. Er kam zu mir herüber und stellte sich hinter meinen Stuhl, um im Bücherregal nach etwas zu suchen, und gerade als ich meine Augen schloss, um seinen Körper noch näher an mir zu spüren, und die Wärme, die von seinen Hüften ausging, mir im Nacken brannte, reichte er mir ein Buch. Der Titel lautete *Justine*. Ich blickte auf, und er sagte:

»Lawrence Durrell ist der richtige Autor für Sie.

Sie sind eine Verführerin«, fuhr er fort, als er sich wieder hinter seinen Schreibtisch setzte. »Das wissen Sie bestimmt, Ms Vilar, oder? *Justine* wird eine Bereicherung für Sie sein.«

Er war von staunenswerter Schönheit und unfehlbarem Charme, und sein Akzent sowohl in Englisch als auch in Spanisch machte mir eine Gänsehaut. Wenn er in seinem südamerikanischen Tonfall meinen Namen aussprach, klang es wie eine Liebkosung. Niemals hatte ich eine so bedächtige Stimme gehört. Diese Stimme sagte die seltsamsten Sachen und ließ dazwischen sehr lange Pausen, so, als wäre jedes seiner Worte es wert, bedacht zu werden, und dadurch fühlte man sich selbst ebenfalls respektiert. Es war das Gegenteil des Schweigens, das mir von anderen Erwachsenen entgegengebracht wurde, jener Abwesenheit von Worten, die eher einer Machtausübung gleichkam.

Ich ertrug es kaum, ihn anzusehen. In seinem Gesicht waren viele Spuren und Kurvenlinien erkennbar, die er aus der Jugend mit ins Mannesalter genommen hatte. In den tiefen Fältchen insbesondere um den Mund herum hatten Überbleibsel des Knaben überdauert. Vielleicht war mein Blick aber auch von dem Foto beeinflusst, das ich in seinem Büro gesehen hatte. Aufgenommen Ende der dreißiger Jahre, zeigte es einen Jungen, der auf dem gepflegten Rasen eines Parks in Buenos Aires sitzt, eine überdimensionale Fliege um den Hals und die ruhige Hand seiner Mutter auf den winzigen Schultern. Der Junge starrt mit großen, geheimnisvollen Augen den Fotografen an, nicht die Kamera selbst. In seinem Blick liegt ein Hauch von Spott, als wären die Rollen vertauscht.

Diese Art, jemanden anzusehen, war ihm geblieben. Bei jedem Blickkontakt nahm ein Paar ausdrucksstarker, braungrüner, tiefliegender Augen unter langen Wimpern das Gegenüber in sich auf. Sein Haar wuchs, wie es wollte; nichts deutete darauf hin, dass es mit einem Kamm in Berührung gekommen war. Er wusste, dass er ein verwirrend gutaussehender Mann war. Sein Gang wirkte unprätentiös. Die kaum merklich gebeugte Haltung resultierte nicht aus einem Hängenlassen der Schultern, sondern ließ eher an einen Fußballspieler denken, der zum Torschuss ansetzt.

Seine Pietätlosigkeit schockierte mich. Die geballte Ladung seines Intellekts machte vor nichts halt: Familie, Bildung, Bücher, Liebe, Gott, nichts war ihm heilig außer der Fähigkeit, zu riechen, wo etwas faul war. Binnen einer knappen Stunde erfuhr ich, dass Familien ein Hort des Leidens, Bildung eine Farce, Bücher ein absurder Versuch der Verewigung, Liebe eine neumodische Erfindung, Gott ein nicht mehr zeitgemäßer Traum sei. Nach dem Besuch in seinem Büro ging ich zurück in mein Studentenheim, ganz und gar durchdrungen von Verlangen nach diesem undurchschaubaren, unmöglichen Mann und danach, die belanglosen Gefühle abschütteln zu können, die schwer auf mir lasteten. Meine Zimmerkameradin, eine Doktorandin, hatte sein Seminar einige Jahre zuvor besucht und riet mir, auf der Hut zu sein. »Er ist gefährlich«, warnte sie mich. »Alles, was er von sich gibt, berührt seine Studenten. Er kennt keine Gnade.«

Sie warf ihm vor, das Leben der Menschen auf den Kopf zu stellen, um ihnen den Wert der Freiheit beizubringen. Sie erzählte mir, dass sich einmal eine Studentin über die Lektüreliste beschwert habe: Sie könne keinen Zusammenhang zwischen der Liste und dem Thema des Seminars erkennen. Darauf habe er erwidert, de Sade sei Pflichtlektüre, wenn sie ein Verständnis für Literatur entwickeln wolle. Wenn sie das nicht einsehe, solle sie ihm den großen Gefallen tun, das Seminar aus ihrem Stundenplan zu streichen. In je schrecklicheren Farben meine Zimmerkollegin ihn schilderte, je mehr er zum Wolf wurde, desto dringlicher wünschte ich mir, ein Lamm zu sein.

Danach, allein in meinem Bett, rief ich mir jede einzelne seiner Gesten in Erinnerung und dachte dabei, dass man sich trotz der Zärtlichkeit, die in seinem Lächeln lag, nicht Hals über Kopf in diesen Mann verlieben konnte. Er hatte etwas Hartes, Rigides, und schon das allein erweckte den Eindruck von etwas Überragendem, das einen zur Zurückhaltung zwang. Aber das war am Anfang, bevor das andere zutage trat: die Tatsache, dass ihm nicht ein Hauch des widerlichen Gestanks der Lüge anhaftete, jener übelriechenden Substanz, die ich oftmals von meinem eigenen Körper aufsteigen spürte. Das ist vielleicht der Grund, weshalb ich im Jahr darauf diejenige war, die den ersten Schritt tat.

Eines Abends im Oktober 1987, als ich auf dem Campus spazieren ging, bot er mir an, mich nach Hause zu fahren. Unterwegs deutete er auf den Mond.

»Guter Mond zum Segeln«, sagte er. »Verdammt guter Mond, um ihn sich vom Wasser aus anzusehen.«

»Machen wir das doch«, sagte ich.

»Aber von welchem Wasser aus?«, klagte er.

»Ach«, ermutigte ich ihn, »hier sind doch ganz in der Nähe die Finger Lakes?«

Wir fuhren eine Stunde lang durch den Schneesturm, bis wir das Ufer des Skaneateles Lake erreichten. Als er mir anbot, von seinem Roastbeef-Sandwich abzubeißen, lehnte ich dankend ab. Ich war zu hungrig. Als er, die Hände in den Taschen, den Blick nach innen gerichtet, dastand und die Abendluft einsog, hatte ich irgendwann das Gefühl, auf etwas Großes gestoßen zu sein, und darum küsste ich ihn. In diesem Moment hätte ich zufrieden sterben können, denn nichts bisher oder seitdem war eine solche Herausforderung für mich. Als ich mich später an diesem Abend für ihn über einen Autositz beugte und zum ersten Mal schwanger wurde, war mir übel vor Hunger, und ich nahm mir vor, mir mein Geld besser einzuteilen und mehr für Lebensmittel auszugeben, anstatt alles in Geschenke für Freunde zu stecken. Die finanzielle Unterstützung, die mein Vater mir für Miete und Lebensunterhalt gewährte, traf von Monat zu Monat später ein, da es ihm geschäftlich nicht gutging. Er sah sich nicht mehr in der Lage, mich dauerhaft mit den übertrieben großen Summen zu überschütten, die meine

Sekundarschuljahre geprägt und unser angeschlagenes Verhältnis ein wenig erträglicher gemacht hatten. Ich konnte überhaupt nicht mit Geld umgehen und war, was das anging, ziemlich unbekümmert. So lud ich zum Beispiel Alba zum Abendessen in ein Lokal ein und hatte dann für den Rest der Woche kein Geld mehr, um etwas zu essen für mich zu kaufen.

Als hinter dem Auto der neue Tag heraufzog, erzählte ich ihm von mir. Er hörte zu. Ich merkte, dass er sich langsam in meine Ängste verguckte. Nach längerem Schweigen küsste er mich auf die Stirn und erklärte, dass man niemals klar und leidenschaftslos auf die Vergangenheit zurückblicke. Jede meiner Erinnerungen stehe, genauso wie unsere Träume, für etwas anderes, mehr habe es damit nicht auf sich.

Nicht lange danach, vielleicht eine Woche später, sagte er etwas wie: »Ich empfinde Zuneigung zu dir, und es ist nur zu deinem Besten, wenn ich sage, dass wir uns einig sein müssen, klug zu handeln und uns nicht zusammen sehen zu lassen.«

Seine Worte klangen so vorsichtig, dass es schwer war zu glauben, er sei unnahbar und nicht an mir interessiert. Wäre er in der Lage gewesen, freimütiger zu sprechen, hätte er wahrscheinlich ungefähr Folgendes gesagt: »Ich mag dich sehr gern, aber es ist ausgeschlossen, dass ich in dir jemals mehr als ein Spielzeug sehe. In meinem Leben gibt es andere Prioritäten, das Schreiben und meine Freiheit.«

In den Thanksgiving-Ferien lud er mich auf sein Segelboot ein. Als ich vom Deck über den ruhigen Hafen von Greenport, New York, blickte, während am Himmel der letzte Schimmer der untergehenden Sonne dem winterlichen Sternenhimmel wich, fühlte ich mich hoffnungslos klein und verloren. Doch dann rief ein Mann von der Yachtwerft zu uns hoch: »Das ist mal eine hübsche Swan 44! Die sollte das Kap Hoorn umrunden, anstatt auf dem Trockenen zu liegen.« Amüsiert über das Kompliment des Segelfreunds, wandte er sich mir zu und sagte, vielleicht sei das ja ein Hinweis auf das Leben, das wir führen könnten.

»Wir müssen sehen, ob du die nötigen Voraussetzungen mitbringst«, fügte er hinzu und klopfte dabei mit der Ferse auf die Ankerwinsch. »Sich dem Horizont zu stellen erfordert einiges, weißt du.«

Ich flüsterte »danke« und wandte den Blick ab.

Unsere Beziehung musste um meinetwillen vor der Welt verborgen bleiben, aber das galt nicht auf dem Boot. Auf der Sarabande konnte ich beweisen, dass ich durchaus das Zeug hatte, meine Anwesenheit in seinem Leben für ihn attraktiv zu machen. Alles in allem fühlte ich mich geschmeichelt, weil ich merkte, dass er eine Verantwortung auf sich nahm, die eigentlich nicht seine war, nämlich die, mich vor Gefahren zu beschützen. Ich machte aus der Zuneigung, die er mir entgegenbrachte, etwas wie Zärtlichkeit, so zutiefst bedürftig war ich damals.

Zu seinen Herzensangelegenheiten zählte ich nicht. Da waren einmal seine Eltern, die, vor kurzem aus Buenos Aires eingeflogen, alt und gebrechlich in einer gottverlassenen Stadt saßen und einsam waren. Wer konnte schon von einer staatlichen Rente in Höhe von zwei Dollar im Monat leben? Und da war seine Schwester Rebecca, mal da, dann wieder fort, weil sie eine Jahreshälfte immer auf der mexikanischen Halbinsel Yucatán verbrachte. Die Fotos, die in seinem Büro an eine kleine Tafel geheftet waren, zeigten eine hochgewachsene Frau mit großen, schwarzen Augen und einem ausdrucksvollen Gesicht, das vor Übermut strahlte, während sie einen Maya-Jungen kitzelte. Mehrere Jahre älter als er, war sie vom Wesen her doch jünger. Offenbar war sie liebevoll und selbstlos und hatte ihren Weg gefunden. Sie hatte in den sechziger Jahren als Erste in ihrer Familie Buenos Aires den Rücken gekehrt, um sich in New York niederzulassen. Er bezeichnete sie ebenfalls als ein Opfer seines Vaterlandes. Auch seine Verachtung für das Land, das er so sehr liebte, war ihm ein wichtigeres Anliegen als ich.

Er redete, als werde er von der Bürde dieser mit seiner eigenen Existenz verbundenen Leben niedergedrückt, und er verhielt sich, als würde die auf ihm lastende Verantwortung ihn zwingen, sich vorsichtig durchs Leben zu bewegen und seine Freiheit über die Liebe und dergleichen zu stellen. Im Alter von einundfünfzig war das Verlangen nach Liebe zwar noch nicht aus seinem Herzen gewichen, doch es schien, als hielten Bitterkeit und Enttäuschung über all die verlorene Zeit, die sie ihm abgenötigt hatte, diese Sehnsucht klein. Irgendwie wirkte er argwöhnisch gegen sich selbst und seine frühere Charakterschwäche, die er »das Romantische in mir« nannte.

Und dann war da noch das Segelboot. Ich wollte sagen, das Segeln, aber das war und blieb nebensächlich. Seine Leidenschaft speiste sich aus der Entschlossenheit, sein Leben niemals an ein Haus zu binden. Ein Haus sei ein Sarg, sagte er und erwähnte oft, dass jedes Zuhause seine Phantasie abtöte, sodass er sich in fruchtlosen Gedanken über die Vergangenheit verliere. In Wohnungen und Häusern schreibe er wie ein Romantiker, wohingegen er auf einem Segelboot wie ein Söldner schreibe, der entschlossen eine über die Menschen und ihre Possen hinausweisende Mission verfolge. Und tatsächlich schien es mir, dass er in den sieben Monaten jeden Jahres, die wir auf den Bahamas im Segelboot verbrachten, eher philosophische Schriften verfasste als Belletristik.

Er lebte in ständiger ungeduldiger Erwartung eines Etwas, das durch Denken aus ihm selbst herauskommen sollte, im Grunde Kunst, und eines Etwas, das von außen kommen sollte, der richtige Lebensstil, genügend Zeit auf seinem Segelboot, regelmäßig nach New York pendeln

(Syracuse war eine Gefahr für den Zustand seiner grauen Zellen).

Er liebte es, unterwegs zu sein, zu reisen, seine Füße in Meerwasser zu tauchen. Er liebte es, zum Horizont hinauszublicken und Pascals Worte zu wiederholen: *perdida, perdida por buscarte* (verloren, verloren, weil ich dich gesucht habe). Er liebte die weißen Strände von Montauk, strahlende Leuchttürme, glitzernde Sturzwellen und zur Seite fliehende Pfeilschwanzkrebse, Krabbentango nannte er das. Er liebte es, dazuliegen und sich im heißen Sand den Bauch zu wärmen. Und vor allem liebte er es, das alles in Gesellschaft einer Frau zu tun. Nur eines daran machte ihm Sorgen: dass der Preis für ihre Gegenwart seine eigene Freiheit sein könnte.

Auf Paul Tillich stieß ich, als ich zum ersten Mal schwanger war. Ich erinnere mich noch genau an die Lektüre von *Der Mut zum Sein* (Berlin 1991). Mein Professor hatte das Buch in der Bibliothek bereitgestellt, und ich las einen ganzen Nachmittag darin, bis in den Abend hinein. Die Ausleihe war auf zwei Stunden beschränkt, und ich musste sie immer wieder erneuern. Ich hatte Angst, dass jemand anderes das Buch benutzen wollte und der Bibliothekar die Geduld mit mir verlieren würde. Außerdem schämte ich mich ein wenig, weil ich nicht das Geld besaß, mir ein eigenes Exemplar zu kaufen. So verbarg ich mich hinter einem Bücherregal, hochgradig angespannt und auf der Hut.

Die Lektüre berührte mich tief. Das Neue Sein, das bedeutete, den Mut aufzubringen, man selbst zu sein, den Mut, auf eigenen Füßen zu stehen und sich den Widersprüchen der realen Welt zu stellen. Die Aufgabe, vor der jeder Mensch stand, war eine Art kosmischer Heroismus. Ich musste den Mut aufbringen, mich meiner Angst vor der Bedeutungslosigkeit zu stellen und mir vor Augen zu führen, in welcher Weise ich Zuflucht in der Macht anderer suchte.

»Ich kann Mutter sein, oder?«, dachte ich, von Tillich ermutigt, er gab mir Auftrieb, erfüllte mich mit Hoffnung. Seine Worte veranlassten mich, über die Zeit im Internat nachzudenken, als ich eine Heilige sein wollte und, in der Gewissheit, dass Gott existierte und ich ein guter Mensch war, in den Wäldern von New Hampshire umherstreifte. Nie zuvor und auch später nicht mehr war ich so in Kontakt mit mir selbst wie damals mit elf, als ich glaubte, zu allem in der Lage zu sein. Sechs Jahre später war ich eine von Selbstzweifeln zerrissene, unsichere Jugendliche. Bei der Lektüre Tillichs erkannte ich den Kokon, den ich dabei war zu spinnen, wurde mir meines Insektenlebens bewusst, das ich nicht sehen konnte, aber das ich erahnte in dieser Zeit quälender Schuldgefühle, als ich mir bei allem, was ich tat, wie ein Automat vorkam, als diente mein Handeln allein dem Zweck, der Einsamkeit zu entfliehen. Die Sexualität wob einen Mantel der Scham um mich, der sich langsam über meine Herkunft und die Verbindungen zu meiner Vergangenheit legte. Schwanger hingegen fühlte ich mich fast ein wenig wie ein Mensch. In diesem einzigartigen Zustand keimte Hoffnung in mir auf.

Alba brachte mich zu dem Gynäkologen ihrer Mutter, um, wie sie sagte, die Sache schnell zu erledigen. Genau so nannte sie es, »schnell erledigen«, und in der Tat ging die Abtreibung so schnell vonstatten, dass ich nicht einmal Zeit hatte, Angst zu bekommen oder zu weinen. Erst Monate später, im Parkhaus des heruntergekommenen medizinischen Zentrums in der Innenstadt von Syracuse, wo die Abtreibung stattgefunden hatte, kam mir eine Träne. Sie lief an meiner Wange hinunter, eine kleine dünne Träne, während die andere Hälfte meines Gesichts starr und trocken blieb. Zu verhüten war mir gar nicht in den Sinn gekommen. Der einzige Gedanke an jenem Abend, an dem ich in einem Auto Sex mit ihm gehabt hatte, war, dafür zu sorgen, dem Mann ungehindertes Vergnügen zu verschaffen und zu funktionieren.

Nach dem Eingriff verabschiedete ich mich hastig von Alba und erklärte ihr, ich müsse mich ausruhen. Doch statt ins Studentenheim zu gehen, schleppte ich mich zur Universität, in der Hoffnung, er sei wegen seiner Sprechstunden dort. Als er mich sah, fragte er sofort, warum ich so blass aussähe, und ich deutete an, ich hätte meine Periode.

Am selben Tag, in seiner Wohnung, hob er mich hoch und setzte mich auf die Arbeitsfläche neben dem Spülbecken. Wenn die Frau ihre Tage habe, sagte er, sei es am ungefährlichsten, miteinander zu schlafen. Während er weitermachte und versuchte, in mich einzudringen, schloss ich die Augen, presste die Lippen aufeinander und schwor mir, mich umzubringen, wenn ich es trotz meiner Schmerzen zulassen würde. Wie aus weiter Ferne hörte ich ihn weiterreden. Seine Worte brachten den Schmerz zum Schweigen. Sie sagten mir, dass der Wunsch der Frauen nach Kindern alle seine Liebesbeziehungen zerstört habe, dass seine Partnerinnen nie den hohen Preis hätten in Kauf nehmen wollen, den es koste, ein Leben in Freiheit zu führen, dass seine Beziehungen nie länger als fünf Jahre gedauert hätten, wie hart er habe kämpfen müssen, um nicht Vater zu werden und sich nicht von den Ängsten anderer hinwegfegen zu lassen.

Die Worte drehten sich im Kreis, und ich fühlte mich sicher unter ihnen. Es war wie ein rhythmisches Wiegenlied der Vernunft, eine Kadenz des Idealismus inmitten meines verzweifelten, chaotischen Gezappels. Danach, als sich seine echte Stimme über das unglaublich viele Blut meiner Periode wunderte, fiel mir wieder die Warnung des Arztes ein, dass es gefährlich sei, gleich nach einer Abtreibung wieder schwanger zu werden.

Am nächsten Morgen zog ich aus der Zweizimmerwohnung auf dem Südcampus, die ich mit einer Studentin im höheren Semester teilte, in eine Dreizimmerwohnung im zweiten Stock außerhalb des Universitätsgeländes. Ich nahm den ganzen Umzug auf mich, um ihm die Intimität zu geben, die er brauchte, verkaufte einen Großteil meiner Bücher an die Buchhandlung zurück, in der ich sie erworben hatte, und bat meinen Vater um zusätzliches Geld für die Miete und die Kaution. Er verstand nicht, warum ich unbedingt allein wohnen wollte. Ich schob alles auf meine Mitbewohnerin und versprach, mir zum Frühjahrssemester neue Studienkolleginnen zu suchen, die sich die Miete mit mir teilten. Obwohl ich körperlich und emotional erschöpft war, konnte ich nicht aufhören. Der Vermieter begrüßte mich oben auf der Treppe des Hauses stehend, als ich gerade auf dem vereisten Weg wegen der stechenden Schmerzen in meinem Unterleib in die Knie ging. In der einen Hand hielt er einen Sack Streusalz, im anderen Arm ein kleines Mädchen.

Eigentlich wartete ich die ganze Zeit nur darauf, dass er anrief und vorbeikam. Ich besuchte Vorlesungen und Seminare, wusch meine Wäsche, las Bücher, träumte dabei aber immer von ihm. Alles, was meine obsessiven Gedanken unterbrach, ließ mich in einen Zustand der Verzweiflung und Orientierungslosigkeit zurückfallen. Ich war nicht lebendig, wenn er nicht bei mir war.

Wirkliche Aufmerksamkeit und Hingabe brachte ich nur bei Tätigkeiten auf, die mit ihm zusammenhingen: wenn ich etwas über sein Land las, über die jüdische Tradition, in der er aufgewachsen war, die Hindu-Gottheiten, die ihn begeisterten, wenn ich mich für ihn schön machte, wenn ich die Wohnung so gestaltete, dass sie ihm gefiel, wenn ich etwas zu essen kaufte, das ihm schmecken könnte, wenn ich mir das Leben mit ihm auf einem ruhigen Meer vorstellte.

Die Zukunft reichte für mich nicht weiter als bis zum nächsten Telefonanruf, der sein Kommen ankündigte oder bei dem wir uns zu einem Treffen verabredeten. Ich verließ die Wohnung so selten wie möglich, aus Angst, einen Anruf zu verpassen. Jedes Mal, wenn das Telefon klingelte, verzehrte mich die Hoffnung.

Wenn er sich einmal nicht blickenließ, war ich zwanghaft

mit dem Gedanken beschäftigt, was ihn gehindert haben könnte. Ich hatte Angst vor seiner Exfrau. Er sprach oft in den höchsten Tönen von ihr. Mit ihren achtundzwanzig Jahren war sie eine begabte Tänzerin, sie stammte aus einer argentinischen Aristokratenfamilie und promovierte an seiner Universität in Psychologie. Sie hatte ihr gemeinsames Segelboot bar bezahlt und sein Schreiben und seinen Lebensstil finanziert. Doch als klar wurde, dass sie sich ein Kind wünschte und nicht bereit war, dafür ihr Studium aufzugeben, hatte er seine Koffer gepackt.

An einem Abend, an dem er hätte zu mir kommen sollen, rief er mich an und sagte, er treffe sich mit ihr zum Abendessen in einem Restaurant, weil sie seinen Rat benötige. Klar, kein Problem, erwiderte ich und legte auf. Ich war wie betäubt. Plötzlich war mir dieser Mann, den ich liebte, völlig fremd. Was wusste ich denn schon über sein Leben? Wie immer, wenn ich keine Ahnung hatte, was ich tun sollte, legte ich mich in die Badewanne. In einem Handspiegel, den ich mitgenommen hatte, betrachtete ich mein Gesicht. Ich glaubte zu erkennen, was er von mir hielt: Ich zählte nicht viel. Verglichen mit seiner Exfrau, war ich ein Nichts. Ich stellte mir vor, wie er seinen Kaffee trank, sich mit seinen Studenten unterhielt und lachte, wie er seine Exfrau tröstete und an ihre gegenseitige Vertrautheit dachte, als existierte ich gar nicht. Seine Gleichgültigkeit war niederschmetternd. Ob er wohl erstaunt wäre, wenn er wüsste, dass ich von morgens bis abends nur an ihn dachte? Nein, wahrscheinlich wusste er es, und diese Demütigung war tröstlich, fast beruhigend, denn sie entzündete die Flamme des Todeswunsches.

Aus dem Spiegel, das hätte ich schwören können, blickte mir lächelnd meine Mutter entgegen. Ich suhlte mich genauso in der Vorstellung, mich umzubringen, wie ich ohne Verhütung mit ihm schlief, ohne an die Folgen zu denken.

An jenem Abend betrank ich mich zum ersten Mal, bis ich ins Bett fiel. Am Morgen darauf lief ich in der Wohnung hin und her, ich wusste einfach nicht, was ich machen sollte. Ins Seminar gehen? Ich wollte seinen Anruf nicht verpassen. Ihn in seinem Büro aufsuchen? Ich wollte keine Nervensäge sein. Alba anrufen? Sie missbilligte die Beziehung, und in ihrer Gegenwart sprach ich nicht über ihn, aber jedes andere Thema langweilte mich. Ich saß am Küchentisch, starrte auf das Chaos in meiner Wohnung und die Umzugskisten, die immer noch nicht ausgepackt waren, und wartete darauf, dass das Telefon läutete.

An einer der Kisten lehnte das in einen Metallrahmen gefasste Bild meiner Mutter in Postergröße. Eine Idee meines Bruders. Durch die Vergrößerung waren ihre Augen verschwommen, und das Mal in der rechten Ecke des Kinns wirkte eigenartig zufällig, als gehörte es nicht dorthin, und veranlasste einen, sich abzuwenden. So ging es mir jetzt auch, und dabei fiel mein Blick auf sein Buch auf dem Stuhl, die Seite, die er zuletzt gelesen hatte, war aufgeschlagen. In der Mitte lag der Füller mit der vergoldeten Feder, ein Geschenk von mir. Er hatte mich dreihundert Dollar gekostet, fast so viel, wie ich in einem Monat für Lebensmittel plus Taschengeld brauchte. Dieser Füller war der Grund dafür, dass ich völlig pleite war und hungern musste. Jedes Mal, wenn er mich zum Abend- oder Mittagessen ausführte, packte mich die Angst. Er erwartete, dass ich von allem die Hälfte bezahlte. Das sei, sagte er, die einzige Möglichkeit, einer Verdinglichung unserer Beziehung zu einem Vater-Tochter-Verhältnis zu entgehen. So erklärte ich jedes Mal, ich hätte keinen Hunger oder gerade erst etwas gegessen, sah zu, wie er munter drauflosaß, und fragte mich, wann ich den Mut aufbringen sollte, selbst etwas zu bestellen.

Wenn ich an das erste Jahr unseres Zusammenseins denke, krampft sich mein Magen zusammen, so lebendig ist die

Erinnerung an diese Hungerzeit. Mit meinen knapp achtundvierzig Kilo bei einer Größe von einem Meter siebzig sehe ich auf den Fotos von damals aus wie ein Skelett.

Schließlich läutete das Telefon. Er bat mich, mit ihm und einem Kollegen auf dem Campus Mittagessen zu gehen. Ich versprach, gleich dort zu sein. Er führte mich in seine Welt ein. Als ich auflegte, fiel mir ein, dass ich gar kein Geld hatte, um das Essen zu bezahlen. Ich brachte nicht einmal die Miete zusammen. Der Räumungsbefehl lag neben dem Telefon. Ich kehrte in die Küche zurück und setzte mich erschöpft an den Tisch. Bestimmt hatte ihn seine Exfrau am Abend zuvor zum Essen eingeladen. Sie wohnte noch in ihrer ehemals gemeinsamen Wohnung. Manchmal, wenn er etwas, das ihm gehörte, in meiner Wohnung nicht finden konnte, sagte er: »Wahrscheinlich ist es bei mir zu Hause.« Was ich hörte, war: »Ada kümmert sich um alles.« Dass ich kein Geld hatte, würde ihm sicher vor Augen führen, dass ich noch keine Frau war und ihm zur Last werden könnte. Ich begann zu weinen, Tränen der Niederlage und der Resignation. Das Bild meiner Mutter starrte mich an, und dieses Mal sah ich nicht weg. In gut einem Monat würde ich versuchen, mich umzubringen.

In den Weihnachtsferien 1987 fuhr ich nach Hause, weil das von mir erwartet wurde. Er blieb in New York und lebte sein Leben ohne mich. Wenn ich abends zu Bett ging, schloss ich die Augen und sah seinen roten Markenschal um den Hals seiner Exfrau geschlungen und seine Hand auf ihrer zarten Tänzerinnenschulter ruhen. In meiner albtraumhaften Zwangsvorstellung standen sie immer unter dem Triumphbogen am Washington Square Park und sahen lachend den komischen Gesten der Pantomimen zu. Dann öffnete ich die Augen und starrte hoch zu dem alten Deckenventilator, der sich gefährlich nah über meinem Bett drehte, und wünschte mir, die beiden aus meinen Gedanken verbannen zu können. Den Kopf auf meinen Armen, lagen neben mir meine Schwestern, die vierjährige Diana und die zweieinhalbjährige Miri. Wenn ich ihre kleinen Körper spürte, empfand ich einen unbestimmten, schneidenden Schmerz.

Tagsüber war ich unruhig. Eigentlich wollte ich mit meinen Schwestern spielen, lachen, die Hühner den Hügel hinter dem Haus hinaufscheuchen, Eidechsen fangen, mit den Kleinen unter die Dusche gehen, doch ich war zu sehr von Sorge um sie erfüllt. Ihre Bedürftigkeit, derentwegen ich sie einst umso mehr geliebt hatte, schreckte mich jetzt ab. Wenn es Unstimmigkeiten zwischen ihnen oder uns gab, bekam ich heftiges Herzklopfen und Atemnot. Jeder Konflikt konnte mich in Rage bringen, und ich reagierte mit Strenge. Wenn sie weinten, betrachtete ich ihre Tränen mit einer unheimlichen Kälte, die mir Angst machte. Ich erkannte mich nicht wieder. Wenn sie mir in die Augen sahen, meinte ich zu ahnen, dass sie merkten, was nicht stimmte. Ich wollte eigentlich nur fort. Ich erfand Gründe, um aus dem Haus gehen zu können. Die Mädchen gingen zu ihrer Großmutter, während Myrna als Teilzeitkraft in einem Laden arbeitete, wo sie Weihnachtsgeschenke verpackte. Sobald ich allein war, vermisste ich die beiden und schämte mich, weggelaufen zu sein.

Daheim konnte ich nicht einmal stillsitzen, um eine Soap zu verfolgen, die mich vor nicht allzu langer Zeit mehrere Abende hintereinander ans Sofa gefesselt hatte. Mein Vater hatte sich, wenn er von der Arbeit kam, genauso gefreut, mich an den Fernseher gekettet vorzufinden wie mit einem Buch in der Hand. Auch wenn die Leute sagten, Dreizehnjährige sollten nicht so viele Soaps sehen oder so viele Bücher lesen, er war überzeugt, dass ich dabei immer etwas lernte. Jetzt aber konnte ich weder das Fernsehen ertragen noch ein Buch zur Hand nehmen. Ich machte meinem Vater Sorgen. Er vermied es, mir in die Augen zu sehen. Offenbar spürte er, wie viele Fragen sich dahinter verbargen. Noch schlimmer war, dass ich das Grab meiner Mutter in Ordnung bringen wollte.

Während der Fahrt zum Friedhof schwor ich mir, es nie wieder verkommen zu lassen. Seit meinem letzten Besuch waren sieben Jahre vergangen. Damals war ich ein fleißiges elfjähriges Mädchen gewesen, das seine Impulse aus einem ländlichen, utopischen Leben in den Wäldern von New Hampshire bezog. Doch als ich jetzt an den Gräbern entlangging, wurde ich nervös. Ich verlief mich. Der Leichenbestatter deutete auf eine verblasste puerto-ricanische Flagge, die in geringer Entfernung an einem Pfosten flatterte, und bedachte Lolitas Enkelin mit einem bewundernden Blick, aber ich blieb kurz angebunden. Warum war das Gras überhaupt so hoch? Ich schwitzte in der Mittagssonne, kein Lüftchen regte sich. Der ganzen Sache überdrüssig, kehrte ich zum Auto zurück. Den unbenutzten Eimer und die Lumpen ließ ich auf dem Parkplatz zurück. Auf der Heimfahrt betrachtete ich die Landschaft meiner Kindheit durch die Windschutzscheibe. Sie war hässlich, fremd und auf verstörende Weise vertraut.

Am Neujahrsmorgen stürzte ich gleich in der Frühe ins Schlafzimmer meines Vaters und fragte, ob ich abreisen könne. Kurz vor Mittag ging ein Flug, den ich gerade noch erwischen konnte. Nichts, was er sagte, konnte mich umstimmen: »Deine Tanten und Onkel, Cousinen und Cousins erwarten dich heute Abend in San Juan.« »Deine Großmutter hat dich seit Weihnachten nicht mehr gesehen.« »Wolltest du nicht deinen Bruder Miguel im Gefängnis besuchen?« »Was ist mit deinen kleinen Schwestern? Noch vor ein paar Tagen hast du am Telefon geweint, weil du sie so vermisst hast.« Schließlich sagte er: »Den Aufpreis für das Ticket bezahle ich nicht.« Als er fragte, was los sei, antwortete ich: »Dieser Mann, Papa, der Dozent, von dem ich dir erzählt habe, wartet auf mich, und ich liebe ihn.« Er schüttelte den Kopf und warf die Zeitung zu Boden. »Du bist verrückt, Kind, aber geh, geh, wenn du unbedingt willst.« Er bezahlte das Ticket und verabschiedete mich mit einem strengen Gesichtsausdruck, der für ihn ganz untypisch war. Erst als ich mich nach der Sicherheitskontrolle ein letztes Mal umwandte, um ihm zuzuwinken, lächelte er. In diesem Lächeln lagen Bedauern und Erleichterung, und ich fragte mich, ob er wohl mir gegenüber genauso empfand wie ich meinen Schwestern gegenüber.

Als ich am Kennedy Airport meinen Dozenten mit den Händen in den Taschen auf mich zukommen sah, war ich zuversichtlich, fröhlich und sah alles klar vor mir. Ich war einem Zauber erlegen und ließ den letzten leisen Rest an Vorsicht fahren.

Bei meinem ersten Aufenthalt in Manhattan erschien mir New York als eine Stadt der Frauen und Salzbrezeln. Das Fest bei seiner Freundin Ursula begann erst um zehn Uhr, und so gingen wir vorher in ein spärlich beleuchtetes Café, in dem man in bequemen Sesseln am Feuer sitzen konnte. In die Tische waren Initialen und Sprüche eingeritzt. Ich las sie in Erwartung der üblichen Obszönitäten, wie man sie in meiner Heimat auf öffentlichen Toiletten fand, aber diese hier waren schön und klangen poetisch. Die Kellnerinnen, in Miniröcken und schwarzen Strümpfen, die Augen stark geschminkt wie Cleopatra, bewegten sich flink um uns herum. Auch hinter der Bar stand eine Frau. Ihr Haar war feuerrot, und sie aß eine Maraschinokirsche nach der anderen. Als wir eintraten, hatte sie ihm zugewinkt und, so meine ich, zugeblinzelt.

»Nancy!«, rief er einer sympathisch aussehenden Frau in Shorts und hohen Stiefeln zu.

»Mito!«, schrie sie zurück und kam mit weit ausgebreiteten Armen an unseren Tisch, um ihn direkt auf den Mund zu küssen.

Nancy war charmant und geradeheraus und schüttelte meine Hand ohne Groll. Wenn sie sprach, sah sie mich oft an, als würde sie mich schon genauso lange kennen wie ihn. Im linken Nasenflügel hatte sie einen kleinen, glitzernden Diamanten, und später erzählte sie, sie habe einen zweiten in der Klitoris. Die beiden unterhielten sich über alte Zeiten.

»Weißt du noch, der Abend in der Spring Street?«, fragte sie, und er schüttelte den Kopf und lachte.

»Weißt du«, sagte sie an mich gewandt, »dieser Mann war der bestaussehende der ganzen Stadt. Er trug im Seminar wunderschöne purpurfarbene Samthosen, und die Leute standen den ganzen Flur entlang und die Treppen hinunter Schlange, um seine Vorlesungen zu hören. Weißt du, kein Buch konnte einem geben, was sein Anblick und seine Worte einem schenken konnten.«

Er rutschte etwas unbehaglich in seinem Sessel hin und her.

»Ach, komm, Nancy, wenn ich so toll bin, warum hält es dann keine Frau auf Dauer mit mir aus? Über sechs Jahre komme ich nie hinaus.«

»Ach, das liegt doch nur daran, dass du deine Seelengefährtin noch nicht gefunden hast«, gab sie zurück und legte beide Hände auf sein Knie. »Vielleicht sitzt sie jetzt, wo wir uns unterhalten, neben dir.« Sie warf mir aus tiefliegenden grauen Augen einen ernsten, aufrichtigen Blick zu. Ich fand diese Frau wunderbar.

Er kniff sie zärtlich in den Nacken.

Als sie sich verabschiedete, bat sie ihn, sich diesmal nicht zu verirren und sich vor den Hamptons zu hüten. Die Sommer auf seinem Segelboot und zu viele Abende mit Willem de Kooning würden ihn der wahren Welt des »Big Apple« entfremden.

»Warum hat sie dich Mito genannt?«, fragte ich, als sie gegangen war.

»Das ist der Spitzname, den man mir damals verpasst hat. Mito wie Mythos. Ich weiß immer noch nicht, ob der Grund dafür mein Unterricht war oder die Sachen, die ich anhatte.«

»Und wer ist de Kooning?«, fragte ich schüchtern.

»Ein großartiger Maler, der jetzt alt ist und an Alzheimer leidet. Früher verbrachten wir viel Zeit miteinander, aber vergangenen Sommer verwechselte er mich mit seinem Vater. Danach war es schwierig, noch ein Gespräch mit ihm zu führen.«

Auf dem Weg zu dem Fest fasste ich mir ein Herz und fragte, ob Nancy seine Geliebte gewesen sei. Ja, war sie. Vor allem aber eine gute Freundin. Als er sich im vergangenen Frühjahr von Ada getrennt hatte, war Nancy, wie er mir erzählte, in seine Wohnung in der Tudor City gekommen, in der wir jetzt auch wohnten, und hatte ihm ohne viel Gerede den besten Sex seines Lebens geschenkt.

»Sie ist großartig«, sagte er. »Ihr einziges Problem besteht darin, dass sie bereits vollkommen ist. Das war sie von Anfang an, weißt du, und Vollkommenheit schreckt die Leute ab. Sie glauben dann, solche Menschen brauchen überhaupt nichts mehr. Mit einer solchen Frau kann ich nicht reisen.«

»Soll das heißen, du konntest sie nicht lieben?«, fragte ich.

»Irenita, ich sage, dass ich eine ungeformte, unfertige Frau brauche, die nicht zu viele Narben hat. Darum mag ich junge Frauen. Dich zum Beispiel. Aber es ist nicht nur das Alter, glaub mir. Ausschließlich deswegen mit einer jungen Frau zusammen zu sein würde mich zu Tode langweilen. Nancy war auch einmal jung, und ich hätte sie haben können, wenn ich gewollt hätte, aber sie war damals schon im Herzen alt. Mich ziehen Frauen an, die nicht schon so oft verletzt worden sind, dass sie nur noch zynisch und bitter daherreden und in mir den Wunsch wecken, mir eine Zeitung zu schnappen, damit ich sie nicht mehr sehen muss. Leider entspricht es den Gesetzmäßigkeiten des Lebens, dass die Narben mit den Jahren immer mehr werden. Um diesem Schicksal zu entrinnen, bedarf es seelischer Größe. Narben sind Alter. Je mehr Narben jemand hat, desto älter und starrer wird er. Und wer starr ist, kann nicht reisen, kann sich nicht bewegen. Aber du, du bist jung.«

Offenbar gab es viele Frauen, deren Geschichte von ihm beeinflusst war. Ob sie mit ihm gelitten hatten oder nicht, war weniger wichtig als die Tatsache, dass sie durch die pure

Bekanntschaft mit ihm zu besseren Menschen geworden waren. Wenn man ihn geliebt hatte, kam man verändert in die Welt zurück, als ein Wesen, das man im Spiegel vielleicht nicht recht wiedererkannte, aber ein bisschen mehr mochte. Alle seine Exfrauen hatten sich anschließend ein eigenes Leben aufgebaut und die Kinder bekommen, die ihnen zu schenken er sich geweigert hatte. Sie alle riefen ihn immer noch an. Er sagte, das täten sie, um ihm Energie zu rauben, sich etwas von dem Feuer zu holen, das sie bei sich selbst erstickt hätten, weil sie sich auf die Tücken von Häuslichkeit und Mutterschaft eingelassen hatten.

Emma, die Australierin, die von Goldreihern und utopischen Dschungellandschaften träumte, Kathy, die New Yorkerin aus der Upper West Side und geborene Varietékünstlerin, Ada, die argentinische Tänzerin, von der er sagte, sie sei durch ihre psychoanalytische Laufbahn »verkrüppelt«, und die Erste von allen, Camilla, Echo seiner zwischen Genozid, Paris und New York zerrissenen Generation, die einem Roman von Julio Cortázar entstiegen schien. Seine Frauen faszinierten mich, und die Männer, die ich bisher gehabt hatte, jeden einzelnen von ihnen, verabscheute ich nun, weil ich mich meiner früheren Selbste schämte.

Ursulas Loft befand sich in der Spring Street, im obersten Stock eines Miethauses mit einem riesigen Oberlicht im Badezimmer und einer Badewanne mit zu vielen Füßen. Es war ein seltsamer Ort für ein solches Oberlicht. Wenn man auf der mit Blattgold überzogenen Toilette saß und zu pinkeln versuchte, blickte man zu dem Loch in der Decke hoch. Der Boden, die Heizung und alle sichtbaren Rohre waren mit Goldstaub beschichtet, die Wände in Türkisblau und einem fröhlichen Gelbton gestrichen, den ich noch nie gesehen hatte. Hier war krampfhaft versucht worden, die Wände in Kunst zu verwandeln, und nun hatte man beim Betreten des Raumes das Gefühl, alles um einen herum sei in Bewegung. Ein lebensgroßer berittener Don Quijote aus Pappmaché stand neben einem großen, antiken Spiegel mit reich verziertem Goldrahmen. So begrüßten einen an der Tür beide, Don Quijote und sein Spiegelbild.

Auf den Boden aufgemalt zog sich eine Reproduktion von Velázquez' *Las Meninas* durch das ganze Loft. In der Küche lief man über den Hund aus dem Gemälde, bloß dass Ursulas Exemplar quietschrosa war. Unter dem Rahmen des Bettes, auf das wir unsere Jacken warfen, spähte einer der Bediensteten hervor. Aber anders als bei Velázquez war dieser Hausangestellte schwarz. Die kleine Prinzessin aus dem Bild suchte ich vergebens, und als ich Ursula nach ihr fragte, sagte sie: »La princesa c'est moi.« Zum ersten Mal seit Kindertagen, als ich im Sand Krabben gesammelt hatte, machte es mir Spaß, auf den Boden zu schauen.

Hob ich den Blick, bot sich kein so vergnügliches Bild. Die Leute trugen Schwarz und sahen mich an wie ein Kind, das längst ins Bett gehörte. Ich wünschte, ich hätte meine Wimpern getuscht und mich anders gekleidet. Ich trug einen Overall.

Ich saß neben der Tür zur Küche, bei dem rosafarbenen Hund, und beobachtete Ursula in ihrem purpurnen Kleid, das ihren Körper umschmeichelte wie eine zweite Haut. Sie war unablässig in Bewegung, streifte sich das lange, blonde Haar aus dem Gesicht, glitt hierhin und dorthin, um Gäste zu begrüßen, und wandte den Blick dann wieder in die Mitte des Raumes, wo die meisten Leute standen oder tanzten. Es schien, als sei sie der Motor der gesamten Gesellschaft. Juan blickte sie an, während er seinen Martini schüttelte. Eduardo spähte über sein Adressbuch hinweg zu ihr herüber. Der Musiker spielte für sie, während er sie über den schwarzen Flügel hinweg beobachtete.

Er kam zu mir, lehnte sich an die Wand, folgte mit den

Augen meinem Blick und sagte: »Die Männer hier im Raum, mit denen sie nicht geschlafen hat, kann man an einer Hand abzählen.« Er wirkte gelangweilt.

»Bei Männern ist Narzissmus nicht besonders anziehend.« Jetzt sah er mich an. »Aber bei Frauen ist er verheerend. Er kann ihnen ihre Jugend verderben, und sie sind schlecht auf das Alter vorbereitet. Sieh sie dir an, Anfang dreißig und schon alles dahin.«

Ich bemühte mich, herauszufinden, was dahin war, hörte aber nur, dass immer wieder ihr Name gerufen wurde. »Ursula«, riefen die Leute, nicht, weil sie wissen wollten, wo das Bad oder die Bar war, oder weil sie etwas über ihr Leben erfahren wollten, sondern weil Ursula wusste, wer sie selbst war, und vielleicht dadurch, wenn auch nur im Bett, erkannt hatte, wer die anderen waren. Es kam mir vor, als befänden wir uns auf dem Meer und Ursula wäre unser Kompass. Sie mochte mit jedem Mann in diesem Raum geschlafen haben, aber sie war nicht in deren Leben gestrandet. Warum sonst flatterten sie alle immer noch um sie herum und versuchten, sich auf diese Weise ihrer Existenz zu versichern? »Ich bin ein Dichter, ich bin ein Direktor, ich bin verheiratet, ich habe zwei Kinder, ich habe ein Haus in East Hampton gebaut, meine Werke werden gerade ausgestellt, ich habe ein Buch veröffentlicht, ich habe den Pulitzerpreis gewonnen, ich bin eben erst aus dem Himalaja zurückgekehrt, ich bin zum Chefredakteur befördert worden, das Art Forum führt mein Stück auf, ich segle mit meiner Swan-Yacht zu den Bermudas, ich bin Dekan der Fakultät Arts and Sciences.« Aber keine dieser Äußerungen konnte es mit der sinnlichen Kraft aufnehmen, die Ursula besaß, wenn sie sagte: »Ich bin Malerin.«

Ihre Schönheit machte mich traurig. Wie gern wäre ich ihre Freundin gewesen. Ich bahnte mir einen Weg in die Küche und spülte ihr Geschirr. Einmal kam sie vorbei und blinzelte mir zu, wofür ich dankbar war. Später tanzte sie mit ihm einen Tango, während alle anderen danebenstanden und hingerissen zusahen.

Irgendwann kam sie und setzte sich zu uns. Sie trug Opalohrringe, Armreifen und ein Parfüm mit Holznote. Ich konnte den Blick nicht von ihrem Hals abwenden. Sie benutzte ihre Hände wie Handpuppen, jeder Finger spielte seine eigene Rolle. Heiter und schwerelos ließ sie die Augen durch den Raum wandern. Sie sprach schnell. Ein anrührendes, entschuldigendes Lächeln begleitete ihre etwas fahrige Redeweise. Sie selbst verlor nie den Faden, doch sie schien zu befürchten, wir könnten nicht folgen.

Er wollte aufbrechen, ich sah es seinem Gesicht an. Er, der keinem Trunkenbold, Bettler oder potenziellen Dieb je aus dem Weg ging, fand diese schöne Frau langweilig. Langsam merkte ich, dass er mehr als alles andere die Langeweile fürchtete. Er fürchtete Frauen, die ihm seine Selbstbezogenheit streitig machten.

»Irgendwie mag ich sie«, sagte ich, als sie uns Getränke gebracht hatte.

»Du solltest nicht trinken«, entgegnete er. »Und brave Mädchen sollten früh zu Bett gehen, statt in einer Horde Betrunkener ihre Zeit zu verschwenden«, fügte er hinzu und kniff mich in die Nasenspitze.

»Ich weiß.«

Er nahm mir das Glas aus der Hand und schüttete es in seines.

»So, du hast genug getrunken.«

Noch bevor ich protestieren konnte, steuerte er schon auf die Tür zu. Ich folgte ihm und überlegte dabei, was ich wohl falsch gemacht hatte. Er legte mir den Arm um die Schultern. Draußen war es kalt. Er fuhr mit der Hand unter meinen Pullover, drückte mir sanft eine Brustwarze.

»Du hast wunderschöne kleine Brüste.«

»Danke«, sagte ich.

Wir schwiegen, bis wir den Bahnhof erreicht hatten. Unterwegs lauter glückliche Gesichter. In nur einem einzigen Tag hatte ich all diese Menschen kennengelernt, die so schick und extravagant und schön anzusehen waren und mit solcher Nonchalance über sich selbst sprachen. Wenn ich doch bloß lernen könnte, mit der gleichen Lässigkeit aufzutreten.

In der Wohnung in der Tudor City angekommen, sah er mich einen Moment lang an und fragte dann: »Willst du schlafen?«

Ich wollte.

»Eigentlich nicht«, sagte ich.

»Gut.«

Seine Stimme klang erfreut und überrascht und schien von weit her zu kommen. Seine Zunge war heiß und schmeckte nach Whiskey. Ich versuchte, mich zu entspannen, und warf den Kopf in den Nacken, doch er ließ es nicht zu. Ich solle die Augen aufmachen, sagte er. Dann drehte er sich zu mir und schob sein linkes Bein zwischen meine Beine. Ich spürte, wie mein Geschlecht anschwoll, es war, als würde es sich aus eigenem Antrieb zusammenziehen, aber nicht aus Lust, es war ein anderes, irritierendes, unerträgliches Gefühl. Er bat mich, meinen Pullover auszuziehen, und streifte mir anschließend die Träger des Overalls über die Schultern. Dann trat er ein paar Schritte zurück und starrte die weiße Bluse an, die ich zu Highschoolzeiten unter der blauen Uniform getragen hatte. Er bat mich, sie aufzuknöpfen. Nie habe ich so verlegen mit den winzigen Knöpfchen gekämpft. Das letzte fiel auf seinen Schuh, in genau dem Augenblick, als seine Stimme mich mit einem weiteren Befehl traf wie ein Schlag.

»Lass den BH an. – Ich habe immer gewusst, dass du eine von uns bist«, sagte er in gedehntem Tonfall. »Ich habe über dich nachgedacht, aber nie geglaubt, dass ich dich bekommen würde.«

Ich wollte ins Bad gehen, um mich frisch zu machen. Ich mochte meinen Geruch nicht, und es störte mich auch, dass meine Hände sich klebrig anfühlten. Plötzlich empfand ich Wut. Ich spürte, wie mir Tränen in die Augen stiegen.

»Entschuldige bitte«, sagte ich.

»Und was soll ich entschuldigen?«

Er wusste ganz genau, dass sein überlegener, distanzierter Leck-mich-am-Arsch-Ton Frauen dazu brachte, ihm vorzuwerfen, er hege keine echten Gefühle für sie, was er dann wiederum zum Anlass nahm, die Sache schließlich zu beenden. Enge Freunde hatten ihm Dutzende Male geraten, mehr Sensibilität zu beweisen, wenn er über die sechs Jahre hinauskommen wollte. Sonst werde er am Ende allein sein und ohne eine Liebesgeschichte, die das nackte Gerippe des Todes abpolsterte, in seinem Bett sterben.

Jetzt, an diesem Abend, an dem ich, bereits Jahre vor dem unvermeidlichen Ende unserer Beziehung, meine ersten Tränen vergoss, begann er vielleicht zu ahnen, welch große Rolle Geheimnisse, Geschichten und Verstrickungen dabei spielen würden. Doch seine unerbittliche Stimme und sein gereizter Tonfall zeigten mir, dass sein Herz ein wenig entflammt war. Er fuhr mir mit der Hand durchs Haar. Es war sehr dicht und fiel mir ständig in die Stirn. Nie empfand ich mich als adrett, leicht und lebendig wie Nancy oder Ursula.

»Ich bin nicht hübsch, und ich weiß nicht viel.« Ich starrte auf meine Füße.

Er strich mir über die Wange.

»Ein dummes Mädchen bist du!«

Er berührte wieder mein Haar.

»Du tätest gut daran, dir diese beiden Gedanken aus dem Kopf zu schlagen«, sagte er. »Du bist meine *alma gemela*. Du bist meine Seelenverwandte ...«

Er packte mich zärtlich am Nacken und drückte mir einen harten, schmerzhaften Kuss auf den Mund. Er nahm mich auf dem Boden, meine spitzen Schulterblätter flach auf dem Holz. Er liegt auf mir, dachte ich. Er begehrt mich. Jetzt wollte ich nicht mehr, dass er aufhörte. Hände, Knöpfe, Reißverschlüsse, schneller, als ich denken konnte, seine Bewegung spüren, Fingernägel, die über meinen Bauch, meinen Hintern schrammten, o bitte, bitte, warum ist bloß alles so schwierig, warum hat alles den Geschmack von Ende?

Danach rühre ich mich nicht. Ich warte. Und dann beginne ich leise zu weinen, und ich hasse mich dafür. Ich schließe die Augen. In der Dunkelheit höre ich ihn atmen.

»Was soll ich bloß machen mit dir? Was soll ich machen?«, flüstert er.

In diesen seltsamen Momenten, ehe die Traurigkeit, die ich unter dem Panzer seines Scharfsinns aufsteigen spürte, von ihm Besitz ergriff, zog er es vor, wenig zu reden. »Warum bin ich bloß ein Romantiker?«, fragte er sich manchmal laut. Wo er doch durch Frauen so viel kostbare Zeit verloren hatte.

Die Zeit wurde knapp, und diese kleine Frau, die neben ihm auf dem Boden lag und nicht nachvollziehbare Tränen vergoss, die wahrscheinlich auf die Zeit im Leib ihrer eigenen Mutter zurückgingen, wie bei all seinen früheren Frauen, würde ihn viele Mühen kosten. *Educating Rita.* Wie viele Frauen würde er noch erziehen müssen, bevor er seinen längst überfälligen Roman schrieb?

Er stand auf. Ich hörte ihn ins Bad gehen. Das Licht schimmerte unter der Tür durch, und ich studierte die Grenzlinie zwischen meinem Schamhaar und mir als Person. Als er zurückkam, machte er eine Bemerkung über Freud und das Unbewusste.

»Sag mir, Irene, was ist der wahre Grund für diese Tränen?«

Es sollte mehr als ein Jahrzehnt dauern, bis ich begriff, was für eine Bürde eine solche Frage ist. Hätte er mich einfach gefragt »Was ist los mit dir?«, hätte ich sagen können, dass Nancy genau hier auf diesem verdammten Fußboden Sex mit dir gehabt hat und ich keine andere Wahl habe, als dich zu lieben.

So banal war der Grund für meine Tränen. Für ihn waren sie etwas Bedrohliches, Zeichen einer seelischen Störung, meiner Familiengeschichte, meiner Biographie.

»Eines Tages wirst du es aufschreiben«, erklärte er. Nur ein Buch, so seine Überzeugung, konnte wahrhaftige und glasklare Antworten liefern.

»Hör mir gut zu, Irene. Mallarmé hat es gewusst, es ist das Schicksal der Welt, ein Buch zu werden.«

Am Neujahrstag unternahm er mit mir den ersten richtigen Spaziergang durch New York. Von der Ecke 33rd und First Avenue aus arbeiteten wir uns zur Madison Avenue und bis zu den Sixty-Streets vor und gingen auf der Fifth Avenue zurück bis zum Plaza. Er wollte nie Hand in Hand gehen. Das war eine meiner ersten Lektionen. Händchenhalten tötet die Leidenschaft, sagte er zu mir, als ich ihm meine Einkaufstasche überließ und schüchtern nach seiner Hand griff. Ich ließ sofort los und dachte, das sei wie nicht zusammen duschen oder nicht voreinander Zähne putzen, ein weiterer Rat aus dem geheimen Wissensschatz eines Genies, den man für irgendeine spätere Zukunft lernen müsse.

Männer und Frauen gingen die Straßen entlang, und der Tag, so schien es, hätte sich bis in alle Ewigkeit wiederholen können. Selbst die Leute, die ich nach dem Fest auf den Straßen gesehen hatte, die, die sich um ein Feuer in einer Mülltonne drängten oder unter einer Plane schlafend aneinanderkuschelten, schienen zu diesem großen Bild zu gehören. Ich fühlte mich als Außenseiterin, als einzige Sterbliche, und, schlimmer noch, ich hatte nicht die passende Garderobe.

Er summte beim Gehen, die Hände in den Taschen, einen Tango vor sich hin, und ich fragte mich, wie es wohl in Buenos Aires war, ob die Menschen auch dort von Luft und dem seltsamen Brummen zu leben schienen, das hier die Nacht erfüllte. Wovon lebten sie zu Hause, in meinem Heimatland? Soweit mir bewusst war, wurde meine Heimat nach und nach zu einem Teil meiner falschen Garderobe, ein weiteres Anzeichen dafür, wie sich die Dinge gegen mich wendeten. Ich empfand meine Herkunft gerade dann als Belastung, wenn ich die Realität dieses anderen Lebens im Norden am stärksten wahrnahm, wenn es dämmerte, bevor ich zu Abend gegessen hatte oder nach dem Zubettgehen, und wenn ich nach dem Essen hinausging und die kalte Luft mir ins Gesicht stach, während eine sanfte Brise durch die Baumwipfel strich, von denen es goldene Blätter regnete. Daheim fielen nur reife Früchte von den Bäumen.

Wir gingen ins Macy's. Vor dem Spiegel neben den Umkleidekabinen probierte er einen neuen roten Schal an. Er sah phantastisch aus, seine gerade Nase zog sich als helle Linie vom unteren Teil der Stirn bis über die vollen, geschlossenen Lippen. Doch als ich mich selbst mit meinem Cord-Overall anblickte, war all die freudige Erregung darüber, an der Seite dieses Mannes zu sein, sofort dahin. Ein paar Jahre zuvor waren Overalls Teil einer utopischen Landschaft gewesen, in der ich gelernt hatte, Bäume anzuzapfen und Kühe zu melken. In Overalls war ich durch die Wälder in der Umgebung eines Internats in New Hampshire gestreift, überzeugt von meiner Tugendhaftigkeit. Nicht dass die Overalls einen Körper hübsch eingekleidet hätten, denn damals besaß ich noch gar keinen. Overalls und Arbeit, Bewegung, Stolz und Kontrolle, das gehörte damals alles zusammen. Jetzt stand der Overall für das glatte Gegenteil.

Und stellte einen Körper bloß, von dem ich wünschte, ihn aus meinem Blickfeld verbannen zu können. Ich fühlte mich unbeholfen und plump verglichen mit ihm und seiner Welt mit all den selbstsicheren Menschen, die genau wussten, was zu tun war. Ich hoffte meine Derbheit, meine Unzulänglichkeit ablegen zu können, doch wie er oder Ursula würde ich niemals sein. Dazu fehlten mir die Voraussetzungen, seine selbstsichere Ausstrahlung, irgendetwas Ungreifbares, eine Schar von Bewunderern, das Profil eines echten Exilanten. Bei ihm, so schien es, war alles von Anfang an vorbestimmt, während ich mich fühlte wie ein Sammelalbum.

Als wir wieder draußen waren, stach die Sonne grell durch eine Wolkenlücke. Ich sah in die glitzernden Schaufenster und wünschte mir, eines Tages in solchen Läden etwas anprobieren und mich wie eine Dame kleiden zu können.

Auf der Rückfahrt nach Syracuse erzählte ich ihm fast alles über mein Leben. Nicht, dass er danach gefragt hätte. An der Mautstation auf der George Washington Bridge hatte er eine Frage gestellt, die der Mann in Spanisch beantwortet hatte. Als der Kassierer sagte, er stamme aus Puerto Rico, unterbrach ich ihn: »Ich auch, wie schön.« Er betrachtete meine freudige Erregung als absurd. Damals kannte ich noch nicht die Geschichte jener Hälfte meines Volkes, die in diese große Stadt ausgewandert war und sie sich zu eigen gemacht hatte. Bernsteins *West Side Story* hatte mir eine Ahnung vermittelt, aber mehr auch nicht. Nuyorikaner waren hier zu Hause, das hier war in gewisser Weise ihre Brücke, meine nicht.

Auf der Weiterfahrt fragte er, ob es schwierig gewesen sei, an Silvester von meiner Familie loszukommen. Ich hörte mich sagen, nein, das sei überhaupt kein Problem gewesen. Ich hätte einen Vater, der für alles Verständnis habe.

»Erstaunlich, dass dein Vater dich so jung aufs College gelassen hat. Mit fünfzehn warst du fast eine Lolita, ein Bein noch in der Wiege, das andere im Bett eines Mannes.«

Ich lehnte mich in meinem Sitz zurück und dachte an Nabokov, den ich vor kurzem im Seminar gelesen hatte, und an den Film, den ich mit ihm zusammen gesehen hatte.

»Tja, ich habe es dir noch nicht erzählt, aber meine Großmutter heißt Lolita.«

So begann die Geschichte meines Lebens, an diesem Tag jedenfalls, als wir die Route 17 entlangfuhren. Denn er wusste sicher genau, was dieser Teenager an seiner Seite schließlich würde tun müssen, um sich während der Vormittage, wenn er schrieb, und der Nachmittage, wenn er las, zu beschäftigen, dieses Mädchen musste einfach nur tagsüber seine Lebensgeschichte niederschreiben und abends für ihn da sein.

Aber keiner von uns beiden ahnte das Dilemma voraus, das entstehen sollte, als ich, als Autorin, mich selbst zum Gegenstand meines eigenen Erkennens machte.

Im Januar, nach unserem ersten gemeinsamen Neujahrstag, rief ein Arzt aus dem jüdischen Altersheim in Williamsburg an, in dem seine Eltern lebten, und sagte, sein Vater liege im Sterben. Ich bat ihn, mich mitzunehmen. Aber er wollte nicht. Der Tod sei einer Beziehung nicht zuträglich, meinte er sarkastisch, und sein Vater, nun ja, das war sowieso ein heikles Thema. Er wollte nicht mit mir darüber reden, nicht jetzt. Ich war wie der junge Rostow in *Krieg und Frieden*: »Wie glücklich wäre er gewesen, wenn [er] jetzt hätte für seinen Zaren sterben können.« (Leipzig 1922) Ich spürte ein geradezu schmerzliches Verlangen, irgendwie meine Liebe zu zeigen. Er merkte es und erlaubte mir, am nächsten Tag nach dem Unterricht hinzufahren, aber seinen Vater oder seine Mutter kennenzulernen käme nicht infrage. Mitten in der Nacht stürmte er mit düsterem Blick aus meiner Wohnung, und ich hörte ihn etwas sagen wie, dass für jeden einmal die Zeit kommt. Er umarmte mich fester als sonst.

Als ich wieder im Bett lag, fiel mir ein, dass ich kein Geld für den Bus hatte. Ich legte eine seiner Tango-Kassetten ein und holte mir die Wodkaflasche. Ich trank ein ganzes Glas in einem Zug aus und spürte, wie er sich mit meiner Einsamkeit mischte. Dabei stellte ich mir vor, wie er die 81 South entlangfuhr, um dem Tod seines Vaters ins Auge zu blicken. Irgendetwas musste geschehen, das die plötzliche, schreckliche Leere in mir füllte. Ich war wieder schwanger, der

Gedanke daran beruhigte mich in einem Augenblick und erschreckte mich im nächsten. Ich griff zum Telefon und rief meine beste Freundin Alba an. Sie war nicht da. Ich ging ins Bad und schluckte den Inhalt eines ganzen Röhrchens Tylenol extra stark. Dann legte ich mich ins Bett und verfluchte mich, dass ich meine letzten Dollar für den unnützen Füller ausgegeben hatte. Er hatte sich mit einem gereizten Lächeln dafür bedankt – er mochte keine Geschenke – und ihn neben dem Kaffeebecher liegengelassen. Jetzt konnte ich nicht den Sechs-Uhr-Bus nehmen, um ihm zu zeigen, wie viel er mir bedeutete.

Es läutete an der Tür, und ich wachte erschrocken auf. Ich war von Erbrochenem bedeckt, auch der Boden neben dem Bett war voll davon. In der Annahme, es sei Alba, öffnete ich die Tür. Aber dort stand Michael, der Lehrassistent aus meinem Religionsunterricht, der aus Holland stammte. Wir waren uns ein paarmal in der Bibliothek begegnet, und er hatte meine Wortmeldungen in der Klasse gelobt. Als er mich die Woche zuvor zum Abendessen eingeladen hatte, hatte ich dankend angenommen. Ich machte mir nichts aus ihm, aber ich lehnte nicht ab.

»Tut mir leid, dich so zu überfallen«, meinte er leise. »Ich war mit dem Fahrrad unterwegs und sah das Licht brennen.«

»Macht nichts«, erwiderte ich. »Eigentlich brauche ich sogar Gesellschaft.«

»Das hatte ich gehofft.« Er sprach in demselben ernsten und kühlen Tonfall wie im Unterricht. »Kann ich mein Rad hochholen, oder soll ich es draußen lassen?«

Seine direkte, fast forsche Art ging mir auf die Nerven.

»Mir egal«, sagte ich, drehte ihm den Rücken zu und ging nach oben. »Du hast mich gerade von den Toten auferweckt.«

Kaum hatte er die Wohnung betreten, ging er geradewegs

in die Küche, nahm sich Papiertücher und machte den Boden um das Bett herum sauber. Vom Badezimmer aus sah ich zu, wie er die Tücher aufhob und in der Wohnung nach weiteren suchte. Dann kam er ins Bad und zog mich aus. Er tat es mechanisch, ohne Fragen zu stellen. Er ließ Wasser in die Badewanne ein, setzte mich hinein und ging in die Küche. Ich hörte, dass er etwas aß. Als ich fertig war, kam er wieder herein und trug mich zum Bett. Während er sich auszog, starrte ich den milchig weißen Körper dieses Fremden an. Jeder Gedanke, den ich fassen wollte, verschwand in einem Loch. Ich schloss die Augen und ließ mich fallen. Ich spürte die Wärme seines Körpers, als er unter die Bettdecke schlüpfte, und wünschte mir, er wäre nicht da. Er fickte mich eine Weile mit starrer Geduld. Ich glaube, wir sprachen kein Wort mehr miteinander, weder in jener Nacht noch später.

Am späten Nachmittag rief er von New York aus an und fragte, warum ich ihn wie einen Idioten am Port Authority habe warten lassen. Ich antwortete, ich hätte den Bus verpasst und nähme den nächsten. Warum ich denn den Bus verpasst hätte, fragte er. Ich sei zu spät zum Bahnhof gekommen, erklärte ich. Ich war ein Lügenbeutel.

Hätte ich etwa sagen sollen, ich habe kein Geld? Dass ich warten müsse, bis ich Alba aufgestöbert hätte, um mir von ihr das Geld für die Fahrt zu leihen?

Er habe über mich nachgedacht, sagte er. Seine Stimme war jetzt etwas gelassener. Er mache sich Sorgen. Wenn er all meine unbeholfenen Gesten zusammennehme, dieses ständige irgendwo Anstoßen, meine schwarzen und blauen Flecken überall, die Gläser, die ich ständig zerbräche, und jetzt das Verpassen des Busses. All das habe ihn zu dem Schluss gebracht, dass ich zum Selbstmord neige. Eigentlich sagte er, ich hätte selbstzerstörerische Gewohnheiten, die auf Selbstmordgelüste hindeuteten. Er habe rasch begriffen, dass mein bisheriges Leben einen fruchtbaren Boden für unzählige gefährliche Geschichten bilde. Seine Fürsorge für mich und sein Verlangen nach mir aber schienen dadurch umso mehr zuzunehmen.

Ich fragte, wie es seinem Vater gehe. Er war am Morgen gestorben.

Nachdem ich Alba gefunden und mir von ihr das Fahrgeld geliehen hatte, setzte ich mich am späten Nachmittag in den Bus nach New York. Die fünfstündige Fahrt dauerte ewig. Mir wurde klar, dass ich nicht viel über ihn wusste. Bis auf die drei oder vier Monate heimlicher Liebestreffen hatten wir so gut wie keine Geschichte. Aber wir hatten das neue Jahr zusammen willkommen geheißen, ich war zum zweiten Mal von ihm schwanger, und jetzt war sein Vater tot. Das ging doch schon in Richtung Geschichte. Ich wünschte mir nur, ihm mehr geben zu können: Geld, Geschenke, kluge Einfälle, eine Familie mit einem großen alten Haus, ein Land von solcher Fülle wie sein Argentinien, einen Körper so schön wie die seiner Exfrauen.

Er begrüßte mich mit einem Lächeln und einer zärtlichen Umarmung. Eine Weile gingen wir schweigend, bis ich meinen Mut zusammennahm und ihn nach seinem Vater fragte.

»Er starb an gebrochenem Herzen«, antwortete er, »es brach ihm das Herz zu sehen, wie meine Mutter den Verstand verlor und immer wieder ohne Kleidung aus dem Haus ging.«

Vor ungefähr einem Jahr hatte sein Vater aufgehört zu sprechen. Die Ärzte hatten gemeint, er sei senil, aber der Sohn hatte ihnen gesagt, er leide unter Depressionen. Vater, Sohn und die Ärzte hatten gemeinsam überlegt, was zu tun sei. Dabei hatte er die Ärzte gebeten zuzuhören, als er seinen Vater fragte: »Dad, möchtest du weiterleben?«

Sein Vater hatte nur genickt. Der Sohn bestand darauf, dass er auf Depressionen hin behandelt wurde, aber kein Medikament half. Der alte Mann bekam zweimal eine Erkältung, die sich zu einer Lungenentzündung auswuchs, und schon innerhalb des ersten Jahres, in dem er seine Frau an die Senilität verlor, verfiel er zusehends.

Als sein Vater tot war, blätterte er zusammen mit einem Mann von der chassidischen Synagoge, der das Heim verwaltete, einen Katalog mit Särgen durch und wählte den billigsten, einfachsten aus. Sein Neffe hielt beim Großvater Wache. Er hatte gesagt, sein Vater sei friedlich entschlafen. Er habe sich aufs Bett gesetzt, einmal gehustet und nach fast einem ganzen Jahr zum ersten Mal wieder gesprochen: »Mir ist kalt.« Dann habe er sich hingelegt und sei gestorben.

Als er sich den Schal um den Hals band, zitterte seine Hand, aber seine Augen blieben trocken. Wir gingen zu seinem Wagen und fuhren nach Williamsburg, wo er wegen der Pflege seiner Mutter etwas erledigen musste. Als wir in den Stadtteil kamen, sah ich Männer auf den Straßen, die mit ihren schwarzen Hüten, den langen schwarzen Mänteln, den dunklen Bärten und Schläfenlocken wie Gespenster aussahen. Es waren chassidische Juden aus Polen und Ungarn. Sie hatten einen eigenen Rabbi, einen Herrscher aus einer Dynastie, der seine Abstammung von Baal Schem Tov nachweisen konnte, dem Begründer des Chassidismus im 18. Jahrhundert, den sie als von Gott eingesetzt betrachteten, als eine Art Prophet. Ich saß im Wagen und blickte in diese fremde Welt hinaus. Die Sonne stand tief über den Sandsteinhäusern, die sich zusammendrängten wie die durch den kalten Abend huschenden Männer. In wenigen Minuten würde die Sonne verschwinden. Im Schutz zweier Männer und einer Frau ging ein kleiner Junge, der mit seiner Schläfenlocke spielte und sie um seinen Zeigefinger wickelte, bis seine Mutter ihm auf die kleine Schulter tippte und er die Hände in die Taschen steckte. Er blickte auf und sah mich an.

Am Pflegeheim angekommen, wollte er mich nicht mit hineingehen lassen. Als ich ihn anflehte, wandte er sich mit einem tiefen Seufzer ab.

»Na gut, dann geh, geh und sieh es dir an.« Er klang verbittert und müde.

Ich erwartete eine furchtbar alte, kranke Frau und bereitete mich auf das Schlimmste vor. Es war ein sauberes, freundliches Heim, erfüllt von unzähligen Akzenten und Sprachen. Gesund aussehende Männer und Frauen schlenderten durch die Gänge oder saßen im Empfangsraum an Tischen zusammen. Ich hielt sie zunächst für Besucher wie uns, aber sie grüßten, woraufhin er sie fragte, ob sie hier gut behandelt würden. Ich sah auch ältere, von Krankheit gezeichnete Menschen in den Fluren, aber irgendwie hatte selbst deren Blick etwas Jugendliches. Ein Anachronismus des Fleisches, sagte ich zu ihm, und er lächelte, ein wenig milder jetzt.

Auch seine Mutter hatte solche Augen. Bei ihr waren es große, blaue, klare Augen, denen man ihr Alter in keiner Weise ansah. Außerdem war sie eine schöne Frau, und an ihren Beinen, die unter der Decke hervorlugten, war keine Vene, keine Narbe zu entdecken. Es waren die Beine einer Frau im geburtsfähigen Alter. Sie schloss die Augen, als sie uns bemerkte, und schien in sich zusammenzusinken. Dann machte sie die Augen wieder auf und sah mich an. Sie sagte etwas in einer Sprache, die ich nicht einordnen konnte. Es sei eine Mischung aus Jiddisch, Polnisch, Deutsch, Russisch und Spanisch, erklärte er mir. Sie drängte uns, an dem unsichtbaren Esstisch im Zimmer Platz zu nehmen und das Hühnchen zu essen. Er antwortete etwas auf Jiddisch. Sie sagte nichts mehr und starrte ihren Sohn an. Ein Seufzer entrang sich ihren Lippen, ein langer, zittriger Seufzer, fast ein Stöhnen. Dann blickte sie wieder zu mir, mit feuchten Augen, so sehr litt sie.

»Noe«, sagte sie.

Es war der Name ihres Mannes. Sie griff nach meiner Hand.

»Vamos«, sagte sie ganz leise. »Gehen wir.« Er wandte den Blick ab.

Langsame Tränen liefen über ihren Nasenrücken und verschwanden in den Mundwinkeln. Ich hätte sie gern umarmt, sie mitgenommen und ging näher zu ihr, aber er bat mich, einen Schritt zurückzutreten, nahm beide Hände seiner Mutter und umschloss sie fest. Sie lag zusammengekrümmt in den Kissen, ihre grauen Haare standen wirr zu Berge, und jetzt sprach sie mit sich selbst, das heißt, sie spaltete sich in eine Reihe streitender Persönlichkeiten. Anscheinend führte sie den Vorsitz über eine Versammlung mehrerer Parteien mit unterschiedlichen Interessen, die sie miteinander in Einklang zu bringen versuchte. Doch schließlich löste sich die laute Versammlung unter Flüchen auf.

Er hielt ihre Hände, bis eine fast klösterliche Ruhe über ihrem grauen, gebeugten Kopf lag. Ich stand wie gelähmt in einer Ecke. Nie zuvor hatte ich mich so sehr von der Frage bedrängt gefühlt, wer wir sind und woher wir kommen. Ich fühlte mich vollkommen fremd und verloren.

Später schlenderten er und ich durch die Straßen von Manhattan. Es war jetzt einen Monat her, dass ich meinen Vater verwirrt auf einem Flughafen zurückgelassen hatte. Und in dieser Zeit war mein Dozent halb bei mir eingezogen, sein Vater war gestorben, ich hatte seine senile Mutter kennengelernt, ich hatte ihn mit einem anderen betrogen, ich war wieder schwanger. Wir liefen stundenlang durch die Gegend, ohne ein Wort zu sagen. Spät an jenem Januarabend liebten wir uns, ebenfalls schweigend.

Ich hatte ihm nicht von meiner Schwangerschaft erzählt. Als wüchse in mir etwas anderes als ein Kind, begann ich zu schreiben. Ich wartete und sah zu, wie mein Körper die Führung übernahm, während sich die Geschichte der zwei Frauen in meinem Leben nach und nach ihren Weg aufs Papier bahnte und zu einem Buch wurde.

Er hatte mir erklärt, die Familie töte das Begehren ab, von der Liebe ganz zu schweigen. Ein Kind in meinem Alter würde mich nur zu einem weiteren Gender-Opfer machen. Er denke dabei nur an mich, rette mich vor dem Frauenschicksal und den Ketten des Hausfrauendaseins, die wir alle auf uns nähmen, wenn die Freiheit als zu schwere Bürde erschiene. Ich war schwanger mit einem Kind, das ich mir wünschte und das er, das wusste ich, verachten würde. Ich war unwissend und unkultiviert, er war genial und hatte geschliffene Manieren.

In den Tagen nach unserer Rückkehr aus New York und vor meiner Einweisung in eine psychiatrische Anstalt sah ich ihn selten. Es sei eine Menge Arbeit für seine Lehrtätigkeit liegengeblieben, er komme aber bald vorbei, sagte er wiederholt am Telefon. Er traf sich mehrmals mit seiner Exfrau, um über die Scheidungsunterlagen zu sprechen und zu entscheiden, was mit dem Boot und dem Haus geschehen sollte, in dem sie fünf Jahre lang gelebt hatten. Ich war überzeugt, er habe entdeckt, was für eine Frau ich tatsächlich war: zu jung, labil, hohl, dumm, ein Problem, eine Belastung.

Meine Januar-Miete war einen Monat überfällig, die Heizungs- und Telefonkosten ebenfalls. Die Post brachte kein Geld von meinem Vater. Ob man mich wirklich vor die Tür setzen konnte? Ich machte keine Hausaufgaben mehr und schwänzte vier Tage hintereinander den Unterricht. Unfähig, irgendetwas zu unternehmen, sperrte ich mich in meiner Wohnung ein. Ohne Geld, dachte ich, konnte ich gar nichts machen. Aber ich war es nicht gewohnt, reglos zu verharren. Das Nichtstun verwandelte sich in einen Todeswunsch, der mir erschreckenderweise vernünftig vorkam. Der Gedanke, dem Mann, den ich liebte, als schwaches, wertloses und einsames Wesen preisgegeben zu sein, quälte mich. Eines Tages, als alle Fenster der Wohnung mit Eisblumen überzogen waren und das graue Tageslicht kaum mehr hereindrang, bereitete ich die Bühne für ein »angemessenes« Sterben: mit Gas, Pillen und Alkohol. Der Vermieter, der unter mir wohnte, riss den Theatervorhang jäh beiseite, als er das Gas roch und sofort die Feuerwehr rief. Ich wachte von dem harten Klopfen an der hinteren Küchentür auf, von der aus man hinunter in seine Wohnung gelangte. Ehe er hereinkommen konnte, raffte ich mich auf und rannte buchstäblich zum Medizinischen Dienst der Universität, der zwölf Straßenzüge entfernt war, um dort den Psychologen aufzusuchen.

Und an dieser Stelle kommt mein zweites Buch ins Spiel. Es behandelt das dunkle Frühjahrssemester 1988, als ich am Ende dieser zweiten Sitzung mit einem Psychologen zu hören bekam, wenn ich wolle, könne ich noch telefonieren, doch die Praxis dürfe ich nicht mehr verlassen, dies sei gesetzliche Vorschrift. Ich sei eine Gefahr für mich selbst.

Zu meiner Überraschung war er für mich da. Über befreundete Ärzte organisierte er meine Verlegung von der staatlichen Nervenklinik, in die ich zunächst gebracht wurde, in eine private Anstalt. Und er besuchte mich jeden Abend.

Irgendwann in der ersten Woche meines Klinikaufenthalts kam mein Vater nach Syracuse. Der für studentische Angelegenheiten zuständige Universitätsdekan hatte ihn benachrichtigt. Als ich ihn mit meinem Bruder Fonso ins Besuchszimmer kommen sah, wandte ich mich ab. Warum, weiß ich bis zum heutigen Tag nicht. Warum war es ein gutes Gefühl, mich von diesen beiden Männern, die ich lieb hatte, abzuwenden? Es war, als zahlte ich ihnen etwas heim, als hätten sie es nicht anders verdient. Als mein Vater mir die Hand auf den Kopf legte und sagte: »Du hast dich völlig verausgabt, stimmt's?«, fühlte ich mich ihm gegenüber so fremd und fern wie wenige Wochen zuvor im Pflegeheim dem Mann, den ich liebte. Mein Vater wollte unbedingt, dass ich ein Urlaubssemester einlegte und mit ihm nach Puerto Rico flog, doch ich weigerte mich. Ich überzeugte ihn davon, dass ich im Krankenhaus selbständig für meine Seminare lernen und arbeiten konnte. Der Dekan hatte es mir erlaubt. Mein Vater flog am nächsten Tag nach Hause und sagte, er werde mich bald wieder besuchen. Doch dazu kam es nicht. Dafür sorgte ich.

Ich verbrachte meine Tage mit der Lektüre der Bücher, die mein Meister mir brachte (und die ich vor meinem Therapeuten versteckte, der dagegen war, dass ich während der Therapie viel las): Julio Cortázars *Rayuela*, Carlos Fuentes' *Aura*, Macedonio Fernández' *No todo es vigilia la de los ojos abiertos*, Bertrand Russells *Philosophie des Abendlandes*, fast alles von den Philosophen Martin Buber und Walter Benjamin, den Psychologen Melanie Klein und Donald Winnicott sowie das eine Buch, das ich mehr als alle anderen schätzte: André Schwarz-Barts *Der Letzte der Gerechten*. Ich gab mir größte Mühe zu lernen, wie ich mit ihm sprechen, ihm zuhören musste, damit ich mich der Aufmerksamkeit, die er mir zuteilwerden ließ, würdig erwies. Ich beschrieb eine endlose Zahl von Karteikarten mit Anmerkungen zu den Büchern, die ich las. Diese Kärtchen lagen überall im Zimmer verstreut und kaschierten, wie unzulänglich ich mich fühlte. Ich würde niemals genügen oder genügend haben, um ausreichend zu vergüten, dass er mich Teil seines Lebens sein ließ. Er sprach über Boote, Kreuzfahrten und Bücher, die geschrieben werden könnten, wenn das Boot ruhig vor Anker lag. Das sei der Grund, warum er keine Kinder und keine Familie haben könne. Es gebe viel zu tun für ihn, und die Zeit sei knapp.

»Weil du jung bist«, sagte er immer wieder, »fängt dein Leben gerade erst an, und du solltest nicht mit mir zusammen sein, wenn du die Entscheidungen, die ich für mein Leben getroffen habe, nicht mittragen kannst.«

Ich fasste seine Unverblümtheit als Beweis großer Fürsorge auf, als außergewöhnliche Ehrlichkeit, auch wenn seine Freiheit im Kontrast zur Farblosigkeit meines Charakters und der Wände meines Gefängnisses umso heller strahlte. Aber ich verschloss die Augen nicht ganz und gar vor der Wahrheit. Die Schwangerschaft war gleichzeitig Todesurteil und die Chance, darüber hinauszugelangen, auch über ihn.

Mit jeder Woche, die während meines Klinikaufenthalts verging, bemerkte ich neue Veränderungen an meinem Körper. Meine Brüste wurden größer und strahlten Wärme ab. Er machte Bemerkungen über meine rosigen Wangen und mein strahlendes Aussehen, worauf häufig eine Liebkosung folgte. Einmal sah er mich eindringlich an, während seine Hand meine Brust umschloss, und ich war sicher, dass er Bescheid wusste und gleich fragen würde. Er tat es nicht. Stattdessen fragte er, ob ich die Sommerferien mit ihm auf dem Segelboot verbringen wolle. Aber ich müsse dann dafür sorgen, dass ich frei sei. Ich hätte schwören können, dass er damit den Abbruch der Schwangerschaft meinte.

Ich litt tausend Qualen. Wie sollte ich es ihm sagen? Es blieb nicht mehr viel Zeit. Ich war zwischen der zehnten und zwölften Woche. Mein Bauch wuchs, obwohl ich nicht viel aß.

Ich blätterte ein Buch über Schwangerschaft durch, das mir eine Schwester gegeben hatte, und sah mir die Darstellung eines Fötus an. Zwischen der vierzehnten und siebzehnten Woche könne das Kind, so erfuhr ich, an seinem Daumen lutschen, Fruchtwasser schlucken, Urin ausscheiden und Bewegungen machen, die das Atmen trainieren. Ich musste das Buch weglegen.

An einem Sonntag Ende März verließ ich, an jedem Arm einen Rucksack, das Krankenhaus. Er war in New York auf einer Konferenz. Der Campus lag wie ausgestorben da. Ich starrte den Strom vorbeifahrender Autos an und empfand nichts dabei, mein Kopf war leergefegt wie die Bürgersteige. Kaum hatte ich die Klinik verlassen, machten meine Rastlosigkeit und meine Angst der Hoffnungslosigkeit Platz, jener echten Hoffnungslosigkeit, die sich einstellt, wenn man an nichts mehr glauben kann und das Leben zum Stillstand gekommen zu sein scheint. Ich redete mir zu, in Bewegung zu bleiben, es würde alles gut werden, wenn ich bloß in Bewegung bliebe.

In dieser Gewissheit, dass sich alles zum Guten wenden würde, stieg ich zum Zentrum des Campus hinauf. Und sie wurde bestätigt, denn gerade als ich auf dem Weg zu meinem auf der Südseite gelegenen Apartment den Collegehof überquerte, brach die Sonne durch die Wolken. Helle Strahlen fielen auf das goldene Dach der Hendricks-Kapelle und schlängelten sich die langen Steinwände und die massiven Treppenstufen hinab bis zu meinen Füßen, der ganze Boden schien zu leuchten. Ein Gefühl absoluter Freiheit und unbegrenzter Möglichkeiten überkam mich. Mir war, als könnte ich alles tun, was ich wollte, jeder Mensch sein, der ich sein wollte. Wenn ich andere Leute ansah, machte ich mir keine Gedanken darüber, welchen Eindruck sie von mir haben könnten. Es ging mir gut. Ich war schwanger. Ich würde Mutter werden.

Doch dann, so schnell, wie es gekommen war, verflog das Gefühl wieder. Er würde mich verlassen, wenn ich ihm sagte, dass ich sein Kind zur Welt bringen wollte. Sobald dieser Gedanke hochkam, sagte ich mir, ich müsse abtreiben, doch dabei wurde mir eng in der Brust, und ich bekam keine Luft mehr. Ich konnte nicht. Ich konnte nicht abtreiben. Mir wurde schwindelig. Ich lief zur Toilette der Architekturfakultät, rannte fast. Dort setzte ich mich auf den Klodeckel. Mir war, als würde ich verfolgt.

In meiner Wohnung angekommen, war ich schon wieder voller Vorfreude auf das Wiedersehen mit ihm. Ich putzte, wusch die Wäsche, sortierte meine Kleidung und schrieb eine Einkaufsliste. Dann ging ich zum Telefon und starrte es an. Es musste kaputt sein, er hatte es bestimmt schon versucht. Ich geriet allmählich in Panik, dann klingelte es. Seine Stimme klang fröhlich, und er sagte, er sei nur drei Stunden von Syracuse entfernt und werde chinesisches Essen mitbringen. Ich rannte in den Supermarkt an der Straßenecke und kaufte einen tiefgefrorenen Sara-Lee-Kuchen und eine Zitrone. Ich nahm ein Bad, zog mich an, schminkte mich, setzte mich mit Oliveira an den Küchentisch, der außer dem Bett das einzige Möbelstück in der Wohnung war, und wartete. Ich lutschte an einer Zitronenscheibe, um meine Übelkeit zu bekämpfen. Es war das Einzige, was half.

Oliveira war ein Zwergschnauzer, der hungrig und frierend auf dem Campus gefunden worden war, als er versucht hatte, sich in der Fakultät Arts and Sciences zu verkriechen. Ein Student hatte ihm das Hündchen gebracht, es sei nur für einen Nachmittag, hatte er gesagt, war jedoch nie wiederaufgetaucht. Also hatte er Oliveira zu mir gebracht. Oliveira war von Anfang an ängstlich gewesen. Wenn ich eine Plastiktüte öffnete, versteckte er sich augenblicklich unter dem Küchentisch. Das Gleiche sollte er sein Leben lang tun, wenn man mit Duschvorhängen, Mülltüten, Essensverpackungen oder Regenmänteln hantierte. Manchmal, wenn der Wind entsprechend stand, erzitterte er beim Geräusch raschelnder Blätter. Am wohlsten fühlte er sich, wenn man ihn allein ließ. Beim Fressen berührte seine Schnauze kaum das Futter. Nie machte sich sein Unbehagen in Gebell Luft. Selbst in den ersten Nächten, damals war er nur wenige Monate alt, saß er einfach nur auf dem Boden am Fuß des Bettes, starrte uns an und zitterte.

Beim Abendessen gratulierte er mir zu meinem »Übergangsritual«. Der Klinikaufenthalt sei nun Vergangenheit, und ich könne jetzt mein weiteres Leben in Angriff nehmen. Er fragte, ob ich bereit sei, Ende der kommenden Woche, nach den Abschlussprüfungen, in die Sommerferien aufzubrechen. Natürlich, sagte ich. Ich müsse nur noch schauen, wie es mit meinen Finanzen stehe. Trotz meiner Scham darüber, dass ich es ausgesprochen hatte, hoffte ich, er würde sagen, um Geld brauchte ich mir keine Gedanken zu machen, das werde er schon regeln. Mein Vater hatte zwar die Miete für die Monate, die ich im Krankenhaus verbracht hatte, beglichen und ein paar hundert Dollar auf mein Bankkonto eingezahlt, aber ich wusste, dass er finanziell in Schwierigkeiten steckte. Ich hatte keine Ahnung, wie ich ihm erklären sollte, dass ich den Sommer nicht in Puerto Rico verbringen würde. Über meine gegenwärtige Beziehung wusste er nichts, außer dass ich ihn an jenem Silvesterabend wie eine Verrückte angefleht hatte, mich nach Syracuse zurückfliegen zu lassen, weil ich verliebt sei. Und gerade jetzt, in diesem Sommer, nach meiner Zeit in der psychiatrischen Klinik, erwartete er, dass ich nach Hause kam. Unmittelbar vor meiner Entlassung hatte er mich gefragt, an welchem Tag ich heimfliegen könne.

Ich sah ihn die Essstäbchen neben dem Teller ablegen und hörte, wie er sich in seinem Stuhl zurücklehnte.

»Irenita«, sagte er, »Geld ist ein heikles Thema, aber wahrhaftig auch ein symbolträchtiges.«

Er verschränkte die Arme und sah mich mit einem Lächeln an, das ich für zärtlich hielt.

»Ich möchte nicht die Rolle deines Vaters übernehmen. Es ist wichtig, dass du dir deine Unabhängigkeit bewahrst und eine freie Frau bleibst.«

Ich fühlte mich geschlagen.

Die Wochen vergingen. Eines frühen Morgens im Bett wurde mir klar, dass das, was ich für Blähungen gehalten hatte, kleine, winzigste Bewegungen waren. Obwohl kaum wahrnehmbar, war mir doch bewusst, dass dies ein Zeichen des Lebens in mir, ein Vorbote der Geschichte war, die wir gemeinsam haben würden. Am Abend saß ich nach dem Essen mit ihm auf der Veranda, und wir tranken Wodka. Er erklärte mir erneut, was er an mir anziehend fand. Es sei nicht mein jugendliches Alter. Sicher, er sei immer mit jungen Frauen, im Durchschnitt zwanzig Jahre jünger als er, zusammen gewesen, doch die Gründe dafür seien phänomenologischer Natur, nicht psychologischer. Er verliebe sich in uns, weil wir keine Narben hätten. Alter sei für ihn Narbengewebe, Bitterkeit, Starrheit, die Unfähigkeit, sich auf den Weg zu machen. Frauen seines Alters seien voller Sorgen und Wunden. In ihrer Gegenwart schwinde sein Hirn, sein Geist dahin. Bei mir habe er das Gefühl, reisen, die Abendluft in sich aufnehmen zu können, ohne das Schlafzimmer fürchten zu müssen. Seltsamerweise hätten alle seine vier vorangegangenen Frauen mit Ende zwanzig plötzlich Mutter werden wollen. Nicht er habe sich verändert, sondern sie.

Als ich ihm zuhörte, überkam mich Schwindel, und so wie manche Menschen, denen in großer Höhe schwindelig wird, wagte ich einen Sprung. Ich ging in die entgegengesetzte Ecke der Veranda, so weit von ihm entfernt wie möglich, und sagte ihm, ich müsse ihm etwas erzählen. Und das tat ich.

Mitten in meinem Geständnis begann er zustimmend mit dem Kopf zu nicken, und er nickte auch noch, als ich fertig war. Ab und an sagte er noch *Sí, sí* dazu, bis er schließlich aufstand und mir, die Hände tief in den Hosentaschen vergraben, in die Augen sah und erklärte, es sei meine Entscheidung, ganz allein meine. Ich könne mich dafür entscheiden, der Angst nachzugeben und mich in ein häusliches Leben als Mutter zu fügen. Ihm wäre es lieber, ich täte das nicht. Er sehe Potenzial in mir. Um seinen Standpunkt zu untermauern, zitierte er Frauen, feministische Denkerinnen und Autorinnen.

»Ist es wegen meines Alters?«, fragte ich. »Bin ich zu jung, um Mutter zu werden?«

»Eigentlich nicht. Wenn du dreißig wärst, würde ich dir dasselbe raten. Aber noch einmal, wenn du allein oder mit einem anderen Mann zusammen wärst, hätte deine Entscheidung eine andere Bedeutung. Mit mir musst du die Last der Freiheit tragen, und das erfordert, dass du kinderlos bleibst. Wenn du erwachsen genug bist, ein Kind zu bekommen, dann wirst du auch die Kraft haben, ein Kind alleine großzuziehen. Aber ich werde nicht Opfer deiner Affektverlagerung sein.«

Ich bemühte mich angestrengt, mich zu erinnern, was Affektverlagerung bedeutete, um genau verstehen zu können, in welcher Hinsicht ich ihn zum Opfer machte. Noch ehe ich Gelegenheit hatte, weiterzudenken oder etwas zu sagen, erklärte er, er müsse gehen. An der Tür fragte er, wie lange ich schon wisse, dass ich schwanger sei.

»Ich weiß nicht genau«, entgegnete ich und sah ihm nach, als er die Treppe hinunterging. Meine schlimmsten Befürchtungen wurden wahr – und das nicht nur im meinem Kopf.

Was dann kam, ist schwer zu erzählen. Ich stand mitten in dem leeren Zimmer, unfähig, einen Gedanken zu fassen außer dem, dass ich ihn zurückhaben wollte, ein Schwanken zwischen dem heftigen Bedürfnis, etwas zu unternehmen, und der Angst, nie wieder zu irgendeiner Handlung fähig zu sein. Eine andere Zukunft außer der, das Leben dieses Mannes zu teilen, gab es für mich nicht. Ich musste einen Termin für eine Abtreibung machen. Ich hatte keine andere Wahl. Wieder und wieder sagte ich mir das, bis ich schließlich, erfasst von einer Welle der Müdigkeit, ins Bett kroch, aber nicht, ohne einmal mehr den gesamten Inhalt einer Packung Tylenol und eine halbe Packung Benadryl zu schlucken.

Morgens wurde ich mit Bauchschmerzen wach. Alles juckte. Im Bad stellte ich fest, dass mein Brustkorb und meine Arme fast ganz von einem dunkel-purpurfarbenen Ausschlag überzogen waren. Ein paar Stellen, die ich wohl nachts aufgekratzt hatte, bluteten. Als ich mich über das Waschbecken beugte, wurde mir plötzlich so schlecht und schwindelig, dass ich zu Boden stürzte. Ich musste den Arzt anrufen. Unbedingt. Und dann musste ich ihn anrufen und ihm sagen, dass ich eine Entscheidung getroffen hätte. Ich würde nicht feige sein. Ich würde mit ihm aufs Boot gehen. Ich wählte die Nummer.

Als ich ihn klopfen hörte, saß ich am Küchentisch und saugte an einem Zitronenschnitz. Er war gut gelaunt und geistreich und hob mich in die Höhe, als ich die Tür öffnete. Er sei stolz auf mich, sagte er und fragte dann, wie lange ich zum Packen für die Reise brauchte. Meine Stimmung besserte sich. Mit seiner Hilfe briet ich ein Omelett aus Eiweiß und servierte es ihm. Als ich den Teller vor ihm abstellte, spürte ich einen krampfartigen Schmerz im Unterleib und im Rücken und lief ins Badezimmer. Ich schaffte es nicht bis zur Toilette. Auf halbem Weg machte ich mir in die Hose. Der Durchfall lief unter meinem kurzen Nachthemd meine Beine hinunter und bis auf den Boden. Oliveira lief herbei und leckte mir die Zehen.

Dann sah er vom Tisch auf, und in der gleichen Sekunde zwang mich ein heftiges Stechen, mich an der Wand festzuhalten, ehe das aus mir herausschießende Wasser meinen Zwergschnauzer in Blut badete. Ich weiß noch, dass ich mich entschuldigte, als ich auf der Bahre neben dem Wäschezimmer des Krankenhauses lag, denn ich schämte mich der Schmerzensschreie, die aus mir herausbrachen. Ich weiß noch, dass ich mich auch bei den vorbeikommenden Leuten entschuldigte. Irgendwann schob eine Ärztin meine Liege einen langen Gang entlang in ein Zimmer und verschwand dann zwischen meinen Beinen. Ich weiß auch noch, dass ich überrascht war, als ich ihren dicken Schwangerenbauch zwischen uns auftauchen sah, ihr blondes Haar war zu einem festen Knoten geschlungen.

So wie sie sich bemühte, ihren Sieben- oder Acht-Monats-Bauch aus dem Weg zu halten, hatte ich Mitleid mit ihr. Sie richtete sich wieder auf, strich ihren Kittel glatt, seufzte und sah mich mit einem Blick an, aus dem ebenfalls Mitleid sprach. Hier, in diesem eher aus Ekel und Schuldgefühl denn aus Mitgefühl geborenen Mitleid, trafen wir uns.

Nach einer Weile schob sie die Liege wieder an die Stelle im Flur, an der sie vorher gestanden hatte, und ließ mich ohne ein weiteres Wort allein. Ich habe noch die gequälte Miene meiner Freundin Alba im Kopf, und ihren strengen Ausdruck, als er auftauchte. Er sagte, dass man versuche, meinen Gynäkologen zu erreichen, damit er möglichst schnell ins Krankenhaus komme. Er sagte, er müsse jetzt sein letztes Seminar halten und sei in vier Stunden zurück. Er sagte noch andere Dinge, doch ich konnte wegen der jetzt ununterbrochenen Wehen kaum etwas davon verstehen.

Ich wusste nicht, dass es Wehen waren. Ich wusste nicht, dass sich mein Gebärmutterhals in kurzer Zeit fünf Zentimeter weit öffnete und die Ultraschalluntersuchung eine Länge von dreiundzwanzig Zentimetern ergeben hatte. Ich wusste nicht, dass man nicht in die natürliche Weitung eingreifen würde und das Krankenhauspersonal, da der Fötus nicht lebensfähig war, glaubte, auf den Arzt warten und mich bis dahin einfach mit meinen Wehen im Flur liegen lassen zu können. Mich interessierte nur, wann die Schmerzen aufhören würden. Einmal sah ich mich nach ihm um, doch er war fort und Alba auch.

Als ich im Operationssaal aufwachte, spürte ich die Hände von Dr. N., dem Arzt, der meine erste Abtreibung durchgeführt hatte, fest auf meinen Wangen. Er rief meinen Namen und forderte mich auf, ihm in die Augen zu sehen. Seine Arme bebten merklich, und es dauerte eine Weile, bis ich begriff, dass ich es war, die so zitterte. Ich wollte nicht aus der Narkose erwachen. Ich hatte zu viel Blut verloren, und meine Körpertemperatur war lebensgefährlich niedrig. Man hatte eine Abortausräumung vorgenommen, um den unvermeidlichen Abbruch meiner Schwangerschaft im zweiten Drittel zu vollziehen und die Blutung zu stillen, die schließlich die Aufmerksamkeit des Personals auf meine Liege gelenkt hatte. Ich wäre beinahe gestorben.

Im Aufwachraum fragte mich Dr. N. ärgerlich und zugleich mit einer gewissen Trauer nach dem Warum. Als ich fragte: »Warum was?«, riss er die Arme in die Höhe und brüllte: »Warum um alles in der Welt sind Sie kaum einen Monat nach der ersten Abtreibung wieder schwanger geworden?«, und: »Wie kann man bloß so lange warten, um etwas dagegen zu unternehmen? Denn ...«, und er brachte sein

Gesicht ganz nah an meines, »mich können Sie nicht täuschen.« Ich hätte etwas getan, um meine Schwangerschaft zu beenden, er sei lange genug in diesem Beruf tätig und zähle zu den ersten Ärzten überhaupt, die im Hinterland von New York Abtreibungen angeboten hätten. Er finde, dass die Frau das Recht habe, abzutreiben, aber er habe schon alles erlebt, was man sich vorstellen könne. Ob ich eine Ahnung hätte, dass ich zwei Wochen später bereits eine Frühgeburt gehabt hätte? Mit achtzehn Wochen gelte meine Abtreibung medizinisch als späte Fehlgeburt, doch er sehe keinen Unterschied zwischen einem achtzehn Wochen alten Fötus und einem zwanzig Wochen alten. Er habe vierhundertachtzig Gramm Körpermasse ausgeschabt. Ein fünfhundert Gramm schwerer Fötus gelte als lebensfähig. Ich hätte grundlos mein Leben riskiert und sei nah daran gewesen, das eines Säuglings zu beenden.

»Hör nicht auf den Arzt«, sagte ich zu ihm. Er saß am Fußende meines Bettes und drückte mit einer Hand sanft meinen Fuß. »Ich habe die Pille nicht genommen, obwohl ich es gesagt hatte.«

Ich hörte Dr. N. im Flur mit einer Krankenschwester sprechen. Er klang noch genauso erzürnt wie vorher, als er mich geradeheraus gefragt hatte, ob der ältere Mann an meiner Seite der Vater des Kindes sei, dessen Fehlgeburt ich gerade überlebt hatte. Eine Antwort war mir erspart geblieben, weil Dr. N. brummend den Raum verlassen hatte. An der Tür hatte er sich umgewandt und den Mann, den ich liebte, in verärgertem Ton gefragt, ob er nicht wisse, was ein Kondom sei.

Ich hatte eine Schwangerschaft abgebrochen, die ich mir gewünscht hatte, ich war fast gestorben, und das einzige Gefühl, dessen ich fähig war, war panische Angst, für einen Mann zum Problem zu werden. Ich rang um eine Erklärung, irgendetwas, das ihm bewies, dass ich kein hoffnungsloser Fall war, dass ich etwas Richtiges tun konnte, etwas, das ihm ein ruhiges Leben ermöglichte, sodass er endlich die Bücher schreiben konnte, von denen seine Frauen ihn abgehalten hatten. Als ich mich entschuldigte und ihm die Sache mit den Tabletten am Abend zuvor gestand, entspannte sich sein Gesicht, und in seinen Augen flackerten Mitgefühl und Verständnis auf. Er streckte eine Hand nach meinem Kinn aus und kniff sanft hinein, während die andere unter mein Krankenhausnachthemd schlüpfte und eine Brust umfasste. Dabei sagte er etwas wie:

»Du bist stärker, als ich je geglaubt hätte, Irene. Unsere Geschichte ist für viele Menschen eine Bedrohung und wird es immer sein. Das hier, deine Brust in meiner Hand, wird alles wegwischen, was nicht wir ist. Vergiss das Krankenhaus, deinen Arzt und die Vorstellung, ein anderes Wesen zur Welt zu bringen, aus Angst, dein eigenes Selbst zu gebären. Hier und heute beginnt für dich ein großes Projekt. Du musst dich von den Selbstmordphantasien deiner Mutter und deiner Großmutter befreien. Ich werde dir helfen. Du hast ein wundervolles Problem, es ist der Stoff, aus dem Poesie entsteht, also fühl dich nicht schlecht, meine kleine Alfonsina. Ich werde dir das Meer zeigen, und du wirst sehen, dass sich alles Schmerzliche am Horizont verliert.«

Als er mich »kleine Alfonsina« nannte, brach seine Stimme kaum merklich, gerade so, dass ich spüren konnte, dass ihn ein großes Gefühl übermannte. Alfonsina Storni war eine argentinische Schriftstellerin, die eines Tages wie Virginia Woolf im Wasser den Tod gesucht hatte. Ich wurde Zeuge einer neuen Seite von ihm, die ich bisher nur erahnt hatte, er hatte eine Schwäche für Schwermut, Tragödien und Frauen am Rande der Selbstzerstörung. Es war eine Schwäche, die auszunutzen ich bis zur Perfektion lernen sollte, eine Schwäche, die in Bezug zu den romantischen und modernistischen

Traditionen in unserer spanischen Sprache stand und die auch sein Lacan und der ganze Dekonstruktivismus nicht hatten auslöschen können. Eine Schwäche, die außerdem von der Melancholie des Exils gespeist wurde und von der Liquidierung eines Großteils seiner liebsten Freunde durch die Diktatur.

Sosehr er darauf beharrte, ich müsse mich von meiner persönlichen Biographie befreien, so sehr war es gerade seine Biographie, die einen Großteil seiner Anziehungskraft auf mich ausmachte. Ich weiß nicht, inwieweit mir dieses Drama bewusst war, aber ich erinnere mich daran, dass ich mich bei meiner Entlassung aus dem Krankenhaus zwei Tage später seiner sicherer fühlte, ich hatte jetzt mehr Macht. Und ich wurde rasch zu einer zweiten Alfonsina Storni. Ich wurde zu einer Autorin, die sich derart in einem Spinnennetz aus Familiengeschichte und Suizid verheddert hat, dass er mich einfach noch mehr lieben musste. Der Pakt war besiegelt. Ich wusste überhaupt nichts, außer dass ich alles tun musste, damit er mich lieben konnte.

Als wir seinen Van bestiegen hatten, um nach East Hampton aufzubrechen, hielt er, unmittelbar nachdem er den Motor angelassen hatte, inne und starrte mich an. Ich fragte, ob er etwas vergessen habe, doch er gab keine Antwort und sah mich weiter nachdenklich an. Dann nickte er, als hätte er ein Rätsel gelöst. Diese Angewohnheiten, das Nachdenken und das Nicken, das niemand Bestimmtem galt, machten mich nervös.

Er sagte, für längere Zeit auf einem Boot zu leben sei die schwerste Prüfung, die es für ein Paar geben könne. Allzu leicht projizierten wir auf den anderen, was uns an uns selbst am meisten störe. Die räumliche Enge, die langen Stunden ohne Ablenkungsmöglichkeiten, die Stille auf See, die Rationierung von Wasser und Energie, all das könne Frustration und Ängste auslösen. Das Segeln sei eine Charakterprobe, es stelle einen vor große Herausforderungen und beschwöre entweder den Feigling oder den Helden in einem herauf.

Ich hörte zu, ohne recht zu wissen, worauf er hinauswollte. Dann sagte er zu mir:

»Du wirst schreiben müssen. Eine andere Möglichkeit gibt es nicht. Ich schreibe jeden Morgen von sieben bis eins, und nachmittags lese ich. Wenn ich das nicht tue, fühle ich mich auf dem Boot wie im Gefängnis. Um die Liebe zum Boot zu bewahren und um unsere Beziehung zu schützen, müssen wir beide neben dem Segeln noch etwas anderes tun. Weißt du, das, was man am meisten liebt, sollte nicht im Mittelpunkt stehen. Du wirst schreiben, während ich arbeite, und am Ende des Tages werden wir uns treffen. Ja, so wird es gehen. Sieh dir die beiden Frauen in deinem Leben genauer an, ihr drei seid in eurem Hang zur Selbstzerstörung wie eine Matrjoschka. Das ist Stoff für ein Buch. Du musst dich nur anstrengen. Du wirst schreiben lernen müssen.« Er nickte erneut zu dem, was er gesagt hatte, und fuhr los.

Und wirklich sollte ich zum Lernen aufbrechen. Segeln lernen, kochen lernen, für ihn und das Boot sorgen lernen, lernen, nicht an die wachsende Kluft zwischen mir und meinem Vater und meinen Verwandten zu denken, lernen, die Dinge zu vergessen, die mir vor der Begegnung mit ihm wichtig gewesen waren, liebe Freunde, Gott, die Universität, Tanzen, Domino, Spanferkel, Wonder Bread. Ich glaube kaum, dass er ernsthaft in Betracht zog, ich könnte schreiben lernen. Ich für meinen Teil war ziemlich sicher, dass das nicht der Fall sein würde. Aber die Abläufe waren klar, und ich war mehr als glücklich, mich nützlich machen zu können, insbesondere weil ich mich arm fühlte, da ich mir Ausreden für das Ausbleiben des väterlichen Schecks ausdenken musste. Was meinen Vater betraf, so hatte ich ihm die halbe Wahrheit gesagt. Ich würde mit Alba und dem Professor segeln gehen und dann noch eine Zeitlang bei Alba bleiben. Ende des Sommers, so hatte ich versprochen, würde ich für ein paar Wochen nach Hause kommen. Dass kein Geld mehr kam, war seine Art, mir zu sagen, dass er die Wahrheit kannte.

Als wir in East Hampton eintrafen, luden uns alte Freunde von ihm auf das neben seiner Sarabande liegende riesige Boot zu einer Cocktailparty ein. Dort nippten bereits etliche Pärchen an ihren Drinks. Ich ging in den öffentlichen Waschräumen des Yachthafens duschen. Ich fühlte mich ausgeschlossen aus dieser anderen Welt, die seine war, so unbedeutend wie die Mexikanerin, die die Toiletten putzte. Unwillkürlich suchte ich Kontakt zu dieser Frau, stellte ihr Fragen, schlug Zeit tot und fand gewissermaßen Zuflucht in unserer spanischen Sprache.

Er kam in dem Moment herein, als ich ihr eine Flasche Glasreiniger reichte. Schon vor einer Stunde hätte ich nachkommen sollen. Er machte kehrt, und ich folgte ihm, versuchte ihn einzuholen. Als ich mich an der Reling an Bord ziehen wollte, rutschte ich ab und fiel zwischen Boot und Kai ins Wasser.

Sogar unter Wasser konnte ich das Gelächter hören. Ich berührte mit den Füßen den schlammigen Grund, und meine Schuhe sanken ein und blieben haften wie in Klebstoff. Nachdem ich mich befreit hatte, zögerte ich, wieder nach oben zu schwimmen. Ich blieb da unten im Schlamm, bis mir die Luft ausging. Einmal an der Oberfläche, ließ ich mich treiben, während ich in der Menge, die sich an der Reling versammelt hatte, nach ihm suchte. Die Leute riefen mir zu, ich solle zu der Leiter schwimmen, die hinter mir zum Kai hinaufführte. Als ich mich umwandte, entdeckte ich sein blaues Satinhemd. Er saß auf einer der Rettungsinseln im Heck des Boots. Ich stieg aus dem Wasser und bedachte alle an Bord mit einem nassen Lächeln, ehe ich erneut die Duschen ansteuerte und mich dabei fragte, warum um alles in der Welt er mir nicht herausgeholfen hatte.

Als wir in dieser Nacht im Bett lagen, sagte er, an Bord sei kein Platz für Selbstmordphantasien. Das Segeln verlange volle Aufmerksamkeit. Es sei eine Frage der Verantwortung. Das Leben anderer Menschen stehe auf dem Spiel. Dass ich ins Wasser gefallen sei, mache ihn wütend, und es dürfe nicht so weit kommen, dass er mich als unzuverlässiges junges Ding betrachten müsse. Das wäre das Ende unserer Beziehung. Damit rollte er sich, ein kleines Mittelwellenradio am linken Ohr, zur Seite.

Ich schämte mich und weinte mich in den Schlaf, aber vorher schwor ich mir, ihm zu beweisen, dass er nicht seine Zeit vertan hatte, indem er mich gewählt hatte.

Am nächsten Morgen machte ich mich an die Arbeit. Zwei Monate später, Ende Juli, war die Sarabande das schönste Boot im Hafen. Die Verkleidung aus Teakholz leuchtete mit dem Fiberglas des Bootsrumpfs um die Wette. Jeden Morgen polierte ich das Deck und jeden Edelstahlbeschlag, bis hin zu den Muttern und Schrauben. Unter Deck sorgte ich dafür, dass das Holz an allen Stellen, an denen der Lack matt oder vom Wasser fleckig geworden war, wieder so vollkommen wirkte wie der Rest. Ich hatte den Geschmack von geschmirgeltem Holz im Mund und roch nach Lack und Terpentin. Solange ich auch unter der Dusche stand, der Geruch blieb an mir haften.

Am 7. August, meinem neunzehnten Geburtstag, ankerten wir vor Cutty Hunk. Zwei Tage zuvor waren wir zu unserer ersten Fahrt aufgebrochen und hatten unterwegs in Block Island haltgemacht. Mir machte das Meer panische Angst, ich war furchtbar seekrank, wünschte mir verzweifelt, wieder an Land gehen zu können, und war mir sicher, dass wir jeden Moment kentern und sinken könnten. Dabei war ich fest entschlossen, nicht die Spur meines körperlichen und seelischen Zustands zu erkennen zu geben. Die Seekrankheit war allerdings schwer zu verbergen, und er ließ mich immer wieder zum Horizont blicken, um die Übelkeit zu lindern. Davon wurde mir noch schlechter. Aber ich sagte, es helfe.

Es versteht sich wohl von selbst, dass ich froh war, als wir Cutty Hunk erreichten, eine zauberhafte kleine Insel, auf der ein mehrwöchiger Aufenthalt geplant war, ehe wir zurückfahren und das Boot winterfest machen würden. Kurz nachdem wir Anker geworfen hatten, sah ich, wie sich am Himmel eine dunkelgraue Masse zusammenballte, die in unsere Richtung zog. Er machte sich daran, die Fock abzuschlagen, und bat mich, das Großsegel aufzutuchen. Das war einer der wenigen Handgriffe, die er mir gründlich beigebracht hatte, und ich glaubte, ihn aus dem Effeff zu beherrschen. Dem fühlte ich mich gewachsen. Ich war fast fertig, als uns die erste Sturmböe traf. Der Wind änderte komplett die Richtung und peitschte so heftig, dass er mir das Großfall aus der Linken riss. Ich sah, wie sich das Fall hoch über das Boot erhob und dann in einer Spirale niedersauste, wobei es sich elegant um die Spitze des Masts wickelte. Nur das Ende hing lose, sodass der Schäkel gegen das Aluminium schlug.

Er stand neben mir, die Hand am Baum, und blickte kopfschüttelnd nach oben. Das war genau die Situation, von der er gesprochen hatte, die Situation, die ganze Aufmerksamkeit und großes Verantwortungsbewusstsein verlangte und keine Zerstreutheit erlaubte. Er hatte schon gemerkt, dass Missgeschicke meinerseits in der Luft lagen, denn in der vergangenen Woche hatte ich zwei Gläser zerbrochen, die Toilette mit Toilettenpapier verstopft, anstatt es in den Eimer zu werfen, und Krankheitssymptome gezeigt.

»Irene, wenn du dich auf dem Boot nicht wohlfühlst, sag

es ehrlich. Nur um meiner Anerkennung willen etwas anderes vorzuspiegeln wäre Manipulation, und daraus entsteht oft ein Unfall wie dieser.« Sein Blick verriet eine Mischung aus Zärtlichkeit und Verzweiflung. »Wenn das auf See passiert, wo wir nicht auf den Mast klettern können, was wäre dann?«

Als er den Bootsmannsstuhl einschäkelte, um auf den zwanzig Meter hohen Mast zu klettern, blickte er in den Himmel und sagte, es werde nicht gehen. Er traue mir nicht zu, ihn hochzuwinden. Der Wind sei zu stark, er sei zu schwer, und ich könne einen Fehler machen und die Leine loslassen. Er müsse im Yachthafen der Insel anrufen und einen Spezialisten anfordern, um das verdammte Fall wieder freizubekommen, und das werde ein Vermögen kosten.

Ich begriff, wie ich mich retten konnte. Ich musste einfach selbst hinauf und den Schaden, den ich angerichtet hatte, wiedergutmachen. Ich würde ihm beweisen, dass ich alles wieder in Ordnung bringen konnte. Er konnte mir sein Leben wieder anvertrauen. Er zögerte zunächst, meinte dann aber, so könnte es funktionieren. Die Verantwortung für mich läge dann schließlich bei ihm. Er werde eine zweite Sicherheitsleine aufziehen, und ich müsse mich einfach nur im eigenen Tempo mit Händen und Füßen am Mast hochziehen, während er mich hinaufwand.

Und schon war ich auf dem Weg nach oben. Etwas unterhalb des Fallendes fiel mir ein, dass ich an Höhenangst litt. Ich ermahnte mich, nicht hinunter- oder nach oben zu blicken, doch allein beim Gedanken daran, dass ich hoch oben an einem Bootsmast hing, wurde mir schwindelig, und mein Magen revoltierte. Ich umklammerte den Mast noch fester und schlang die Beine enger um ihn, als gut war. Er spürte unten den Widerstand. Es war zu schwer, mich weiter hinaufzuwinden. Ich rief hinunter, ich brauchte eine Pause, nur kurz.

In den folgenden Sekunden fielen mir noch viele andere Dinge ein, an die ich mich in dieser Situation, zwanzig Meter über dem Deck an eine Aluminiumstange geklammert, besser nicht erinnert hätte. Mir fiel ein, dass ich im Juni und auch im Juli meine Periode nicht gehabt hatte. Mir fiel ein, dass ich jetzt im August schon vier Tage überfällig war. Mir fiel ein, dass ich glaubte, es hätte mit der Fehlgeburt, der Operation zu tun, die Periode käme in der Genesungszeit unregelmäßig. Mir fiel ein, dass mir in den vergangenen Wochen ununterbrochen übel gewesen war, auch auf dem Festland. Mir fiel seine Drohung ein, mich zu verlassen, wenn ich ein Kind bekäme. Mir fiel Dr. N. ein.

Er rief herauf, und ich sah hinunter. Von meiner hohen Warte aus wirkte das Boot erschreckend klein, das umgebende Wasser war von tödlichem, wunderschönem dunklem Blau, und ganz plötzlich war die düstergraue Masse, die sich am Himmel ballte, unter mir. Ich übergab mich.

Als wir wieder in Syracuse waren und ich ein Bad nahm, bemerkte ich, dass sich mein Bauch, selbst wenn ich flach lag, aus dem Schaum herauswölbte und meine Hüftknochen nicht mehr erkennbar waren. Ich setzte mich auf, versenkte meinen Körper im Wasser, sodass ich ihn nicht mehr sah. Aber es ließ sich nicht leugnen. Die Erinnerungen kamen wieder. Die Erinnerung an den Tag der zweiten Abtreibung, als Dr. N. mir gesagt hatte, ich sei nah daran gewesen, das Leben eines Säuglings zu beenden, an das Blut auf Oliveira, an die Liege im Krankenhaus neben dem Raum für die schmutzige Wäsche, an die Wehen; an die blonde, schwangere Ärztin, an den verärgerten Dr. N. Ich fürchtete, dass es zu spät war. Ich rief Mercedes an. Als sie eintraf, war ich in panischer Angst, der Mann, den ich liebte, könnte mich endgültig verlassen und zu seiner Exfrau zurückkehren.

Mercedes begleitete mich zu einem Gynäkologen, der

neu in der Stadt war, Dr. Y. Ich hatte zu viel Angst, wieder zu
Dr. N. zu gehen. Mercedes gab mir das Geld für die Konsultation. Auch die erste Abtreibung hatte sie bezahlt. Er erfuhr
von all meinen Schwangerschaften außer der ersten und der
dritten, von denen ich ihm erst Jahre später erzählte. Seine
Worte waren stets: »Du kennst meine Meinung.« Für die
Abtreibung, die in der Notfallambulanz vorgenommen wurde, kamen meine studentische Krankenversicherung und
mein Vater auf, der wohl nie begriff, was er eigentlich bezahlt hatte. Er fragte auch nie danach.

Das Studienjahr 1988/89 habe ich weitgehend verdrängt.
Ich weiß, dass ich auf dem Boot wieder schwanger war und
dass ich Ende August, kurz nach der Rückkehr nach Syracuse, Alba fragte, was ich tun solle. Sie nahm mich in die
Arme und sagte, etwas stimme nicht mit mir. Warum ich
nicht zu ihr und ihren Eltern zöge und mich ausruhte, äße
und schliefe. Sie mache sich Sorgen wegen meines Gewichts
und der vielen Schwangerschaften. Drei in kaum einem Jahr,
erinnerte sie mich.

Meine beste Freundin war ganz und gar die Stimme der
Vernunft, doch ich entzog mich ihrer Umarmung, wies ihr
vernünftiges Angebot zurück und ärgerte mich ein wenig
über ihre Besonnenheit und über ihre Freiheit. Ich hatte
meine Freiheit komplett aufgegeben, wie konnte sie es wagen, das Bild ihrer Freiheit an meine Gefängnismauern zu
projizieren? In diesem Monat und in den nächsten zehn
Jahren sah ich Alba nur noch selten. Ich wandte mich von
allen, die an meinem Leben mit diesem Mann etwas auszusetzen hatten, ebenso ab wie von meinem Vater und meinem
Land. In den fünfzehn Jahren zwischen 1987 und 2002 fuhr
ich nur drei Mal nach Hause (1991, 1994 und 2002). Allerdings kam mein Vater, ohne viel Aufhebens zu machen,
mehrmals zu mir.

Fast den ganzen September verbrachte ich in seinem Bett sitzend und versuchte, etwas zu schreiben, das es wert gewesen wäre, ihm gezeigt zu werden. Immer, wenn er aus seinem provisorischen Büro im begehbaren Schrank kam und mich bei der Arbeit sah, nickte er anerkennend und lächelte. Dieses Nicken und dieses Lächeln gaben meinen Tagen die Struktur. Es war alles, wonach ich mich sehnte, und das überwältigende Verlangen nach seiner Bestätigung verlieh mir die Disziplin, ein gelbes Notizbuch zum Mittelpunkt meines Lebens zu machen. Jedes Mal, wenn ich auf dem Anrufbeantworter Albas Stimme hörte, löschte ich ganz schnell, fast panisch die Nachricht, ehe ich sie mir angehört hatte. An einem Tag im Oktober zog ich schließlich den Telefonstecker heraus. Allein der Gedanke daran, ihre Stimme oder die meines Vaters oder eines meiner Brüder, irgendeines Verwandten oder Freundes zu hören, war mir unangenehm.

Die Veränderungen, die in meinem Körper vor sich gingen, versuchte ich zu ignorieren. Ab und zu allerdings schloss ich mich im Bad ein und blätterte das Schwangerschaftsbuch durch, das ich immer noch besaß. Meiner Berechnung nach war ich im dritten Monat. Aus der Tatsache, dass die Übelkeit nach zwei Monaten aufgehört hatte und mir die Kleidung um Taille und Brust eng wurde, schloss ich, dass ich Ende Mai schwanger geworden war.

Die Zeichnungen im Kapitel »Der dritte Monat« zeigten einen siebeneinhalb Zentimeter langen und gut fünfundfünfzig Gramm schweren Fötus etwa von der Größe eines Apfels. Die Geschmacksknospen waren bereits entwickelt, und an Fingern und Zehen gab es weiche Nägel. Mit einem Ultraschall-Sonographiegerät war der Herzschlag zu hören. Während ich so, das Buch auf dem Schoß, auf der Toilette saß, erfassten mich gleichzeitig Schauer des Glücks und eiskalte Angst. Schließlich musste ich es zuklappen und weglegen. Ich war verzweifelt. Eines Morgens rief ich in der

Praxis von Dr. Y. an und hinterließ bei der Sprechstundenhilfe eine Nachricht. Wahrscheinlich rief er zurück, doch das Telefon war wohl nicht eingesteckt. An einem anderen Tag rief ich bei der Familienplanungsstelle an und machte einen Termin aus, den ich nicht einhielt. Ich rief Mercedes, Albas Mutter, an, um mir Rat zu holen, doch nachdem wir ein paar Höflichkeitsfloskeln getauscht hatten, brachte ich es nicht über mich, mit der Sprache herauszurücken. Sie sagte, sie werde Alba an den Apparat holen. Ich erklärte ihr, ich müsse auf die Toilette und würde gleich wieder anrufen. Ich tat es nicht.

Schließlich fuhren wir für fünf Tage nach New York. Am ersten Abend dort erfuhr er, dass seine Exfrau Ada schwanger war. Sein Freund von der New York University, in dessen Wohnung wir übernachteten, erzählte uns zwischen Tür und Angel die Neuigkeiten, um gleich darauf zum Flughafen aufzubrechen. Er und sein Freund hatten darüber gesprochen, wie wichtig es sei, kinderlos und der Schriftstellerei treu zu bleiben. Der Freund wollte im Monat darauf mit Ende vierzig zum ersten Mal heiraten und hatte dies als Bedingung in seinen Ehevertrag aufnehmen lassen.

Nach der Abreise seines Freundes ging er in die Küche und holte eine Flasche Wein. Wir müssten feiern, sagte er. Er sei Adas Schicksal entronnen. Er sei glücklich. Und sie, nun, sie halte sich ebenfalls für glücklich, wo sei da der Unterschied. »Ist doch egal!«, sagte er augenzwinkernd, als er mir ein Weinglas reichte. Wichtig sei nur, dass er frei sei, dass er mit mir zusammen sei und dass ich, seine mutige kleine Frau, entschlossen sei, ebenso frei zu sein wie er. Er sei sehr stolz auf mich. Am Ende meines Lebens würde ich ohne Bedauern zurückblicken, während Ada sich in die Reihen der Feiglinge gestellt habe.

Ada sollte noch vor Weihnachten Mutter werden, und ich sollte meine dritte Schwangerschaft abbrechen.

Am Morgen unseres zweiten Tages in Manhattan, als er mit Freunden unterwegs war, schlug ich die Gelben Seiten auf und suchte nach Abtreibungskliniken. Alle, die ich anrief, waren terminlich überlastet und konnten den Abbruch nicht vor unserer Abreise in drei Tagen vornehmen. In meiner Verzweiflung schilderte ich einer Sprechstundenhilfe meine Lage, und sie verwies mich an eine Klinik, in der ich einen Termin für den nächsten Tag bekam.

Ich betrat das Krankenhaus in der Angst, diesmal nicht mehr heil davonzukommen. Genau wie bei der Fehlgeburt handelte es sich auch jetzt um einen Abbruch nach dem dritten Monat. Die haitianische Ärztin ließ mich Platz nehmen und erklärte mir das Vorgehen. In der sechzehnten oder siebzehnten Woche sei der Fötus für eine Ausschabung schon zu groß. Ich müsse mich einer zweitägigen Abtreibungsprozedur unterziehen, das hieß, am ersten Tag würde die Dilatation vorgenommen und am nächsten die Extraktion. Sie sagte, ich müsse mir einen Film darüber ansehen. Ich bat sie, mir dies zu ersparen. Daraufhin drückte sie mir eine Mappe in die Hand, in der die Operation und die Nachsorge erklärt wurden und die ich mir ansehen sollte. Ich warf das Heft in den Abfall, kaum dass sie die Tür hinter mir geschlossen hatte.

Die Ärztin warnte mich: Eine Frau, die sich das immer wieder antut, schließt einen Pakt mit dem Teufel. Doch trotz des Grolls, den ich in ihren Händen spüren konnte, als sie ein Laminaria-Stäbchen nach dem anderen in meinen Gebärmutterhals einführte, lullte mich ein stilles Mitleid, das aus ihrem Blick sprach, fast in den Schlaf. Ich flehte um Mitleid, suchte in ihren Augen verzweifelt nach einem Zeichen von Bedauern, Bedauern über mein Leiden. Beim Blick in den Spiegel sah ich das nie, so armselig war mein seelischer Zustand.

In jener Nacht sah ich, zusammengekrümmt von den Krämpfen, die die Weitung von Muttermund und Gebärmutterhöhle auslöste, zum ersten Mal *Casablanca*. Ich wartete darauf, dass er von einem Abendessen mit Freunden zurückkam, und betete, er würde sich Zeit lassen. Als gegen Ende des Films Captain Louis Renault eine Flasche Vichy-Wasser zu Boden schmettert und durch diese Geste die Besetzung Frankreichs verdammt und seine Freundschaft mit Bogart besiegelt, trat er ins Zimmer. Er spielte die Szene noch mehrmals ab und versuchte mir die Schönheit dieses Augenblicks von Wahrheit zu vermitteln, bis er schließlich merkte, dass ich Schmerzen litt. Da schaltete er aus und half mir ins Bett.

Im Bett liegend starrte ich ein Werbeplakat für *A Chorus Line* an. Wie absichtlich leuchtete im Dunkeln der Hintergrund. Zwischen meinen Beinen lag ein Eisbeutel, und ich zählte ab, ein Mädchen, zwei Mädchen und so weiter. Jedes von ihnen übernahm für mich das Atmen bei einer Wehe. Ich zählte lautlos, damit er es nicht hörte und damit die Laminaria-Stäbchen, die die Klinik am Morgen gesetzt hatte, um den Gebärmutterhals zu weiten, nicht herausfielen. Ich glaubte an seine Überzeugung, Schreiben könne Scheiße in Gold verwandeln. Meine Schmerzen und der in mir sprudelnde Tod waren Material, aus dem sich etwas machen ließ. Darüber hinaus existierte ich nicht. Diese Überzeugung machte einen Fötus im zweiten Drittel so entbehrlich wie mich selbst. Irgendwann, als ich das Musicalplakat lang genug angestarrt hatte, überkam mich das Gefühl, alles sei gut, wie es war. Ich sprang aus dem Bett und notierte in meinem nagelneuen Schriftstellertagebuch: »Ich muss *A Chorus Line* sehen.« Mein Blick wanderte zu dem schlafenden Mann, der mir das Tagebuch geschenkt hatte, und ich war dankbar.

Später, als er mich im Schlaf stöhnen hörte, fragte er, was los sei. Ich erklärte, ich hätte eine Zyste, nichts Ernstes, und sie werde am nächsten Tag entfernt. Meine Schmerzen ließen mich ein wenig unbedacht mit Worten umgehen. Ich sah die Wahrheit ans Licht kommen und ahnte voraus, wie er mich verurteilen würde, doch nichts davon geschah. Stattdessen nahm er meine Hand und legte sie an seine Brust. Er erzählte mir von dem Abendessen mit dem Kunsthändler Holly Solomon, der ihm in Aussicht gestellt hatte, in zwei Jahren könne er als Kunstkritiker eine Gruppenausstellung im Stedelijk Museum in Amsterdam kuratieren. Als Titel habe er »Amerikanischer Barock« ins Auge gefasst. Woran ich dächte, wenn ich diesen Titel hörte, »Amerikanischer Barock« …?

Halb ohnmächtig vor Schmerz, antwortete ich mit einer Frage: Könntest du mir Geld leihen, um das Krankenhaus zu bezahlen? Mein Vater hat noch keinen Scheck geschickt. Während ich immer noch die Mädchen auf dem Poster zählte, fiel ich in Schlaf.

Beim Frühstück versprach ich, dass er nicht allzu lange auf meine Rückkehr würde warten müssen. Er hatte von der *New York Times* hochgeblickt, und fast glaubte ich einen Schimmer von Sorge in seinen Augen zu entdecken, doch in der Rubrik Kunst war ein Bild des argentinischen Schriftstellers J. L. Borges zu sehen. Eine Ära gehe zu Ende, sagte er, seine Lehrer stürben einer nach dem anderen, und insbesondere der Tod dieses Mannes vor zwei Jahren sei für ihn fast, als wäre das Land selbst gestorben.

Ich habe nie erfahren, was während der Abtreibung mit mir oder mit dem Fötus geschah, den ich in mir trug. Ein Mann mit Emphysem war, nach Luft ringend, auf mich zugehinkt, hatte sich als Arzt vorgestellt und gefragt, ob ich gegen irgendein Medikament allergisch sei. Ich sah ihm flehend in die Augen, doch da war nichts, nur ein Mangel an Luft. Man erklärte mir, nun werde die Narkose gesetzt, und wenn ich wieder aufwache, sei alles vorbei. Das war nicht der Fall.

Als ich die Klinik verlassen wollte, trat mir ein junger Mann in den Weg. Er fragte, ob ich für den nächsten Morgen wieder einen Termin hätte. Ich verstand nicht, wovon er redete. Zwei ältere Männer und eine Frau gesellten sich zu uns und sagten ihm, sie hätten mich am Tag zuvor gesehen. Dann dämmerte es mir, die Prospekte in ihren Händen sagten alles. Ich wollte an ihnen vorbeimarschieren, doch die Frau nahm mich beim Arm und sagte, sie werde für meine Seele und für die des Kindes, das ich getötet hätte, beten.

Während des langen Winters schrieb ich weiter, beschäftigte mich mit Literatur und Karteikarten. Er arbeitete an seinem Roman. Wenn wir uns zum Essen trafen, sprachen wir meist über unsere Pläne, im Sommer Richtung Süden zu den Bahamas zu segeln. Diese Phantasien strukturierten unsere Tage im gleichen Maße wie die Abtreibungen. Im Februar 1990 suchte ich wegen meines fünften Schwangerschaftsabbruchs Dr. Y. auf.

Es dauerte eine Weile, aber irgendwann war ich froh, dass er mich zum Schreiben animiert hatte. Zu dieser Wandlung kam es, als ich Simone de Beauvoirs *Memoiren einer Tochter aus gutem Hause* gelesen hatte. Etwas an dem vertrauten Bild einer jungen Frau, die in einer erstickenden Umgebung aufwächst und mit einer solch existenziellen Zielstrebigkeit daraus ausbricht, dass selbst der Tod der Mutter zu einer Fußnote ihrer Geschichte wird, erschütterte mich zutiefst. Als ich mich intensiver meinem Buch widmete, kämpfte er darum, nicht die Kontrolle über meine Persönlichkeit zu verlieren. Jedes Mal, wenn ich etwas aus meiner Vergangenheit aufschrieb, rief er mir Paul de Man und den Tod der Autobiographie ins Gedächtnis. Das Ich bleibe immer ein ideologisches Konstrukt und sei daher eine Art Fiktion. Ich solle nicht glauben, mein Tun sei von Bedeutung, das Buch zu schreiben habe nur praktischen Nutzen, es gebe unserem gemeinsamen Leben eine Struktur und könne uns möglicherweise Geld einbringen. Mir ging es darum, ein Schriftstellerleben zu führen, um mir einen Lebenszusammenhang zu schaffen, ohne dass mir klar geworden wäre, dass ich mit dem, was ich aufgrund seiner kleinen geschickten Eingriffe, seiner Redaktion, ausführte oder zurücknahm, nicht würde leben können.

Hegel hat gesagt: »Das Wahre ist das Ganze. Das Ganze aber ist nur das durch seine Entwicklung sich vollendende Wesen.« (*Phänomenologie des Geistes*, Frankfurt 1973)

In dem Buch, das dann schließlich veröffentlicht wurde, gibt es keine promiskuitive Teenagerin, die sich schamgequält in Mexiko herumtreibt oder die ihren Literaturprofessor liebt, die mit gesenktem Kopf durchs Leben geht aus Furcht, diesem Leben ins Gesicht zu sehen und es als das zu nehmen, was es ist, ein Raum, in dem man letztlich allein ist. Es gibt auch keine Abtreibungen, nur eine »Fehlgeburt«, die am Ende beiläufig erwähnt wird. Stattdessen zeichnen die Erinnerungen den Weg eines College-Mädchens nach, das an der unbewältigten Trauer um seine Mutter beinahe zerbricht. Der Druck seitens der Erwachsenenwelt, auch was die mangelnden Leistungen auf dem College betrifft, die Trennung von einem Freund, die Last eines reifenden Körpers, Depressionen und das zunehmende Abgleiten in einen Zustand der Lähmung, all das wird nur angerissen. Einzig die Selbstmordversuche werden in allen Einzelheiten ausgeführt, doch auch hier fehlt der Bezug zu den entscheidenden inneren Gründen. Es ist, als vollzöge sich der Prozess der Selbstauslöschung in einem Vakuum, dem Vakuum einer Geschichte, die in ihrer Tragik interessant genug ist, um als Auslöser für all das verstanden zu werden. Mein Elend, das im Zentrum des Buches steht, wird historisch romantisiert, und die persönlichen, inneren Wahrheiten des kämpfenden Selbst fehlen fast vollständig.

Das Buch gab vor, die ganze Wahrheit zu enthüllen, aber

es gab weiß Gott viel mehr zu sagen. Ich war in einem falschen Selbst gefangen, unfähig, die eigentliche Geschichte zu erzählen.

In dem Buch schrieb ich:

»Als ich ins Krankenhaus ging, konnte ich mir meine Traurigkeit nicht im Geringsten erklären. Oftmals allein schon beim Anblick der Uhrzeiger erschöpft, die gerade eine weitere volle Stunde anzeigten, sank ich seitlich auf meinem Stuhl zusammen und hing der Sekunde nach, die gerade vorbeigeglitten war. Mir war, als sei die Zeit gekommen und ich würde aufgefordert zu antworten.« (*Die Stimmen meiner Schatten*, Berlin 1997)

Heute weiß ich, dass man sehr genau über seine Traurigkeit Bescheid weiß, wenn diese Traurigkeit dafür gesorgt hat, dass man wegen eines Selbstmordversuchs in eine psychiatrische Klinik eingeliefert worden ist. Man mag desorientiert, verwirrt sein, aber man kennt die unmittelbaren Beweggründe, die einen dort hingeführt haben. Und in meinem Fall war es nicht die Tatsache, dass ich beim Anblick jener Uhr mein Leben verrinnen sah, noch war es der Angriff meiner Großmutter auf den US-Kongress vor über dreißig Jahren oder der Freitod meiner Mutter in meiner Kindheit. Heute weiß ich, dass hinter meinen Selbstmordversuchen mein zerstörerisches Bemühen stand, das Bewusstsein meiner Ohnmacht auszuschalten, meine Angst vor der Außenwelt, und zwar mit Hilfe eines Mannes, der mir nicht die Sicherheit bieten konnte, die ich mein Leben lang gesucht hatte. Alle sieben Selbstmordversuche fanden statt, als wir zusammen waren (zwei 1988, einer 1989, drei 1993 und einer 1995). Indem ich mich in den Schatten der Macht flüchtete, die er repräsentierte, hoffte ich meine eigene Schwäche und Wertlosigkeit zu verbergen. Aber er bot meiner Selbstachtung keinen Schutz und verjagte auch nicht die Angst, die an mir nagte.

Ich hätte schreiben sollen:

»Als ich ins Krankenhaus kam, war ich mir sicher, ich würde bei meiner zweiten Schwangerschaft das Kind austragen. Ich versuchte, nicht daran zu denken, was er sagen würde, wenn, beziehungsweise falls, er es erfuhr. Immer, wenn ich versuchte, meine Ängste zu verscheuchen, flüchtete ich mich rasch in die Vorstellung, mein Kind allein großzuziehen, doch jedes Mal machte die Angst, ihn zu verlieren, alles kaputt. Ich zog mich in den Schlaf zurück und war froh über die Medikamente, die die Schwester dreimal am Tag brachte.«

Er hatte zu mir gesagt: »Der Tod deiner Mutter war deine Rettung. Du solltest froh sein, dass sie gestorben ist.«

Auf der letzten Seite des Buchs schrieb ich, der Tod meiner Mutter sei nicht unbedingt mein Untergang, sondern womöglich meine Erlösung. Diesen verdrehten Gedanken führte ich in einem verworrenen Absatz über Phänomenologie noch weiter aus.

»... Mutter ist gestorben, also bin ich«, schrieb ich. »Kein Land, sicher, aber etwas, das bleibt. Ein Buch.«

Dass der Tod meiner Mutter mich womöglich gerettet hatte, was für ein kranker Gedanke und wie romantisch. Die Idee stammte von ihm.

Ich schrieb für ihn.

Ich mildere die Scham über meine Halbwahrheiten, indem ich mir in Erinnerung rufe, dass all die provisorischen Selbste, die mein wahres Ich ausmachen, kein Grund zur Verzweiflung sind. Ich war schon oft genug verzweifelt. Ich muss sie, ihre Uneindeutigkeiten und Widersprüche, nur in geeignete Bahnen lenken, während ich diesen »wahreren« Bericht schreibe. Es geht nicht nur um die Erinnerung, sondern auch darum, mit der Beziehung zwischen einer älteren Erzählerin und einem jüngeren Aspekt meines Selbst umzugehen. Dieses jüngere Selbst, das ich bin und nicht mehr bin, muss seine idealisierten Erinnerungen aufgeben und sein Haus mit seiner älteren Schwester, dem »Ich«, teilen.

Rückblickend sehe ich mit Betroffenheit, wie gewöhnlich meine Selbstmordversuche waren und wie sehr meine Gefühle von Dummheit beherrscht wurden. Diese Erkenntnis erschreckt mich nicht nur, sie macht mich auch wütend.

An einem Tag Ende März 1990 lief ich stundenlang ziellos auf dem Campus herum und kehrte erst nach Einbruch der Dunkelheit in unsere Wohnung zurück. Am nächsten Tag begann ich eine Affäre.

James Merton war der Professor, bei dem ich im ersten Studienjahr das Seminar über Religionskritik belegt hatte. Jetzt, in meinem zweiten Semester, las ich immer noch Bücher über Adoption, meine Noten waren nicht einmal mittelmäßig. Wenn ich zum Unterricht oder zurück in meinen Schlafsaal ging, erregte ich so wenig Aufmerksamkeit, dass es fast beunruhigend war. Beides, meine Noten und meine soziale Isolation, machten mir zu schaffen. Als James mir dann meine Abschlussarbeit zurückgab und darauf ein großes, blaues »sehr gut« prangte, verliebte ich mich in ihn. Doch bald kreuzte Ivan meinen Weg und kümmerte sich um meine andere Baustelle. Und ich vergaß James.

In jenem seltsamen Herbstsemester nach meinem Mexikoaufenthalt, in dem ich das Verhältnis mit meinem Professor begann, besuchte ich ein weiteres Seminar bei James: Religiöse Rhetorik. Obwohl wir uns bis auf den Unterricht und ab und zu beim Mittagessen selten sahen, nahm ich ihn als äußerst liebenswürdigen, zugewandten Mann wahr, der mir Bewunderung und Respekt entgegenbrachte. Als ich ins Krankenhaus eingewiesen wurde und man mir gestattete, in einem Fach selbständig weiterzulernen, um nicht ganz den Anschluss zu verlieren, war es James, an den ich mich wandte. Dass er mir für diesen Kurs, den ich in der psychiatrischen Klinik absolvierte, wieder ein »sehr gut« gab, werde ich nie vergessen. Kaum jemals in meinem Leben war ich so stolz und glücklich wie in diesem Moment. Zwar verliebte ich mich nicht erneut in ihn, aber ich hätte kaum dankbarer sein können. Jetzt, 1990, versuchte ich, mit achtzehn Punkten meinen Bachelor of Arts unter Dach und Fach zu bringen, und bat ihn um eine Sondererlaubnis, um an seinem Hauptseminar über Alfred North Whitehead teilnehmen zu können.

Unsere Affäre begann bei einem abendlichen Treffen der Kursteilnehmer in einer Bar. Meine Gedanken schweiften andauernd ab, und ich konnte den Fragen, die man mir stellte, nicht folgen. Immer wieder blickte ich aus dem Fenster, um vielleicht meinen Liebhaber mit seiner Exfrau zu erwischen. Ihr Büro in der psychologischen Fakultät befand sich gegenüber dem Gästehaus der Universität. Am Tag zuvor hatte ich sie in seinem Büro überrascht. Sie hatte auf der Kante seines Schreibtischs über sein Manuskript gebeugt gesessen und mit ihrer ruhigen, argentinisch gefärbten Stimme daraus vorgelesen. Sie hatte mich angelächelt, war langsam aufgestanden, ohne ihn aus den Augen zu lassen, und hatte etwas über Tango gesagt. Dann hatte sie ihren zierlichen dreißigjährigen Ballerinakörper zur Tür bewegt, wobei ihr Blick einmal an mir und meiner lächerlichen Mütze hängengeblieben war. Hinterher hatten er und ich über Geld gestritten. Wo der Scheck meines Vaters für die Miete und die Semesterliteratur bleibe? Er schaffte es, die Sache so darzustellen, als wunderte es ihn, dass mein Vater so verantwortungslos war, seine Tochter einer ungleichen Beziehung mit einem Mann zu überlassen. Ich erklärte ihm, ich müsse in die Bibliothek. Stattdessen streifte ich, von Minderwertigkeitsgefühlen gequält, ziellos über den Campus.

Als James mich bei dem Treffen beiseitezog und fragte, ob etwas nicht stimme, erzählte ich ihm, dass ich gerade meine fünfte Abtreibung hinter mir hatte. Am Abend in seinem Bett umarmte er mich ganz fest und bat mich, ihn zu heiraten. Ich sagte, ich könne den Mann, mit dem ich zusammen sei, nicht verlassen. Er erwiderte: Ich weiß.

Unsere Affäre dauerte drei Wochen. Mehrmals bat er mich, zu ihm zu ziehen. Alles andere als besitzergreifend, war er mit achtundvierzig noch Junggeselle, ein leidender, brillanter, tragischer Denker, der seine Alkoholsucht zu überwinden versuchte. Sein Leben drehte sich um das Schreiben, er hatte zehn Bücher veröffentlicht, und um seine Lehrtätigkeit, für die er mehrfach ausgezeichnet worden war. Er bedeutete Sicherheit.

Er erklärte, er habe bereits früher davon geträumt, mich zu heiraten, doch damals sei ich zu jung gewesen. Jetzt war ich zwanzig. Er wusste, dass ich mit einem anderen Mann, einem guten Mann und Kollegen, zusammenlebte, doch sollte diese Beziehung je zu Ende gehen, wünschte er sich, dass ich ihm eine Chance gab. Ich war gerührt und fühlte mich geschmeichelt. Ich sagte ihm, dass ich den Mann, mit dem ich zusammen war, liebte. Ich sagte ihm, dass ich seine Freundschaft sehr schätzte. Ich mochte die Frau, in die ich mich verwandelte, wenn ich mich mit ihm unterhielt: direkt, ehrlich und frei von Angst.

Von Schuldgefühlen geplagt, vertraute ich mich in diesen Wochen Mercedes an. Sie hörte mit fast leidenschaftlicher Aufmerksamkeit zu, schenkte sich zu oft Likör nach, zündete sich eine Zigarette an der im Aschenbecher noch glühenden an und gab mir am Ende des Abends diese Warnung mit auf den Weg:

»Erzähl es ihm niemals, auch nicht in einem Augenblick der Schwäche, wenn dich Schuldgefühle plagen. Er wird es niemals verstehen und dir für den Rest eures Zusammenseins das Leben zur Hölle machen. Es musste so kommen. Tu nichts Übereiltes. Tu gar nichts. Lass es einfach laufen, hörst du? Du liebst James nicht. Du liebst den Mann, mit dem du lebst. Und ja, er muss noch ein paar Sachen lernen, wenn er dich nicht verlieren will. Irgendwann wirst du ihm sagen müssen, was er anders machen soll. Jetzt weißt du es eben selbst noch nicht. Aber du bist auf dem Weg, es herauszufinden.«

Eines Abends fand ich James betrunken in der Bar des Universitätsgästehauses, in der er Stammgast war. Sein Kopf lag im Schoß von Mia, einer Doktorandin. Als er mich sah, lachte er freudlos, während seine Hände in dem vergeblichen Versuch, sich aufzurichten, ins Leere griffen. In seinen Mundwinkeln hingen Essensreste. In den dumpfen, glasigen Augen, mit denen er zu mir hochblickte, spiegelte sich meine weiße Bluse.

Irgendwann im April fuhr ich nach Holland. Holly Solomon, der Galeriebesitzer aus New York, hatte ihn endlich mit der Kuratierung einer Kunstausstellung beauftragt.

In Amsterdam fühlte ich mich noch kleiner und unbedeutender denn je. Anders als andere Paare saßen wir bei Zusammenkünften immer weit auseinander. Manchmal entschied Holly Solomon über die Sitzordnung, bei anderen Gelegenheiten sagte *er* mir, wo ich Platz nehmen solle. Eines Nachts, als ich vom Bett aus den Vollmond betrachtete, wurde mir bewusst, wie unglücklich ich war. Ein paar Tage später aßen wir mit einer Künstlerin, mit der er eng befreundet war und mit der auch ich mich angefreundet hatte, zu Mittag. Sie fragte, was nun aus uns werden solle. Er tat überrascht, ich nicht. Sie deutete mit der Gabel auf mich, während sie ihn ansah und sagte: »Du willst dieser Frau kein Kind schenken, und du willst sie nicht heiraten. Du wirst sie verlieren.«

Als wir wieder in Syracuse waren, kam er, als ich spätabends an meiner Bewerbung für ein Masterstudium arbeitete, ins Zimmer und setzte sich neben meinem Stuhl auf den Boden. Er ergriff meinen Fußknöchel. Er liebkoste ihn. Überrascht über diese Anwandlung von Zärtlichkeit, blickte ich zu ihm hinunter. Dann fragte er, ob ich ihn heiraten und mit ihm um die Welt segeln wolle.

Endlich wusste ich, was ich mit meinem Leben anfangen sollte.

Es kam der Sommer, in dem wir in den Süden fahren wollten. Wir würden nach Virginia und von dort zu den Bahamas segeln. Die Strecke führte durch den Intracoastal Waterway, den wir zweimal verlassen würden, um über Nacht über das offene Meer zu fahren. Er sah mir zu, wie ich für drei Monate packte, und lobte meinen Abenteuergeist. Meine Geschäftigkeit amüsierte ihn. Im Sommer zuvor hatte ich gelernt, was man an Bord alles brauchte, und so war ich in der Lage, alle Vorkehrungen für unser Leben auf dem Boot zu treffen, ja, wenn nötig, konnte ich sogar die Rolle des Kapitäns übernehmen. Mittlerweile brauchte er mich. Ich war stolz auf meine Fortschritte, und sie gaben mir Kraft.

In East Hampton wimmelte es von schönen jungen Frauen, die einander glichen wie ein Ei dem anderen. Außerdem dufteten sie gut. Dagegen fühlte ich mich in meinen ausgewaschenen Jeans und alten Schuhen arm und fehl am Platz. Im Grunde lag ich ihm auf der Tasche. Mein Studiengeld war beträchtlich geschrumpft, seit mein Vater herausgefunden hatte, dass wir zusammenlebten. Es war an Weihnachten gewesen, er hatte gewollt, dass ich nach Hause kam, wie immer in den Ferien. Meine abwegigen Begründungen, warum ich nicht kommen könne, hatten ihn misstrauisch gemacht. Schließlich hatte er mich offen heraus gefragt, ob ich mit dem Dozenten zusammenlebte und Weihnachten mit ihm verbringen würde. Außerdem war der Mietvertrag für die Wohnung, in die ich im Herbst zuvor gezogen war, ausgelaufen, und mir fielen keine Ausreden mehr ein. Mein Vater schickte mir zwar immer noch Geld, aber viel weniger und auch nur unregelmäßig. Der »Dozent« übernahm natürlich die Kosten, aber wir führten Buch über den Anteil, den ich ihm schuldig blieb, bis wieder Geld kam, damit ich den Status einer »unabhängigen« Frau behielt, wie er es wünschte. Mit meinen zwanzig Jahren fühlte ich mich in diesem Sommer wie eine Zwölfjährige.

Wenn ich Lebensmittel besorgte, sah ich mich nach Dingen um, die ich von dem Wechselgeld kaufen könnte. Kaufen, egal was, hob immer meine Stimmung. Ich ging gleich in den ersten Laden, der Waren zu günstigen Preisen anbot. Auf einem Tisch lagen gebrauchte Bücher für einen Dollar. Ich nahm eins in die Hand, auf dem ein kleines Segelboot abgebildet war, es war die wahre Geschichte eines Siebzehnjährigen, der um die Welt segelt. Auf einem anderen befand sich die Zeichnung eines niedlichen kleinen Mädchens, das ein verängstigtes Schwein in den Armen hielt. Ich hatte keine Ahnung, um was es darin ging, aber die Kapitelüberschriften im Inhaltsverzeichnis reizten mich: Flucht, Einsamkeit, Sommertage, Schlechte Nachrichten, Das Wunder, Letzter Tag, Ein warmer Wind ... Außerdem hing vom Titelschriftzug, *Schweinchen Wilbur und seine Freunde,* eine kleine Spinne herab.

Ich kaufte beide Bücher. Sie lagen den ganzen Sommer neben mir im Bett, und allmählich nahm ein Traum Gestalt an. Ich fühlte mich wie das Schweinchen Wilbur, das von dem Mitgefühl der kleinen Fern wie durch eine Hülle geschützt wird und sich von der Schlagfertigkeit und dem Mut der großen, grauen Spinne, Charlotte A. Cavatica, anstecken lässt. Und mit diesem Gefühl sprang ich dann in das kleine Segelboot des anderen Buchs und fuhr um die Welt. Selten habe ich mich so reich beschenkt und wunschlos glücklich gefühlt wie bei der Lektüre dieser Bücher. Kurz darauf begannen wir unser Sonnenuntergangsritual: Wir setzten uns mit einem Gin Tonic auf das Cockpit und schrieben auf, was wir noch benötigten, bevor wir den Anker lichteten und nach Süden aufbrachen. Die Listen und Aufgaben füllten meine Tage und meine Abende.

Am Morgen unserer Abfahrt wurde ich von den Worten »Los geht's« geweckt, und in seinen Augen war ein Strahlen, das mich dazu veranlasste, durch die Luke zu sehen. Eine leichte Brise kräuselte die Wasseroberfläche. Am Himmel schob der Wind die Wolken vor sich her. Die Luft kühlte mein Gesicht, drang in meine Poren und erfüllte mich mit Hoffnung.

Womit ich jedoch nicht gerechnet hatte, waren die Panikgefühle, die mich am Beginn der langen Fahrt zu den Bahamas überschwemmten. Ich hatte nicht nur Angst vor dem Wind und dem Meer. Ich hatte Angst vor dem Boot, Angst davor, die Segel zu reffen oder zu setzen und irgendetwas mit ihnen machen zu müssen, Angst davor, den Motor auszuschalten, Angst, ihn wieder anzuwerfen. Wenn ein Schiff auftauchte, hatte ich solche Angst, dass ich den Blick so lange nicht von ihm abwenden konnte, bis es verschwand.

Noch heute kann ich den Schrecken spüren, der sich von meinen Augen über die Wirbelsäule bis zu den Zehenspitzen ausbreitete. Am ersten Tag gibt er mir die Anweisung, die Leine sofort loszulassen, sobald er mir ein Zeichen gibt. Während ich darauf warte, setzt er das Zwanzig-Tonnen-Boot rückwärts aus dem Dock. Jener Wind, der dort oben die Wolken viel zu schnell vor sich hertreibt, will dasselbe mit uns machen. Er brüllt gegen den Sturm an, ich solle festhalten, aber ich verstehe loslassen. Er rennt auf dem Deck hin und her, setzt die Segel. Ich sitze steif und starr hinter dem Steuerrad, das ich nur in Position halten soll, mehr nicht. Wir gleiten haarscharf an den verschiedenen Hindernissen vorbei, an dem Hummerboot, den Kais, der Pumpstation, dem Flaggenmast, der Fähre, dem Kind, das auf der Jolle angelt, während uns sein Großvater, ein Fischer, abfendert. Ich halte den Blick fest auf das Ufer gerichtet. Das Boot schwankt gefährlich. Der Mast ächzt. Nach und nach werden der Yachthafen und das Dock mit den Menschen darauf kleiner und kleiner und die Geräusche an Land klarer. Eine scharfe Kälte fährt mich von allen Seiten an und jagt mir Schauer über den Rücken. Eine Windböe füllt das Segel. Wir fliegen durch die Bucht, und zu meinem Schrecken gesellt sich die Freude, auf dem Wasser zu sein.

Der erste Tag sollte mir wegen des Nebels immer in Erinnerung bleiben. Als achtern ein Dampfer auftauchte, hielt ich den Atem an, bis er sich steuerbord entfernte und verschwand. In dieser unbehaglich feuchtkalten Nacht, die ich im Cockpit verbrachte, erwartete ich jeden Augenblick, dass uns ein anderes Boot rammte. Am späten Nachmittag des zweiten Tages frischte der Wind auf. Er blies von Nordost. Die Sarabande flog mit weit offenem Segel, der Baum hob sich und zerrte an der Großschot. Das pralle, geblähte Großsegel sah gegen den hohen Himmel aus wie ein Flügel. Und als die Abenddämmerung kam, glitzerten unendlich viele Sterne am Firmament.

Meine Benommenheit klang nur langsam ab. Die ersten paar Tage lebte ich wie unter einem Schleier aus Angst, von dem er nichts ahnte und von dem auch nichts in meinem Tagebuch stand. Die Einträge darin beschränkten sich im Wesentlichen auf Angaben über Zeit, Windbedingungen und den Zustand des Meeres. Ich kann mich nicht daran erinnern, in diesen ersten Tagen, als wir von Three Mile Harbor aus durch den Long Island Sound in den Atlantischen Ozean fuhren, überhaupt einmal ins Bett gegangen zu sein, aber es war wohl der Fall. Ich weiß nur noch, dass ich so erschöpft war, dass ich nur den Wunsch hatte, mich zusammenzurollen und eine Woche lang zu schlafen.

Abgesehen von der Kreuzfahrt anlässlich meines Highschool-Abschlusses hatte ich noch nie einen Fuß auf ein Boot gesetzt, aber das Segeln entdeckt zu haben gehört für mich bis heute zu den authentischsten und stärkendsten Erfahrungen in meinem Erwachsenenleben. Die Frau, die ich war und jedes Mal wurde, wenn ich auf See vor einer Herausforderung stand, hielt mich in diesen von Depression und Selbstverstümmelung geprägten Jahren über Wasser. Auf dem Meer lebte ich in einer Welt von endlicher Größe und überschaubaren Handlungen. Diese Welt war reduziert auf die Länge der Yacht, und die Bandbreite menschlicher Tätigkeiten umfasste nur das, was ich darauf zu tun hatte. Jede Handlung war von enormer Bedeutung, einen Knoten in eine Leine machen, die Sonne schießen, vor einer Nachtwache mehrere Stunden ausruhen. Jede Handlung konnte eine Kette von Ereignissen auslösen, die in den Tod führten. War der Achtknoten am Ende der Großschot nicht richtig geknüpft, verlor man das Segel und vielleicht sogar das Boot, denn dann konnten die Wellen einen über Bord spülen und der Wind das Boot gegen die Felsen schmettern.

Das Meer war ein riesiges Feld aus Wellen. Nachts sprach es mit so überwältigender Schönheit und tiefer Gleichgültigkeit, dass man, wenn man endlich wieder an Land ging, sich so weit wie möglich von ihm entfernen wollte. Man rannte davon, nahm sogar ein Hotel in der Stadt und bezahlte Kaigebühren im Yachthafen, nur um sich kurz darauf schon wieder nach ihm zu sehnen. Es hatte fast etwas Absurdes. Man legt ab, um einen anderen Hafen zu erreichen. Man legt an, um abzulegen.

Ich liebte die Augenblicke, wenn das einzige Geräusch

die Stille war. Bei den ersten Segeltörns kundschaftete ich am Ende des Tages Buchten aus, auf der Suche nach einem Ort, an dem das Boot gegen Wind und Wellen optimal geschützt war. Schließlich ließ ich den Anker fallen, brachte viel Kette aus und ließ das Boot rückwärtslaufen, damit sich die Ankerschaufeln tief in den Sand eingraben konnten. Beim Cocktail studierte ich Gezeitentabellen, um mich zu versichern, dass das Boot genug Platz zum Schwojen hatte, damit der Anker auch hielt, wenn der Wind das Boot erfasste. Bevor ich zu Bett ging, nahm ich Peilungen am Ufer vor, um später zu prüfen, ob das Boot abdriftete oder lediglich ein wenig schwankte, ohne dass eine Gefahr bestand. Nachts hatte ich nur einen leichten Schlaf. Wenn sich das Boot bewegte, mit der Strömung schaukelte, lief ich erschrocken an Deck, überzeugt, dass ich mit der Hand das Ufer berühren konnte. Aber jedes Mal stellte sich heraus, dass die Sarabande nur von einem Schwell erfasst wurde. Alles hing von einem selbst ab, nicht von Gott, nur von einem selbst. Wenn man die Ankerschaufeln nicht tief genug einsinken ließ, wenn man die Richtung der Strömung nicht einbezog oder nicht genügend Kette ausbrachte, konnte man in den Felsen landen. In diesem Leben vor Anker folgte ein Tag auf den anderen, und das jeweils monatelang.

Ich erlebte, dass ich stets in der Lage war, auf dem Boden eines Bootes zu balancieren, das stampfte und rollte, zu einem flachen Horizont zu blicken, den ein jäher Wind oder eine tückische Strömung jederzeit in ein felsiges Ufer verwandeln konnte. Ich erlebte, dass sich alle meine Sinne immer wieder auf etwas Neues einstellen konnten. Sie konnten auf die Oberflächenstruktur des Wassers reagieren, auf die Glätte oder Kräuselung der Meere, die Art des Windes, den Geruch der Luft, sogar auf die Form der Schaumkronen auf den Wellenkämmen. Ich erlebte ganz unmittelbar etwas, das mir bis heute bleiben sollte: Ich war unverwüstlich.

In den Jahren auf dem Boot sahen Oliveira und ich fast jeden Tag die Sonne auf- und untergehen. Wir beide fuhren mit einem knapp dreieinhalb Meter langen Beiboot zum halbmondförmigen Sandstrand, in den er so gern seine Nase grub, und wieder zurück. Ich sah ihm zu, wenn er auf dem kleinen Bug stand und zum Ufer hin schnupperte, auf das wir zufuhren. Mit jedem Jahr wuchs sein Zutrauen zu seinen akrobatischen Bugkünsten, bis er sich in einer Segelsaison beim ersten Anblick des Strands, der noch ungefähr vierhundert Meter entfernt war, auf den Rand des Beiboots stellte, die Pfoten ausstreckte und sich in die Fluten stürzte. Wenn ich schrieb, rollte er sich neben der Koje in der Achterkajüte auf dem Boden zusammen und blieb dort still liegen, um mich nicht zu stören. Wenn wir spielten, ließ er nie mein Gesicht aus den Augen. Wenn ich traurig war, legte er sich zu mir ins Bett, drückte seine kleine schwarze Nase an meine Wange und sah mich, der Inbegriff von Ruhe und Güte, ganz fest an. Manchmal wartete er zusammengerollt auf einem Berg von Tauen darauf, dass ich an Deck kam, und tapste hin und wieder über die Planken, um geduldig seine Nase durch die Luke über meiner Kabine zu stecken und zu schnuppern.

An Thanksgiving 1990 heirateten wir. Er hatte ein Freisemester genommen, und ich hatte mich für dieses Semester in kein Seminar eingeschrieben. Kurz nachdem wir mit der Sarabande auf den Bahamas angekommen waren, wurde ich einundzwanzig. Entgegen meiner Erwartung flog mein Vater von Puerto Rico herüber. Als ich ihm am Telefon mitgeteilt hatte, dass ich heiraten werde, hatte er erwidert: »Bist du verrückt?« Es zählte nicht, dass ich schon über zwei Jahre mit diesem Mann zusammenlebte. Ich hatte mich wieder und wieder geweigert, nach Hause zu fahren. Wenn wir miteinander sprachen, hieß es stets, er liebe und vermisse mich.

Ich lebte mit einem meiner früheren Dozenten zusammen, den ich liebte, doch in den Augen meines Vaters trieb ich mich bis zur Zulassung zu meinem Magisterstudium irgendwo fernab der Heimat herum. Aber es lag nicht nur an Vater. Es lag auch an unserer stummen, bedingungslosen Beziehung und den doppeldeutigen Botschaften, die uns immer schon das Leben schwer gemacht hatten: Ich liebe dich so sehr, dass ich keine wichtigen Fragen stellen muss, die alles nur verkomplizieren.

Bei der Feier zur standesamtlichen Trauung stand mein Vater zwischen Alba und mir auf dem Balkon eines gemieteten Hauses mit Blick auf die Abaco-See und das Segelboot meines Mannes. Das Licht der Abendsonne verlieh seinen Zügen etwas Schlaffes, Schmelzendes, fast etwas Verzweifeltes. Als er seinen Ehering abnahm, um ihn dem Mann zu leihen, den ich heiratete, weil der keine Ringe gekauft hatte und auch nie einen tragen würde, sah mein Vater mich mit einem Blick an, in dem solches Bedauern, so viel Sehnsucht und Sorge lagen, dass es mir den Atem verschlug. Als wir später mit der Flasche Rum, die er mitgebracht hatte, auf uns anstießen, hörte ich, wie er mit meinem Mann scherzte und dabei auf mich deutete: »Jung zu sein ist für eine Frau nicht mehr so schrecklich, wenn sie verheiratet ist.« Er hatte recht.

Am nächsten Morgen gab mein Vater mir das unfertige Manuskript der Erinnerungen zurück, an denen ich gearbeitet und die ich ihm zu lesen gegeben hatte. Ich hatte fast die ganze Nacht wach gelegen, aus Furcht davor, was in ihm vorgehen, was er denken und zu meiner Darstellung seiner Person sagen würde, zu den offensichtlichen Zusammenhängen zwischen seinem Verhalten und dem Unglück und schließlich dem Tod meiner Mutter. Ich hatte versucht, unparteiisch zu sein, nicht zu werten, aber ich konnte das

Drehbuch ihres Lebensdramas, das trotz aller Liebe so düster war und meine Kindheit überschattet hatte, kaum auslassen. Beschämt sah ich ihm in die Augen, gewillt, ihm zu versichern, dass ich das Buch nicht veröffentlichen würde, wenn es darin etwas gebe, mit dem er nicht einverstanden sei.

»Ehrlichkeit, Irene, ist das Einzige, was uns Halt gibt und auf das wir uns verlassen können«, sagte er, schüttelte den Kopf und starrte auf das Manuskript auf meinem Schoß. »Es ist ein tolles Buch. Ich bin stolz.«

Später wünschte ich mir, ich hätte die Worte gefunden, um ein Gespräch darüber zu führen, über die Aspekte meiner Herkunft zu reden, die mich trotz der Tatsache, dass ich einiges davon schon in einem Buch angedeutet hatte, immer noch behinderten. Aber weder damals noch später wurde weiter darüber gesprochen. Ich umarmte ihn, und er gab mir einen Klaps auf den Po. Es war Zeit zu frühstücken. Aber ich konnte nichts essen. Mir war übel von meiner sechsten Schwangerschaft.

Oliveira wartete in dem zugeschneiten Wagen, während ich bei Western Union in Syracuse Geld abholte, das mir mein Vater geschickt hatte. Mit dem Geld in der Tasche fuhren wir zu einer Abtreibungsklinik in Rochester, New York. Wie damals bei Dr. N. schämte ich mich, noch einmal zu Dr. Y. zu gehen. Wir parkten unter einem Baum. Gleich neben dem Beifahrerfenster hing das verlassene Nest eines Eichhörnchens in den Ästen. In das graue, baumwollartige Gewebe waren Zeitungsfetzen eingeflochten. Im Aufwachraum bekam ich drei Plätzchen mit Cremefüllung. Im Auto steckte Oliveira die Nase geduldig durch das halbgeöffnete Fenster. Er ignorierte die Plätzchen, die ich ihm hinhielt, und leckte stattdessen meinen Hals. Oliveira war zum Inbegriff meiner Hoffnung geworden.

Im Herbst 1991, nach unserer Hochzeit, reichte ich ein Teilmanuskript der Biographie bei einem Verlag ein, über den ich in einem Interview in der *New York Times* gelesen hatte. Ich war in den Universitätsbuchladen gegangen, hatte *Writer's Market* gekauft und darin die New Yorker Adresse gefunden. An einem Tag Anfang November, direkt nach dem Abbruch meiner siebten Schwangerschaft, schickte ich das Paket vom Universitätspostamt aus ab. Im Sommer 1992 hatte ich bereits einen Agenten, einen Verlagsvertrag und einen Vorschuss in der Tasche. Mein Ehemann staunte über meinen kühnen Schritt, äußerte sich anerkennend über meine Arbeitsmoral und ermutigte mich, obgleich er nicht damit zurechtkam, dass aus der »Hausaufgabe«, die er mir gegeben hatte, damit ich beschäftigt war, während er arbeitete, ein richtiges Buch entstanden war. Was mich betrifft, so verankerte mich die Bestätigung in dem Schriftstellerleben, das ich anfangs bewusst konstruiert hatte. Ich fühlte mich unabhängiger, meine Tage gewannen eine Bedeutung und eine Richtung, die ich ihnen selbst gab. Er machte sich meinen Erfolg zunutze, indem er die Lorbeeren dafür einheimste. Bei gesellschaftlichen Anlässen trug er stets Sorge dafür, dass man auf die Verkaufszahlen des Buchs zu sprechen kam, und ich erklärte dann, es sei alles ihm zuzuschreiben.

Seit meiner ersten Schwangerschaft 1987 hatte ich im Durchschnitt alle acht Monate eine Abtreibung gehabt.

Nachdem ich einen Verleger gefunden und einen Buchvertrag bekommen hatte, sollte es achtzehn Monate dauern, bis ich im Juli 1993 wieder schwanger wurde, zum achten Mal. Die einzige vergleichbar lange Zeit sollten die sechzehn Monate sein, die auf die Veröffentlichung des Buches im August 1996 folgten. Ich glaube kaum, dass diese Parallele ein Zufall war. In den Phasen gesteigerter Kreativität und Bestätigung mied ich das Drama von Schwangerschaft und Abtreibung und »vergaß« nicht, meine Pille zu nehmen.

Von 1992 an fuhren wir jedes Jahr im Januar nach Florida und nahmen ein Frachtschiff nach Man-O-War Cay auf den Bahamas, um sieben Monate auf der Sarabande zu verbringen. Er lehrte eine Hälfte des Jahres und verdiente ein halbes Gehalt. Die Jahreszeiten verstrichen ohne große Ereignisse, unterbrochen oder zusammengehalten durch die zeitweiligen finanziellen Engpässe, es war schwierig, mit einem halben Honorar ein Boot zu unterhalten.

Während der Jahre, in denen wir auf der Sarabande lebten, wachte ich immer im Morgengrauen auf, setzte Oliveira in das Beiboot und ging am nächstgelegenen Strand mit ihm spazieren. Bei meiner Rückkehr gegen sieben Uhr morgens bereitete ich das Frühstück vor, kochte Kaffee, buk Brot auf, setzte das Mittagessen auf den Herd, putzte die Bodenplanken, desinfizierte die Toilette, ging mit dem Hund an Deck und spannte das Sonnensegel, um das Boot während des Tages vor der Hitze zu schützen. Dann brachte ich einige Zeit damit zu, das Deck mit eimerweise Salzwasser zu schrubben, die Winschen zu polieren, das Teakholz zu ölen, das Dinghi zu lenzen, das Gummi, aus dem es bestand, zu pflegen und seinen Aluminiumboden mit Korrosionsschutz zu behandeln. Gewöhnlich war ich um die Mittagszeit fertig, dann servierte ich ihm in seiner Schreibpause das Essen. Nachmittags las oder schrieb ich und sprang zwischendrin mal ins Meer. Am Spätnachmittag kam er dann aus der Eignerkabine und gab mir ein paar Seiten zu lesen.

Gegen vier Uhr nachmittags stiegen wir in das Beiboot und fuhren in eine abgeschiedene Bucht, wo er gewöhnlich schwimmen ging, während ich wieder einen Spaziergang mit dem Hund unternahm. Zurück an Bord, duschte er unten und ich an Deck. Ich bereitete das Abendessen zu, während er im Führerhaus saß und den Booten zusah, die in den Hafen einliefen und vor Anker gingen. Beim Abendessen musste ich berichten, woran ich am Nachmittag gearbeitet hatte. Er hörte aufmerksam zu, wenn das, was ich zu sagen hatte, ihm von Interesse erschien, langweilte sich aber und döste buchstäblich ein, wenn dem nicht so war.

Natürlich legte er sich häufig gleich nach dem Abendessen in die Koje. Dann blieb ich im Führerhaus zurück und träumte davon, ein anderer Mensch zu sein. Ich nahm den Abend in mich auf und verfolgte den Lauf der Sterne. Hoffnung lag in der Luft. Boote auf Weltumsegelung liefen ein und aus. Ich dachte mir Geschichten dazu aus, spürte die Erregung der Passagiere und träumte davon, selbst einmal Kap Hoorn zu umrunden. Meine Tage standen im Zeichen des Minimalismus. Ich wünschte mir nichts anderes, als die gerade vor mir liegende Aufgabe zu erfüllen: mich um ein Boot, einen Mann, einen Hund zu kümmern.

Im Juni 1993 kamen die ersten übersetzten Kapitel der Biographie. Die Übersetzung enthüllte zusammen mit der Zeit, die seit dem Schreiben verstrichen war, erhebliche Brüche in der Geschichte. Ich musste mir neue Fragen stellen, die neue Probleme aufwarfen, insbesondere was das Leben meiner Großmutter in New York und die Selbstmordversuche meiner Mutter betraf. Meine Vorstellung, wie diese Themen anzugehen waren, stimmte mit der seinen nicht überein. Der Bearbeitungsprozess schuf zwischen uns eine neue Spannung, die ich manchmal als Konkurrenz empfand und manchmal als Bevormundung. Unsere Meinungsverschiedenheiten häuften sich und griffen vom Schreiben auf unser Alltagsleben über.

Während unserer Sommeraufenthalte in Man-O-War Cay kam sporadisch mein Vater für ein Wochenende zu uns, meine Schwestern blieben manchmal mehrere Wochen. Als mein Vater in jenem Juli mit seinem Bruder, Tío Miguel, meinem Bruder Cheo und meinen zwei Schwestern kam, verhielt sich mein Mann wie ein Tier, das in der Falle saß. Obgleich meine Verwandten für ihren viertägigen Aufenthalt ein Haus gemietet hatten, beklagte er sich über die Einschränkung seiner Freiheit und die Störung seines gewohnten Tagesablaufs. Jedes Mal, wenn wir nach einem Essen mit meiner Familie aufs Boot zurückkehrten, ließ er sich lang und breit über ihre Ticks und albernen Angewohnheiten aus: die Unfähigkeit meines Vaters, Fragen zu stellen, und sein hinterwäldlerisches Interesse für Autos, Hahnenkämpfe, Domino und Pferde; das unterwürfige Verhalten meines Bruders gegenüber meinem Vater, sein beschränkter Verstand sowie seine an Besessenheit grenzende Schwäche für Essen und Frauen; Tío Miguels episkopalisches Priesteramt, das im krassen Gegensatz zu seinem weltlichen Judentum stand; die »neurotische« Anhänglichkeit meiner Schwestern. All das diente ihm zur Untermauerung seiner mir nur allzu vertrauten Behauptung, Familien seien eine Brutstätte für Leiden und Bürgerkriege und eine Bedrohung für die Liebe. Als meine Schwestern anschließend noch einen Monat bei uns an Bord blieben, war die Grenze seiner Belastbarkeit erreicht. Warum ich solche Fluchten brauchte, jetzt, wo ich im Begriff stand, die Übersetzung meines Buches herauszubringen?

Ich wusste nicht, was ich sagen sollte. Es machte mich glücklich, sie in meinen Armen einschlafen zu lassen, sie mit vegetarischem Essen zu versorgen, das sie zunächst verabscheuten, später aber sehr schätzten, und zuzusehen, wie sie lernten, Segel zu trimmen, vom Boot aus ins Wasser zu springen und die Sternbilder zu deuten. Doch wenn ich im Bett meinen Körper an seinen schmiegte, überfiel mich die Angst, ihn zu verlieren. Ich stand mit dem Rücken zur Wand und fühlte mich gezwungen, zwischen ihm und meinem Leben zu wählen.

Im Juli stellte ich fest, dass ich schwanger war. Im Januar erneut, es war jetzt das neunte Mal. Unsere Beziehung war angespannt, die Änderungen an meinem Buch näherten sich dem Abschluss, und ich verhütete wieder nur unregelmäßig. Er meinte, ich müsse doch wütend auf ihn sein, dass mir das immer wieder passiere. Er nannte es »eine narzisstische Wunde«. Er war der Ansicht, das Schreiben sei kein geeignetes Gegenmittel. Ich glaubte ihm.

Zwischen der achten und neunten Abtreibung schluckte ich den Inhalt einer Packung Schmerztabletten, die mir ein Arzt gegen meine migräneähnlichen Kopfschmerzattacken verschrieben hatte. Ich spülte die Pillen mit einem randvollen Viertelliterglas Wodka hinunter. Als ich aufwachte, standen mein Mann und Mercedes links und rechts von meinem Krankenhausbett. Ich hatte einen Schlauch im Mund. Mir wurde der Magen ausgepumpt. Tränen liefen an seiner Nase entlang, während die liebevollsten Augen, die ich an ihm je gesehen hatte, auf mich herunterblickten.

Nicht lange nachdem die endgültige, redigierte Fassung 1994 an den Verlag geschickt worden war, wandte ich mich fast leidenschaftlich einem Roman zu, den ich zwei Jahre zuvor begonnen hatte. Ich merkte, dass meine Hingabe ihm missfiel, doch schon bald glaubte er, das neue Buch könnte uns einen Vorvertrag und das Geld für einen neuen Bootsmotor einbringen. Von heute auf morgen verwandelte sich sein anfängliches Zögern in Druck. Ich musste ein Angebot und ein Exposé verfassen. Ich musste lernen, wie man schöne Literatur schreibt. Ich musste ihm zuhören und meinen Text nach seinen redaktionellen Anmerkungen korrigieren. Meine Personen seien hohl und romantisch, und die ganze Geschichte, die Beziehung zwischen meiner Großmutter und einem puerto-ricanischen Nationalisten, beruhe auf einem Klischee. Aber er würde mich davor bewahren, ins Lächerliche abzugleiten.

Eines Tages ertappte ich mich dabei, dass ich seine Konzepte und Verbesserungen zu hassen begann, und erschrak. Als ich ihn bat, mich einfach machen zu lassen, konnte ich selbst kaum glauben, dass so etwas aus meinem Munde kam. Bald fing ich sogar an, seine Art zu schreiben zu verabscheuen. Im Sommer 1994, als er sechzig wurde, merkte ich, dass er körperlich abbaute. Unsere Beziehung sollte sich von dieser Erkenntnis nicht mehr erholen.

Der Hurrikan Chris begann als Unwetter über Westafrika und bewegte sich als Tiefdruckwelle mit schweren Regenfällen über den Atlantik. Am Montag, dem 17. August, verkündete der Wetterbericht im Amateurfunk, dass er sich zu einem Tropensturm ausgewachsen hatte. Am Mittwoch, dem 19., sammelte der Sturm, durch eine Hochdruckzone im Norden vorwärtsgeschoben, über dem offenen Meer Kraft. Der Vorhersage nach würde der Hurrikan drei Tage später über den nordöstlichen Bahamas stehen. Er sagte, wir müssten sofort abreisen und dem Sturm davonfahren. Die Sarabande müsse in einem Kanal bei Fort Lauderdale geschützt vor Anker gehen. Wenn wir sie dem Hurrikan auf den Bahamas überließen, würden wir sie verlieren.

1994 brachte ich es schon ab und an fertig, zu sagen, was ich dachte. Dass ich ein Buch geschrieben hatte, verlieh mir einen gewissen Status. Ich sagte, die Bucht, in der wir vor Anker lägen, sei ein Hurrikan-Loch, deshalb sei es wahrscheinlich vernünftiger zu bleiben. Dank der Mangroven konnten wir viele Leinen zum Ufer spannen, außerdem würden die Mangroven das Boot abfangen, falls es sich losriss. Der Wettermann im Amateurradio, der für seine genauen Vorhersagen bekannt war, hatte den Hörern versichert, dass der Sturm an Gewalt zulegen werde.

Er saß, während ich redete, am Kapitänstisch und blätterte mehrere Bücher über Schlechtwettersegeln durch, die er vor sich ausgebreitet hatte. Ich war mir nicht sicher, ob er mir überhaupt zuhörte, darum ging ich zu ihm und legte meine Wange an seine Schulter. Ich sagte, es sei sicherer zu bleiben. Was, wenn das Boot die achtundzwanzigstündige Fahrt ohne Zwischenstopp in die Vereinigten Staaten nicht durchhielt? Was, wenn wir bei Nacht auf ein Korallenriff liefen? In den fünf Jahren, die wir vor den Bahamas kreuzten, hatten wir die Korallenbänke noch nie bei Nacht passiert.

Er blickte auf und erwiderte, auf einem Boot könne es nur einen Kapitän geben. Ich solle das Boot klarmachen, in einer Stunde würden wir auslaufen. Seine energische Art wiegte mich in Sicherheit. Bestimmt wusste er, was er tat.

Fünf Stunden später waren die Einspritzdüsen verstopft, und der Motor streikte. Langsam, da fast kein Wind ging, nahmen wir unter Segel Kurs auf ein nahegelegenes Inselchen. Kurz bevor wir Anker warfen, gelang es mir, den Motor zu entlüften, aber die Lichtmaschine lieferte keinen Strom. Wir mussten übernachten und den Schaden, wenn möglich, am nächsten Tag beheben lassen.

Morgens verkündete der Amateurfunk, der Sturm habe an Geschwindigkeit zugelegt und bewege sich nun mit zwölf Meilen pro Stunde voran. Es war uns gelungen, einem anderen Segler eine gebrauchte Lichtmaschine abzukaufen, doch der Inselmechaniker hielt sich zu einem Arztbesuch in Florida auf. Wir fanden niemanden, der das Ding einbauen konnte.

Beim Mittagessen merkte ich an seiner unkoordinierten,

zögerlichen Art, in der Kabine auf und ab zu laufen, erstmals, dass er in Sorge war. Ich fragte, was wir nun tun sollten. Er sagte, wir müssten alle Anker werfen und darauf hoffen, dass das Boot den Sturm heil überstand.

»Und was ist mit uns?«

»Wir bringen uns auf der Insel in Sicherheit«, sagte er. »Andernfalls müssten wir den Sturm auf dem Boot abreiten. Das war doch dein ursprünglicher Plan, oder?«

Zum ersten Mal spürte ich, dass er die Lage nicht mehr im Griff hatte. Dies zu wissen war befremdlich, weckte aber in mir kämpferische, mütterliche Instinkte, ich wollte ihn vor dem Autoritätsverlust bewahren, dessen Zeuge ich wurde. Ich sagte, ich würde die Lichtmaschine selbst einbauen und noch vor Einbruch der Nacht seien wir unterwegs. Etwas in meiner Stimme oder meinem Verhalten muss äußerst überzeugend gewirkt haben, denn als ich nach den Handbüchern für den Motor fragte, reichte er sie mir ohne ein Wort des Protests, ohne Sarkasmus und, zu meinem größten Erstaunen, mit einem Blick, der Vertrauen verriet.

Im Morgengrauen des nächsten Tages liefen wir in den Golfstrom ein. Etwa neunzig Meilen waren wir durch die Nacht motort, ohne auf Grund oder auf eine Korallenbank aufzulaufen. Einen Großteil der Strecke hatte ich das Boot gesteuert und mit Hilfe von Radar und GPS die heimtückischen Untiefen identifiziert. Koppelnavigation bei Nacht in diesen Gewässern mit einem Boot von 2,30 Meter Tiefgang war gefährlich, wenn nicht ganz und gar unmöglich. Als schließlich die Sonne aufging und ich das Indigoblau des Golfstroms um den weißen Rumpf der Sarabande und die Betonnung der Einfahrt von Memory Rock hinter mir sah, lockerte ich endlich meinen festen Griff um das Steuerrad und brach in Tränen aus.

Ich schaltete den Motor aus und starrte die Segel an, die in der leichten Brise flatterten. Er schlief unten in der Kajüte.

Die gesamte Navigation, die Kartenarbeit und alle seemännischen Entscheidungen hatte er mir überlassen. Sosehr ich mir auch einzureden versuchte, er hätte mich nur auf die Probe gestellt, so wusste ich doch, dass er keine andere Wahl gehabt hatte. Ich brachte den Rest der Fahrt hinter mich, machte das Boot in einem tiefen Kanal landeinwärts vom Hafen von Fort Lauderdale fest und fuhr, von leiser, kalter Angst gepackt, so schnell wie möglich zurück nach New York.

Am 24. September 1994, einem Freitag, wurde der Leichnam meines Bruders Miguel hinter einer Wohnsiedlung in Puerto Rico in der Gosse entdeckt. Meine Stiefmutter rief mich gegen fünf Uhr am Nachmittag an: »Sie haben Miguel gefunden.«

Als ich ihn das letzte Mal gesehen hatte, stand er, eine kleine Papiertüte in der Hand, barfuß an einer Bushaltestelle. Es war am zweiten Tag eines kurzen Besuchs in meiner Heimat im Jahr 1991. Ich war für drei Tage hingefahren, um meine beiden Onkel, drei der besten Freundinnen meiner Mutter und meinen Vater für mein Buch zu befragen. Ich trank gerade bei meinem Bruder Cheo Kaffee, als das Telefon läutete. Es war Miguel, der seit drei Wochen vermisst wurde und gegen den ein Haftbefehl lief, weil er gegen seine Bewährungsauflagen verstoßen hatte. »Irene«, sagte er aufrichtig begeistert, um mir gleich darauf mitzuteilen, er habe Hunger und brauche Geld für die Rückfahrt zum Resozialisierungszentrum.

Einen halben Häuserblock von der Stelle entfernt, an der Miguel auf uns wartete, blieben Cheo und ich im Stau stecken. Ich sah ihn auf einer niedrigen Betonmauer sitzen. Seine Beine zitterten, und er faltete unablässig eine Papiertüte zusammen und wieder auseinander. Schließlich kurbelte ich das Fenster hinunter und rief ihn. Auch im Auto hörte er nicht auf zu zittern. Als ich ihn fragte, was los sei, stiegen ihm Tränen in die Augen.

Er sagte, ich solle ihm verzeihen. Er könne einfach sein Leben nicht ändern. Er habe es versucht, aber es sei zwecklos. Er sei das dreckigste Stück Abfall auf der Welt. Er wolle nicht, dass irgendjemand ihn besuche. Er wolle nur zehn Dollar, um ans andere Ende der Insel zu gelangen. Was denn los sei mit diesem verdammten Stau. Es gehe ja keinen Zentimeter voran. Er sei eine Hure. Wie es Vater gehe. Er, Miguel, mache sich Sorgen wegen dessen Trinkerei. Ob ich wieder auf die Insel gezogen sei. Er benötige wirklich nur zehn Dollar, dann sei er auch schon wieder weg. Er wolle niemandem zur Last fallen.

Entsetzt beim Anblick meines Bruders, seiner Arme, des fehlenden Schneidezahns, der blauen und schwarzen Stellen an seinem Hals, der fleckigen Hose und des zerrissenen Hemdes, angesichts der Tatsache, dass er mit seinen neunundzwanzig wie vierzig aussah, fiel mir nichts Besseres ein, als ihn nach seinen Schuhen zu fragen. Cheo machte mir Zeichen im Rückspiegel, ich solle den Mund halten. Miguel öffnete die Autotür und wollte sich davonmachen, aber ich hielt ihn vom Rücksitz aus zurück. Er könne sich ändern, sagte ich. Er müsse es versuchen. Was zum Teufel überhaupt mit ihm los sei? Mit einer Verzweiflung in den Augen, die mich erschreckte, wandte er sich zu mir und sagte: »Tut mir leid. Ich brauche nur die zehn Dollar.«

Ich zog einen Zwanziger aus meiner Börse und gab ihn ihm, und noch bevor ich ein weiteres Wort sagen konnte, war er auch schon draußen und zwischen den Autos verschwunden. Die Papiertüte hatte er zurückgelassen. Darin befand sich eine gelbe Zahnbürste.

Cheo zuckte mit den Schultern. »Vergiss es. Er kommt schon wieder.«

Er hielt sein Abendseminar. Ich rief die Fluggesellschaften an, buchte und packte für uns beide. Dann setzte ich mich auf den einzigen Stuhl im Wohnzimmer und wartete.

Warum hatte ich nicht mehr für Miguel getan? Warum hatte ich seine Anrufe nicht beantwortet? Auch wenn er nur Geld wollte oder ein Flugticket, hätte ich ihm wenigstens durch meine schwesterliche Präsenz ein wenig Rückhalt geben sollen. Es hätte hundert Gelegenheiten gegeben, ihm zu sagen, wie sehr ich ihn liebte, wie sehr ich mir wünschte, er müsse nicht leiden, wie sehr ich mir wünschte, ihm helfen zu können. Ich hätte meinen Mann nicht darum bitten müssen, mir etwas Geld zu leihen, damit ich es meinem Bruder hätte schicken können. Ich hätte mir keine weitschweifigen Ausführungen darüber anhören müssen, dass Familien immer ein großes Problem darstellten und die größte Bedrohung seien, die die Zivilisation gegen das Verlangen aufzubieten habe. Ich hätte meinen Bruder nur daran erinnern müssen, dass er geliebt wurde.

Miguel war heroinabhängig. Er betrog, belog und bestahl Freunde und Verwandte, gleichzeitig war er der empfindsamste Mensch, dem ich je begegnet war. Er bestahl nie Fremde. Jedes Mal, wenn ein Onkel oder eine Tante über einen fehlenden Videorecorder, Fernseher oder ein Radio klagte, dachte ich, gut gemacht, Miguel, solange du nur uns beklaust und nicht die Nachbarn, gibt es noch Hoffnung, das weiß ich.

Während ich nun, verzweifelt über den Tod meines Bruders, auf jenem Stuhl saß, kam Bitterkeit in mir hoch, Bitterkeit meinem Mann und mir selbst gegenüber. Mehrmals ging ich in die Küche und schenkte mir einen Schluck Whiskey ein. Dann kehrte ich zu dem Stuhl in der Mitte eines leeren Raums wie zu einer Anklagebank zurück, angetrieben von einem Bedürfnis, jeden nur möglichen Beweis zu finden, der gegen das Leben sprach, das ich führte. Ich sah mich um und wünschte mir, eine Wohnung mit Möbeln zu haben wie normale Menschen, ein Bett statt nur einer Matratze auf dem Boden, ein Bücherregal, das kein Aktenschrank war. Er weigerte sich, Dinge für die Wohnung zu kaufen, weil er sich dadurch angebunden fühlte. Er wollte, wenn wir vom Boot zurückkehrten, beim Einzug in eine neue Wohnung wenig zu transportieren haben. Schließlich mietete er jeweils nur für ein Semester, um in der Zeit, in der wir unterwegs waren, das Geld zu sparen.

Die Bitterkeit nahm zu, und langsam stieg Wut in mir auf. Warum passiert mir das alles?, fragte ich mich frustriert. Warum musste mein Bruder sterben? Warum bin ich schon wieder schwanger? Was zum Teufel soll ich dieses Mal machen? Ich schlief, die Füße auf dem Koffer, auf dem Stuhl ein.

Als ich beim Geräusch des Wohnungstürschlüssels aufwachte, wusste ich, dass ich meinen Mann nicht mehr liebte. Ich erzählte ihm von Miguel. Er umarmte mich lange. Schließlich wurde ich unruhig in seinen Armen und blickte zu ihm hoch.

Ich müsse verstehen, dass er Probleme mit dem Fliegen habe. Er könne einfach nicht mitkommen. Sein Ton war sanft und liebevoll. Als ich ihn an die Martinis erinnerte, die er während des Flugs nach Amsterdam zu der von ihm kuratierten Ausstellung getrunken hatte, und daran, dass er sich damals im Flieger durchaus wohlgefühlt habe, wurde er ernst. Ich dürfe nicht vergessen, dass Familien eine Gefahr darstellten. Unter solchen Umständen meine gesamte Verwandtschaft kennenzulernen sei nicht gut für unsere Beziehung. Beerdigungen, Hochzeiten, Abschlussfeiern, Geburtstage, derartige Familienfeste würden von Angehörigen zum Anlass genommen, einem die Mauern der privaten, inneren Welt einzureißen.

Der Altersunterschied zwischen uns sei für alle eine willkommene Gelegenheit, eigene Probleme auf andere zu projizieren. Davor müsse er uns bewahren. Es werde sich zeigen, dass ich es ohne ihn durchstand. Nach all den Jahren sei ich jetzt eine starke Persönlichkeit. Er habe mich gelehrt, die Gefahren zu erkennen, die im Tun und Reden anderer lauerten. Er sei zuversichtlich, dass ich allein zurechtkäme. Als er das sagte, wurde mir bewusst, dass ich eigentlich froh war, ohne ihn zu fahren.

Am Flughafen erwartete mich Maria, eine Freundin aus Kindertagen, da ich es abgelehnt hatte, mich von meinem Vater oder anderen Verwandten abholen zu lassen. Ich bat sie, mich zuerst in ihre Wohnung mitzunehmen. Dort trank ich ein paar Schlucke Rum und nahm eine doppelte Dosis meiner Migränetabletten. Schließlich brach ich in Tränen aus.

Das Bestattungsinstitut war nicht ausgeschildert, und wir verfuhren uns in der Stadt, in der ich aufgewachsen war, ehe wir das niedrige Betongebäude an einer Ecke der Main Street fanden. Drinnen saßen etliche meiner Verwandten auf Stühlen, die an der Wand aufgereiht waren. Bis auf meinen Vater, Cheo, Onkel Miguel und meinen Schwestern hatte mich seit 1987 keiner mehr von ihnen gesehen. Nachdem wir uns zur Begrüßung umarmt hatten, folgten Bemerkungen über meine lange Abwesenheit, meine Haare, mein Gewicht und die weiße Kleidung, die ich gewählt hatte. Ich wollte meinen Bruder noch einmal sehen. Miguel lag aufgebahrt in einem kleinen, kahlen Raum, in dem ebenfalls Leute saßen und sich im Flüsterton unterhielten. Sein Kopf war zurückgebogen, seine Arme lagen ausgestreckt an den beiden Seiten des violetten Sargtuchs.

Die Beerdigung fand am folgenden Dienstag statt. Auf dem Friedhof sah ich, was aus meinem ältesten Bruder Fonso geworden war. Heroin- und cracksüchtig, konnte er sich mit seinem einen Meter fünfundneunzig großen ausgemergelten Körper kaum noch auf den Beinen halten. Er war dünn und kraftlos, ein Strich in der Landschaft. Er hatte seine Stelle, seine Frau, seine Kinder und seine Würde verloren. Sein jüngerer Bruder war einfach gestorben, mit einer Überdosis im Leib, auf der Suche nach einem weiteren Schuss totgeschlagen worden. Mit gequältem Blick folgte Fonso meinem Vater auf Schritt und Tritt. In der Familie tuschelte man, mein Vater habe sich, nachdem Miguel vor sechs Monaten verschwunden war, entschlossen, Fonso Geld für die Drogen zu geben. Er wolle Fonso vor den Schrecken des Entzugs bewahren. Miguel war, bereit, alles für einen letzten Schuss zu tun, deswegen auf die Straße gegangen. Wie bei Miguel hatte auch bei Fonso nichts geholfen: keine Therapie, keine Gefängnisstrafe und kein gerichtlich angeordnetes Resozialisierungsprogramm. Anscheinend hatte Vater durch Miguel begriffen, dass man seinen Sohn ernähren muss, nicht zulassen darf, dass er sich prostituiert, und warten muss, ob nicht doch noch ein Wunder geschieht. »Tot ist man erst«, hatte die Mutter meines Vaters immer gesagt, »wenn man gestorben ist.« Als ich meinen Vater jetzt in der Rolle des Messdieners neben seinen beiden Brüdern stehen sah, während hinter ihm der Schatten seines ältesten Sohns bebte, erfüllte mich plötzlich Hochachtung für ihn.

Die beiden Brüder meines Vaters, die Priester der Episkopalkirche in der Familie Vilar, hielten die Totenmesse, wie sie auch siebzehn Jahre zuvor Seite an Seite die Trauung meines Bruders Cheo und Tage darauf die Bestattung meiner Mutter vollzogen hatten. Mir war das alles zu viel, und ich wollte schon zurück zum Wagen gehen, als mir klarwurde, dass niemand nach vorn treten und eine Rede für Miguel halten würde. Mein Vater schien wie angewurzelt. Als Cheo zuletzt gesehen worden war, hatte er, über einen Busch gebeugt, geschluchzt wie ein Kind. Fonso stand gekrümmt da und hatte die Arme fest um die Brust geschlungen. Mich überkam eine regelrechte Kampflust. Ich ging zu meinen Onkeln und sagte ihnen, ich würde eine Rede für meinen Bruder halten. Um mich herum Erleichterung in den Blicken der Anwesenden. Während ich sprach, hatte ich ganz stark das Gefühl, dass wir alle in demselben Bild eingeschlossen waren, für immer gefangen in einem offenbar endlosen Drama. Nach dem Gottesdienst wurde Miguelitos Sarg auf den Leichnam meiner Mutter hinabgesenkt. Als der Stein auf das Grab gelegt wurde, dachte ich, dass Mutter und Sohn nun befreit waren. Ich trat auf Fonso zu. Er nannte mich »Dumbo«, mein Spitzname von früher, wobei seine Augen aufleuchteten. Er trug ein langärmeliges rotes Hemd aus satinartigem Stoff. Als ich ihn umarmte, umfing mich schweißiger Gestank, und ich sah mich außerstande, seine Brust zu umfassen. Nach der Beerdigung versammelten sich einige Leute im Haus meiner Tante. Meine Familie war der Ansicht, es sei gut, dass Miguel gestorben sei. Nun ruhe er in Frieden, sagten sie. Ich konnte das nicht verstehen. Am nächsten Morgen flog ich zurück nach Syracuse.

In den Tagen nach meiner Rückkehr tat ich nur das Nötigste, damit alles lief wie immer: kochen, das Bett machen, den Hund ausführen, das Unterrichtsmaterial für meinen Mann kopieren, ihm Kaffee kochen. Oft vergaß ich, was ich gerade zu tun hatte, und irrte von Zimmer zu Zimmer. Lesen oder Schreiben war mir unmöglich. Besonders schlecht ging es mir, wenn ich das Haus verließ und zu seinem Büro auf dem Campus ging. Beim Gang durch die Flure seiner Fakultät traf es mich plötzlich wie ein Schlag: »Miguel wird nie mehr da sein.« Dann flüchtete ich mich in die Toilettenräume, wusch mir die Hände und vermied dabei möglichst, in den Spiegel zu schauen. Die wenigen Male, bei denen ich dennoch einen Blick auf mich erhaschte, traf es mich erneut: »Du hast ihm nicht geholfen.«

Ich fühlte mich immer leerer und leichter, wie eine Seifenblase. Morgens versuchte ich, an dem Roman zu arbeiten, aber abends war ich schweigsam und konnte nicht mehr klar denken.

Eines Tages stand mein Mann an meinem Bettrand und sagte, meine Launen würden unsere Liebesbeziehung zerstören. Die Beerdigung meines Bruders, der Selbstmord meiner Mutter, meine ganze Biographie sei eine Bürde, die mich niederdrücke. Ich sah ihn skeptisch an und antwortete ihm nur im Geiste. Nicht, dass mir die Worte gefehlt hätten, aber ich war mir nicht sicher, ob er meinen Zorn verdient hatte. Sieben Jahre lang hatte er mich so viele Wörter gelehrt, aber irgendwo unterwegs hatte ich gelernt, fast allem, was aus meinem Mund kam, zu misstrauen.

Unsere Auseinandersetzungen wurden immer heftiger. Oft schwollen mir dabei die Adern an der Stirn. Sein Mund zitterte, wenn wir laut wurden.

»Was ist nur los mit uns? So schreckliche Dinge haben wir einander noch nie an den Kopf geworfen«, sagte ich.

»Das ist das Ende einer Liebesgeschichte, das ist los.«

»Bist du dir sicher?«

»O ja«, erwiderte er mit einem spöttischen Lächeln. »Man tötet, was man liebt.«

Ich war nicht mehr der formbare College-Teenager, den er in einem Herbstsemester in seinem Kurs über den Schriftsteller Juan Rulfo kennengelernt hatte. Ich war hart und unduldsam geworden und ging mit meinen fünfundzwanzig Jahren auf die dreißig zu. Er hatte immer geglaubt, mich zu kennen. Was nicht unbedingt sein Fehler war. Ich hatte ihn glauben lassen, mich zu kennen.

Es war Dezember und über drei Monate her, dass wir zum neuen Semester eine Wohnung bezogen hatten. Die meisten Umzugskisten standen noch ungeöffnet da. Jeden

Herbst und Winter dasselbe Spiel. Im Dezember packte ich unsere Sachen zusammen und deponierte sie in den Kellern verschiedener Freunde. Und wenn wir im September zurückkamen, geschah das Umgekehrte. Ich packte gewöhnlich nachts ein oder aus, während er schlief. Die Aussicht, sein erleichtertes Gesicht zu sehen, wenn er aufwachte, motivierte mich bei dieser langweiligen Tätigkeit.

Diesmal aber war ich gereizt, als ich mit dem Auspacken begann, und das irritierte mich. Ich schrieb es der Erschöpfung von der Rückreise und der Flucht vor dem Hurrikan, dem Tod Miguels und der Angst vor dem Roman zu, der auf meinem Schreibtisch wartete. Bei der Arbeit daran fürchtete ich die Konflikte mit ihm. Jeglicher Widerspruch gegen seine Vorschläge konnte Vorwürfe nach sich ziehen, das Schreiben sei mir zu Kopf gestiegen, und dann herrschte beim Abendessen Schweigen.

Die Seiten, die er für sein eigenes Buch schrieb, einst so vollkommen, schienen nun zunehmend mangelhaft zu geraten, was ich nicht gern sah. Auch musste er sich über das Leben anderer hermachen, suchte ständig nach Schwächen, auf denen er herumhacken konnte. Hin und wieder wandte er sich mir zu und fragte, ob ich dies oder jenes bemerkt hätte. Ja, natürlich, pflegte ich darauf zu antworten. Früher hatte mich seine ständige Beobachtung meines Verhaltens davon abgehalten, Gläser zu zerbrechen oder irgendwo anzustoßen, doch jetzt klangen seine Warnungen vor meinem Unbewussten, wenn ich ungeschickt war, in meinen Ohren nur alt.

Mehr als alles andere alarmierte mich jedoch, dass er neuerdings einen Körpergeruch hatte, der mich abstieß. Auch ich hatte einen Körpergeruch. Ich begann, die Schwangerschaft, auf die ich ihn zurückführte, abzulehnen. Zum ersten Mal seit meiner ersten Schwangerschaft konnte ich mir eine Mutterschaft nicht vorstellen. Ich lag in der Badewanne und versuchte, mir unsere zukünftige Dreisamkeit auszumalen. Und wenn mir das nicht gelang, musste ich raus aus dem Badezimmer und mir einen Drink genehmigen. Einmal schenkte ich mir vor dem Baden ein paar Gläser ein und versuchte es erneut. Doch ich stellte überrascht fest, dass ich statt unserer kleinen Familie James vor mir sah, der mir in die Augen blickte, und mein Körper bebte vor Verlangen. Es war jetzt vier Jahre her. Wir begannen dort, wo wir aufgehört hatten. Ich hatte ihn zuletzt betrunken in der Bar der Universität gesehen. Nun bat ich ihn noch am gleichen Abend um ein Treffen dort. Ich war zum zehnten Mal schwanger.

Während unserer wieder aufgenommenen Affäre, die zwei Monate dauerte, schminkte ich mich stark, und meine Stimmung besserte sich. Ich blieb häufiger in der Wohnung, statt meinen Mann in seinem Büro zu besuchen, beklagte mich nicht, wenn er erst spätabends von der Arbeit nach Hause kam oder aus beruflichen Gründen nach Manhattan fahren musste. Ich sagte, ich würde an meinem Buch arbeiten. Seit wir uns kannten, hatte ich meine Kleidung bei der Heilsarmee erworben, aber jetzt bestellte ich wie aus heiterem Himmel eine kleine Garderobe aus einem Modekatalog. Nicht, dass es ihm etwas ausmachte, schließlich konnte ich mit dem Geld, das ich mit dem Schreiben verdiente, machen, was ich wollte, aber er wurde misstrauisch. Ich hatte sogar angedeutet, dass ich im Frühjahr in Syracuse bleiben würde, um den Roman fertigzustellen. Ich könne doch auf dem Boot arbeiten, meinte er. Hatte ich nicht mein allererstes Buch auch dort geschrieben? Seine Reaktion erstaunte mich, und ich fühlte mich beinahe geschmeichelt.

Dann sah er mich an einem Sonntag aus dem Haus kommen, in dem James wohnte, obwohl ich gesagt hatte, ich sei in der Bibliothek. Wir wohnten in demselben Block, und er stellte mich auf dem Parkplatz zur Rede. Als ich nicht antwortete, schlug er mit der Faust auf die Kühlerhaube seines Wagens, sodass eine kleine Delle entstand. Seine verzerrten Gesichtszüge verrieten Wut und Demütigung, seine Stimme brach, als er mich fast anflehte, ihm die Wahrheit zu sagen. Ich hatte keine Wahl mehr, und als ich es ihm erzählte, dachte ich an Mercedes. Er stieg aufgebracht ins Auto, brüllte, wie ich ihm das antun könne, noch dazu mit diesem Mann, diesem erbärmlichen mormonischen Dozenten, der nicht schreiben könne.

Wenige Stunden später rief er mich an und bat mich um ein Treffen in einem Restaurant. Als ich das Lokal betrat, sah ich einen Mann, der unbehaglich auf seinem Stuhl herumrutschte, die Kellnerin anherrschte und mürrisch einen Löffel in der Hand drehte. Er sagte kein Wort, bis uns Wein eingeschenkt wurde. Dann nahm er einen kräftigen Schluck, sah mich mit seinen müden, dunkelgrünen Augen fest an und fragte mich, ob ich James Merton liebe. Gerührt und erleichtert, dass der Angriff, mit dem ich gerechnet hatte, ausblieb, antwortete ich wahrheitsgemäß: Nein.

Ich wollte ihn schon meiner Liebe versichern, als er mich unterbrach und sagte, es sei alles Mercedes' Schuld. Er habe so etwas wie jetzt seit Beginn unserer Freundschaft gefürchtet. Sie lebe durch mich als ihre Stellvertreterin. Und ich, ich sei depressiv und lebe es aus, weil ich vor meinen Dämonen, insbesondere meiner Mutter, fliehen müsse. Wer eigne sich dazu besser als ein alter Professor, der Studentinnen ausnutze und wahrscheinlich an meinen Narzissmus appelliere, indem er mir sage, wie toll ich sei? Er wisse, was zu tun sei. Wir müssten auf Distanz gehen zu so erbärmlichen Gestalten wie Mercedes und James. Wir müssten unbedingt auf die Sarabande. So etwas passiere auf einem Boot nicht, und zwar aus gutem Grund. Ein Boot sorge nämlich dafür, dass man ehrlich bleibe.

Ein nie gekannter Zorn überkam mich und der Wunsch,

ihm wehzutun. Ich sagte, ich sei mir meiner Gefühle für ihn nicht sicher. Ich brauche Zeit. Vorerst würde ich nicht auf das Boot gehen. Mich überfiel Panik, als ich mich so reden hörte, und während ich zum Gehen aufstand, sagte ich, dass ich ihn liebe. Noch am selben Abend fuhr er nach New York.

Am nächsten Morgen ging ich zu James' Wohnung. In der Hoffnung, mich mit der Zeit an ihn zu gewöhnen, redete ich mir ein, ich könnte ihn lieben lernen. Ich war beinahe glücklich, ja freudig erregt darüber, dass ich in der Lage war, so rational an eine Beziehung heranzugehen. Als ich an die Tür klopfte, konnte ich seine Pfeife und den Duft des Kaffees riechen, der gerade zubereitet wurde. Ich wartete nicht, sondern benutzte den Schlüssel, den er mir gegeben hatte. Er saß im Schlafanzug auf dem Sofa und hielt Mia, die Doktorandin, in den Armen. Sie war nackt. Auf dem Beistelltisch standen zwei leere Weinflaschen. In Panik rannte ich die Treppe hinunter, wissend, dass ich jetzt eine willige Gefangene meines Meisters war.

Am Abend fühlte ich mich nicht wohl, mir war übel, und Mercedes kam vorbei. Ich saß in einer Ecke des Wohnzimmers, nippte an meinem Tee und kaute eine Zitronenscheibe, während sie ein Fotoalbum durchblätterte, in dem sieben Jahre mit ihm dokumentiert waren. Außerdem gab es eine Reihe von Bildern, auf denen meine Freundschaft mit Alba festgehalten war. Als ich Mercedes Tee nachschenkte, bemerkte ich, dass sie Tränen in den Augen hatte. Was los sei, fragte ich. Sie wollte wissen, ob ich glücklich sei. Ja, natürlich, erwiderte ich. Ob ich wisse, warum ich immer wieder schwanger würde. Ich könne nicht mit Tabletten umgehen, antwortete ich. Ich vergäße einfach, sie zu nehmen. Sie wollte noch etwas sagen, überlegte es sich dann aber anders, nickte, als verstünde sie, und bat mich, ihr einen Aschenbecher zu bringen.

Am nächsten Tag begleitete mich Mercedes zu meinem Gynäkologen. Dr. Y. hatte beinahe die Hälfte meiner Abtreibungen (vier von neun) vorgenommen. Er führte mich in sein Sprechzimmer und ließ mich vor einem Stapel Zeitungen Platz nehmen. Von einer Seite des *Syracuse Herald* blickte mich sein Bild an. 1994 war auf seine Klinik ein Anschlag mit Buttersäure verübt worden. Er deutete auf den Zeitungsstapel und sagte, er riskiere jeden Tag sein Leben, wenn er in seine Praxis gehe und das Recht der Frauen auf freie Entscheidung verteidige. Ich aber träfe keine freie Entscheidung, nicht wahr?

Diese Abtreibung werde die fünfte in sechs Jahren sein, die durchzuführen ich ihn bäte. Der Gedanke daran, dass er sein Leben und das seiner Familie für leichtsinnige Frauen aufs Spiel setze, mache ihm schwer zu schaffen.

»Ich bin nicht leichtsinnig«, sagte ich, den Tränen nahe, »ich vergesse nur ständig, die Pille zu nehmen.«

»Dann müssen Sie andere Verhütungsmethoden in Betracht ziehen.« In seiner Stimme lag nun ein wenig mehr Nachsicht. »Oder, was vielleicht noch besser wäre, Ihr Mann sollte darüber nachdenken. Schicken Sie ihn zu mir, dann können wir gemeinsam überlegen, welche Möglichkeiten es gibt.«

Vor dem Eingriff erklärte mir Dr. Y., dass mein Gebärmutterhals entzündet zu sein scheine. Dieser zehnte Schwangerschaftsabbruch war besonders schmerzhaft. Er empfahl ein paar Untersuchungen bei meinem nächsten Besuch in seiner Praxis. Als er den Raum verließ, bedankte ich mich. »Sie brauchen sich nicht zu bedanken«, erwiderte er und legte eine Hand auf meinen Kopf. »Passen Sie einfach auf sich auf.«

Und so gingen zwischen Januar und August 1995 ein Seitensprung, ein Selbstmordversuch, drei Autounfälle, zwei

Bootskollisionen und zwei Abtreibungen auf mein Konto. Ich wog nur noch dreiundvierzig Kilo und hatte Schlafstörungen. Bei der geringsten Provokation verlor ich die Beherrschung und war den Tränen nahe. Manchmal versteckte ich mich mit rasendem Herzklopfen im Badezimmer und hätte am liebsten alles umgeschmissen. Ich hatte das Gefühl, verrückt zu werden. Mein Mann und ich hielten immer noch an unserem Status als Paar fest, der durch mein elendes Drama ein wenig wiederbelebt wurde. Er sah es als seine Aufgabe an, mich zu »retten«. Es sollte noch zwei Jahre dauern, bis ich der Tatsache ins Auge sehen konnte, dass ich keinen Meister mehr hatte.

Alba arbeitete an der Cornell University an ihrer Doktorarbeit und besuchte uns nur noch selten, doch Mercedes verbrachte alle Abende, an denen er unterrichtete, mit mir, und wir lachten sehr viel. Mercedes. Oft, wenn ich nachts die Augen schließe, sehe ich ihr Gesicht vor mir, und dann Bilder eines Abendessens, das nie stattgefunden hat, Alba, Rosa, Aileen, Janet, Kelly, Anne, Gina, Veronique, Ursula, Eva, Lissette, Joan und Mercedes sitzen mit am Tisch. Ich habe sie versammelt, um ihnen zu sagen, wie viel sie mir alle bedeuten und dass der Kampf gegen die Depression für mich nicht denkbar gewesen wäre, wenn nicht jede Einzelne von ihnen mir auf ihre Weise vorgelebt hätte, dass man ein Dasein in Würde führen und mutig leben konnte. Ich schenke ihnen Wein ein, sehe zu, wie sie das Essen genießen, höre sie lachen und fange hin und wieder liebevolle Blicke auf.

Wichtige Ereignisse in meinem Leben, wie zum Beispiel dieses Abendessen, haben sich nur in meinem Kopf abgespielt. Ich liebe meinen Vater, doch obwohl ich mich immer wieder ermahnt habe, ihn an seinem Geburtstag anzurufen, habe ich es nie getan. Aber dieser Anruf ist in meiner Erinnerung präsenter und nachhallender als meine Liebe selbst oder Dinge, die tatsächlich stattgefunden haben. Ich frage mich, ob es sich bei Mercedes ebenso verhielt.

Seit unserer ersten Begegnung 1985 faszinierte mich ihre Verachtung für die amerikanische Lebensart, ihr beißender

Sarkasmus, ihre unbequeme Ehrlichkeit, ihr Zorn darüber, dass sie wegen des Berufs ihres Mannes die vielen Leben, die sich ihr geboten hätten, nicht hatte leben können. Sie lächelte selten. Sie lächelte nur, wenn ihr wirklich danach war, niemals aus Höflichkeit wie andere Leute, mich selbst nicht ausgenommen. Außerdem wahrte sie stets Abstand zu den Dingen. Gelassen der Welt gegenüber, gleichgültig, was Gott betraf – sie war inzwischen erklärte Atheistin –, kritisch allem gegenüber, was Menschen taten, saß sie auf dem Sofa im Wohnzimmer eines viktorianischen Hauses, rauchte eine Zigarette nach der anderen und nahm nichts ernst außer dem absurden Verhalten der Menschen und ihres Mannes, der sie für ein Jahr nach Amerika verschleppt hatte und dann zwanzig Jahre blieb.

Ihr Leben, so fand ich mit der Zeit heraus, war ein Gefängnis, und sie rauchte, um sich zu beschäftigen und zu vergessen. Mit gnadenlosem Blick und großem Geschick redigierte sie die Gedichtbände ihres Mannes und las fast gierig, Tag für Tag. Doch abgesehen von diesen beiden Tätigkeiten schien sie nur zu warten, worauf, war mir nicht klar. Ich weiß nicht einmal, ob sie es selbst wusste. Einen Großteil des Tages verbrachte sie auf jenem braunen Sofa, Augen und Ohren ganz bei ihrem jeweiligen Gegenüber, Kollegen ihres Mannes oder seinen Doktoranden, und sprach, während sie wartete, über Dekonstruktivismus und die Irrtümer Freuds. Sie sprach über die Erhabenheit des Eremiten in seiner Klause, als wäre sie mit einem Geheimnis engstens vertraut, das anderen verborgen blieb. In gewisser Weise waren ihr Intellekt und ihre Eigenarten mit denen meines Ehemanns vergleichbar, doch von den Schützengräben ihres viktorianischen Wohnzimmers konnte sie nicht viel Schaden anrichten. Und sie war Mutter.

Sie war Mutter und Ehefrau und entzog sich der Verantwortung nicht, die mit diesen freigewählten Rollen einherging. Sie sprach von Freiheit, ohne die Werte, um die herum sie ihr Leben aufgebaut hatte, zu verteufeln. Ich fand sie faszinierend, furchtlos und von einer Präsenz, der man sich nicht entziehen konnte. Sie hatte nicht den Wunsch, etwas an dem Leben, das sie zur Gefangenen machte, zu verändern.

Irgendwann Ende 1994, wir saßen am Ufer des Cazenovia Lake und sprachen über den Autor Bachelard und meine Erinnerungen, hatte ich Mercedes erzählt, dass ich den Tod meiner Mutter nicht als mein Verhängnis beschrieben hatte, sondern als meine Erlösung. Ihre Augen wurden ganz groß, sie saugte die Wangen ein und öffnete dann ein wenig den Mund, während ihre Zunge die linke Wange ausbeulte, eine Angewohnheit, die verriet, dass sie angestrengt über etwas nachdachte, was ihr zu schaffen machte. Schließlich steckte sie sich eine Zigarette an und inhalierte lange und tief.

»Deine Ideen liegen im Trend«, sagte sie nach einer Weile, »aber du weißt nicht, wovon du sprichst.« Sie zupfte mich am Ohr, und in ihren Augen blitzte ein Lächeln auf.

»Du bist ein liebes Kind, auch wenn du manchmal anstrengend sein kannst. Hüte dich vor den Gedanken anderer. Sie sind meistens verkehrt. Früher oder später wirst du selbständig denken, du wirst sehen.«

Manchmal konnte ihre Ehrlichkeit ebenso vernichtend sein wie die meines Mannes, doch bei ihr empfand ich niemals Scham. Ihre direkte, unverblümte Art begeisterte mich. Bei ihr entdeckte ich, dass auch Frauen unerschütterlich, unnachgiebig, ja fast grausam sein können, und das zog mich magisch an. Ihr war es egal, ob man sie liebte, mochte oder anerkannte.

Mercedes mit meinem Mann streiten zu sehen war nervenaufreibend. Für gewöhnlich entschuldigte ich mich dann und beschäftigte mich in der Küche, während sie am Esstisch oder im Wohnzimmer diskutierten. Sie kannten einander seit fast zwanzig Jahren. Er hatte Mercedes als junge Frau kennengelernt, war Zeuge gewesen, wie sie mit der Zeit verbittert gegenüber der Welt geworden war, und hatte an ihrem fünfzigsten Geburtstag eine Tischrede gehalten. Sie hatten eine gemeinsame Vergangenheit und waren von der gleichen Sehnsucht nach ihren Herkunftsländern erfüllt, und natürlich hatten sie auch die gleichen Bücher gelesen, sich dieselben existenziellen Fragen gestellt und sich beide mit dem unspektakulären Syracuse abgefunden.

Doch während Mercedes autoritäre Menschen hasste und Misstrauen gegenüber Männern und Frauen im Allgemeinen hegte, war er ein Narziss. Mercedes lieferte seinem Ego niemals Nahrung, und das, so sollte ich irgendwann begreifen, ertrug er nicht. An einem Tag bezeichnete er sie als die intelligenteste Frau, der er je begegnet sei, am nächsten als Männerhasserin.

Eines Abends, als wir bei ihr zum Essen eingeladen waren, stand er vom Tisch auf, warf seine Serviette auf den Teller und erklärte Mercedes, das Problem zwischen ihnen bestehe darin, dass er im tiefsten Innern immer noch ein Romantiker sei, ein Kind, das keine Angst davor habe, sich auf das Mysterium des Erlebens einzulassen – schließlich hatte er einen Doktortitel in Religionswissenschaft –, während sie eine Reduktionistin sei, verdorben von der spanischen kommunistischen Partei, der sie sich einst verschrieben habe, von der autoritären Struktur der Franco-Zeit, in der sie aufgewachsen sei, und von den absurden französischen Feministinnen, deren Bücher sie lese. Er steuerte auf die Tür zu und bedeutete mir mit einer Geste, ihm zu folgen.

Ich zögerte. Blickte Mercedes flehend an. Sie blinzelte und versicherte mir dadurch, es sei in Ordnung, ich solle ruhig gehen. Unsere Freundschaft werde nicht enden, sie werde auf mich warten. Ich verließ sie mit dem nahezu überwältigenden Verlangen, bei ihr zu bleiben und zuzuhören, wie sie ihr Elend auf wunderbare, humorvolle Weise ausmalte. Ich glaube, niemand hat mich je so oft und so herzlich zum Lachen gebracht wie sie.

Der Sommer 1995 kam, wir waren noch in Syracuse, und ich war wieder schwanger. Diesmal sagte ich es ihm nicht. Er war damit beschäftigt, den Text für einen Ausstellungskatalog fertigzustellen. Als sich der Tag unserer Abreise näherte, brachte ich alle möglichen Ausreden vor, warum ich nicht mit auf die Sarabande kommen könne. In Wahrheit wollte ich einfach nicht weg. Warum genau, kann ich nicht sagen, aber zum Teil war es wegen der Schwangerschaft und wegen Mercedes. Erst einen Monat zuvor hatte sie mir gesagt, dass sie Nierenkrebs habe. Sie wusste es schon eine ganze Weile, hatte sich aber noch nicht entschieden, was sie machen würde. Da es sich um Krebs im dritten Stadium handelte, musste die Niere entfernt werden, und sie würde sich einer Chemotherapie unterziehen müssen. Ich fragte sie, wie lange sie noch mit der Behandlung warten wolle. Jetzt verstand ich auch ihre Tränen an jenem Abend, als sie mich gefragt hatte, warum ich immer wieder schwanger würde. Angesichts des Todes erschien das Leben weniger absurd.

Ich selbst war zunehmend empfindungslos. Jedes Mal, wenn er Sex mit mir hatte, versetzte ich mich in die Wälder von New Hampshire und zapfte Bäume an. Ich war zehn Jahre alt und wieder in der Boynton-Schule. Einmal drohte er, allein zum Boot zu fahren, wenn ich nicht mitkäme. Ich war mir nicht klar über meine Gefühle. Am Ende fuhr er nach New York. Es war der Tag nach Mercedes' Operation.

Eine Woche später kam Mercedes aus dem Krankenhaus. Alba und ich saßen an ihrem Bett und wachten über ihren Schlaf. Irgendwann schlug sie die Augen auf und lächelte schwach. Sie wollte eine Zigarette. Als wir sie daran erinnerten, dass sie vom Rauchen krank geworden sei, wurde ihr Gesicht ernst, und sie bat uns zu gehen. Kurz darauf hörten wir sie schreien. Sie lag, in der Hand eine Schachtel Zigaretten, mitten im Zimmer auf dem Boden, sodass man die lange Narbe unter ihrem Nachthemd sehen konnte.

Als wir sie wieder in ihr Bett trugen, eröffnete sie uns, sie werde sich keiner Chemotherapie unterziehen. Sie wolle mit ihrem Haar auf dem Kopf und einer Zigarette zwischen den Lippen sterben. Alba lachte nervös und sagte ihrer Mutter, sie solle sich erst einmal ordentlich ausruhen, es werde bestimmt nicht lange dauern, bis sie wieder rauchen könne. Ich brach in Tränen aus und lief aus dem Zimmer, um zu telefonieren. Er musste zurückkommen und mich abholen. Ich wollte möglichst rasch aufs Boot, weg von allem, weg von allen, und unser Leben wieder aufnehmen. Dieser plötzliche, unerwartete Wandel verblüffte mich. Aber ich versuchte, nicht darüber nachzudenken. Am Morgen des Tages, da wir Richtung Süden aufbrachen, war mir schlecht von meiner elften Schwangerschaft, die ich an Bord durchlitt.

An den Herbst und das Frühjahr 1996 kann ich mich kaum erinnern. Ich weiß noch, dass ich mehrere Bücher pro Woche las. Dass ich ihn wieder »liebte«. Und dass die Tage kurz nach meiner Ankunft in Syracuse aufregend und kreativ waren, da das Erscheinen meiner Erinnerungen nahte. Ich begann, wieder zu schreiben. In meiner Post befand sich eine schwere Schachtel mit Dokumenten, für die ich auf der Grundlage des Informationsfreiheitsgesetzes hart gekämpft hatte. Dank dieser Unterlagen wurde der Roman realistischer. Ich legte meine Verhütungspillen ganz oben auf den Nachttisch und vergaß selten, sie zu nehmen. Als mein Buch im folgenden Sommer veröffentlicht wurde, las ich in der nahegelegenen Buchhandlung Barnes & Noble vor dreihundert Leuten daraus vor. Ich würde also nicht verrückt werden. Es würde mir gutgehen. Auch als im Laufe der Lesereise die Spannung zwischen meinem Mann und mir zunahm und seine spöttische Kritik daran, dass ich mich an der Werbekampagne für mein Buch beteiligte, an meinem Selbstvertrauen nagte, hatte ich immer noch das Gefühl, dass alles gut werde.

In dieser Zeit sah ich Mercedes kaum, denn er hatte für unseren »Neuanfang« zur Bedingung gemacht, dass ich in den vier Herbstmonaten, in denen wir uns in Syracuse aufhielten, keinen Kontakt zu anderen hatte. Außerdem ging Mercedes für ein Jahr nach Spanien, nachdem sich ihre Schwester umgebracht hatte. Im Oktober 1997 nahmen wir dort unsere Beziehung wieder auf, wo wir aufgehört hatten. Nachdem ich herausgefunden hatte, dass ich zum zwölften Mal schwanger war, ging ich schnurstracks zu ihr. Sie riet mir, das Kind zu behalten. Ich sei jetzt achtundzwanzig, und er werde mich nicht verlassen, wenn ich darauf bestünde, das Baby auszutragen, nicht nach allem, was wir durchgemacht hätten. Was denn eigentlich los sei mit mir. Ich kann mich noch an ihr fassungsloses Gesicht erinnern, als ich ihr erklärte, ich wolle kein Kind mehr. Ich war selbst ganz perplex.

Im Dezember 1997 sagte er: »Wir müssen hier weg. In diesen Wintern müssen Körper und Geist ja verkümmern.«

Von unserem Tisch in der Sonne blickte man auf die schmale Hauptstraße des Campus. Wir waren die einzigen Gäste des Restaurants, die draußen in der beißenden Kälte saßen.

»Ich weiß. Es geht nichts über ein warmes Klima«, erwiderte ich.

Er sah mich misstrauisch an. Ich saugte an einer Zitronenscheibe.

»Das Boot ist die einzige Lösung. Segeln. Das Meer ist die letzte Herausforderung«, verkündete er, als wäre das eine neue Erkenntnis. »Wenn wir sofort zum Boot fahren und die ganze Sache mit dem Erscheinen deines Buchs und deinen Interviews vergessen, regenerieren wir uns garantiert. Das wäre doch auch in deinem Sinne, oder?«

Bestrafte er mich dafür, dass ich ihm kurz zuvor beigepflichtet hatte? Er wusste genau, dass ich kein Verlangen hatte, aufs Boot zu gehen. Er tat es also wieder. Er provozierte den Streit, den er haben wollte.

»Wieso fragst du mich, ob ich aufs Boot will, wo du doch genauso gut weißt wie ich, dass ich nicht kann?«

An der Art, wie er die Augen halb schloss, merkte ich, wie sich die Aggression aufbaute.

»Tja«, sagte er. »Du bist genau wie jede andere achtundzwanzigjährige Frau geworden, du bist verbittert und hast Angst davor, dreißig zu werden. Allerdings ist das schneller gegangen, als ich gedacht hatte.«

Es stimmte. Ich hatte mich verändert.

»Hältst du es für klug, etwas aufzugeben, in das man so viel Arbeit gesteckt hat?«, fragte ich.

»Was meinst du?«

»Das Buch. Das Buch, das mir zu Kopf gestiegen ist und von dem du glaubst, du hättest es geschrieben. Was ist mit den Lesungen?«

Ich sprach jedes einzelne Wort langsam aus.

»Vielleicht«, fuhr ich fort, »vielleicht ist es am Ende klug ...«

»Das ist jetzt interessant! Du bist wütend auf mich, stimmt's? Geht es nicht allein darum? Natürlich, wieder einmal Pygmalion pur. Jede Frau in meinem Leben, aber auch jede, stürzt sich, kaum dass sie achtundzwanzig ist, kopfüber in einen Pygmalionkomplex!« Er stand von seinem Stuhl auf und vergrub die Hände tief in den Taschen.

In seiner Stimme lag etwas Wehmütiges, auch wenn er mich angriff, und ich musste aufpassen, dass aus der Wut, die ich über das empfand, was mit uns geschah, nicht Traurigkeit wurde.

»Irene, du musst tun, was du tun willst, statt mir die Schuld daran zu geben, dass du nicht den Mumm dazu hast. Und die Sache mit dem Buch, tja, ich hätte es wissen müssen, auch du hast ein schwaches Ego, wenn es darauf ankommt.«

Ich spürte die Verbitterung in seinen Worten, aber seine Ironie verletzte mich nicht, weil ich genauso dachte.

»Was ich wirklich will ... hm, ich will, dass du mich das Buch schreiben lässt, das ich schreiben möchte.«

Die Heftigkeit, mit der ich sprach, war mir selbst so neu, dass ich dabei zitterte.

»Was zum Teufel ...!« Er schüttelte den Kopf, als würde er in einem Labyrinth feststecken. »Ist es das? Du bist so besessen vom Schreiben und siehst nicht, dass das alles eine große Lüge ist, dass du dich in etwas verrennst, was du niemals ernst nehmen dürftest? Ich habe dich gewarnt, Irene. Ich habe es gewusst!«

»Ich möchte einfach nur das Buch schreiben, das ich schreiben will, ohne dass du mir über die Schulter guckst und mich korrigierst, um zu verhindern, dass ich mich blamiere!«

Er lächelte.

»Ich werde nicht auf dich warten. Ich habe noch nie auf eine Frau gewartet und werde es auch jetzt nicht tun.

Absurd«, fuhr er fort, »wirklich absurd ... ich helfe dir, bringe dir alles bei, was ich weiß, und du verabscheust mich dafür. Zum Teufel mit euch Frauen.«

Er hatte zweifellos recht, aber wie kaltherzig und dumm er war.

»Es tut mir leid«, sagte ich.

Aber er war bereits hinter dem Gebäude auf der anderen Straßenseite verschwunden.

Als wir 1997 in den Weihnachtsferien mit dem Zug nach New York fuhren, sagte ich ihm, dass ich wieder schwanger sei. Er sah mir erstaunt in die Augen, als wäre er an keiner meiner Schwangerschaften beteiligt gewesen und hätte nie von ihnen gewusst. Ich sei gefangen in einer Spirale der Wiederholungen, in einem zwanghaften und unstillbaren Verlangen, immer wieder dieselbe Rolle zu spielen, sagte er am Eriekanal, zum Fenster gewandt. Wie immer hatte er recht und zugleich auch nicht.

Er sah die Welt als eine Falle, die immer wieder über uns zuschnappte. Ein Leben ohne Kinder und das Segeln gaben ihm die Möglichkeit, die Welt zu meiden. Aber ich hatte nur ein einziges Leben, und ich konnte, ich wollte die Welt nicht länger meiden.

Als er zu Ende gesprochen hatte, starrte auch ich hinaus auf den Eriekanal und sehnte den Tag herbei, an dem ich wieder jemanden lieben würde.

Im Haus eines Freundes trank ich ein Glas zu viel. Die Übelkeit war bei dieser Schwangerschaft schlimmer als bei allen vorhergehenden. An einer Zitronenscheibe zu saugen half nicht mehr, aber ich hatte herausgefunden, dass mir Rotwein ein wenig Erleichterung verschaffte. Ich trank ziemlich schnell eine ganze Flasche. Als ich mich für den Abend verabschiedete, sah ich Tadel in seinem Blick, weil ich ihn alleinließ. Er war nicht gern lange mit Menschen zusammen, und ohne meine unterhaltsame Gegenwart schon gar nicht. Selbst die engsten Freunde langweilten ihn nach einer halben Stunde. Richtig gut ging es ihm in ihrer Gesellschaft eigentlich nur, solange er über sich selbst sprach.

Ich verzog mich nach oben in unser Gästezimmer, überzeugt, mich lächerlich gemacht zu haben. Und ich hatte ihn im Stich gelassen. Der Gedanke an seinen Unmut war ungewöhnlich befriedigend.

Als er kurz darauf nachkam, sagte er, wenn ich nicht wie eine Dame trinken könne, müsse ich mich vom Wein fernhalten. Dann machte er sich zum Schlafen fertig und ließ sich dabei über unsere Gastgeber aus. Melissa, Mitte vierzig, war eine begabte Künstlerin und ihr Mann Peter, dreißig Jahre älter als sie, ein berühmter Physiker. Sie hatten im Umgang miteinander eine liebenswerte Zärtlichkeit, und man spürte die friedliche Kameradschaft zwischen ihnen. Ich war gern mit ihnen zusammen. Er hingegen empfand nur Langeweile angesichts Melissas für Frauen mittleren Alters typischer Ängste, Peters Furcht vor dem Sterben und des tapsigen, großen Hundes, der in seinen Augen nur ein Kinderersatz war.

Wir lagen im Bett und konnten hören, wie Peter sich im Badezimmer nebenan räusperte, während Melissa den Hund dazu ermunterte, auf ihr Bett zu springen. »Da sieht man, was so ein Familienleben anrichtet«, sagte er in einem für diese Situation viel zu aufgebrachten Ton. »Ein Hund wird interessanter als seine Besitzer.« Unser eigener Hund Oliveira schlief in der Ecke neben der Heizung.

Mir kam es vor, als wären wir selbst ein Spiegelbild unserer Gastgeber. Mit dem einzigen Unterschied, dass Melissa eine richtige Frau war, unabhängig, sicher, selbstbewusst, und die beiden eine von gegenseitigem Respekt geprägte, reife und gleichberechtigte Beziehung führten. Ich setzte mich im Bett auf und starrte Oliveira an.

»Was ist los?«, fragte er. Ich folgte seiner Herabwürdigung anderer nicht mit dem gebotenen Interesse und der erwarteten Bewunderung. Ich hätte es vorgezogen, bei meinem Hund zu schlafen. Als er erneut fragte: »Was geht dir im Kopf herum?«, log ich.

»James«, sagte ich.
»Wer ist James?«
»Merton. James Merton.«
Er sah mich mit herablassendem Misstrauen an. Wieder log ich: »Ich denke gerade, dass alles schlimm geendet hätte, wenn ich mich für ihn statt für dich entschieden hätte.«

Jetzt war er eindeutig verwirrt, und ich verspürte eine verwegene Erregung.

»*A ver, a ver* ... schauen wir mal, schauen wir mal ...«, sagte er, was eigentlich bedeutete: »Erzähl weiter, erzähl weiter ...« Er setzte sich auf und legte seine Hände in einer feierlichen Art ineinander, die völlig unpassend war.

Ich fuhr fort: »Es stimmt, dass ich ihn nicht geliebt habe, aber was er zu bieten hatte, war zweifellos greifbarer als das, was wir haben. Ich meine, wir sind, bloß weil sich nichts Besseres ergeben hat, zu Gast bei Freunden, vor denen du nicht einmal Respekt hast, und wir kehren in Syracuse in eine Wohnung zurück, aus der wir bis Ende Januar ausziehen müssen, was ich zu organisieren habe ...«

Ich konnte nicht mehr aufhören.

Und dann stellte er die Frage, auf die ich über zehn Jahre gewartet hatte: Ob ich ein Kind wolle? Vielleicht sei es für mich an der Zeit, meinte er und schaltete das Licht ein. Er wäre einverstanden, wenn es so wichtig für mich sei. Ich müsse die Abtreibung am folgenden Tag nicht machen lassen. Er wollte, es wäre nicht auf die Art geschehen, nicht durch einen »Unfall«, er wollte, ich hätte ihn an der Entscheidung beteiligt. Jedenfalls sei er bereit, mir ein Kind zu schenken, wenn es das sei, was ich wollte.

Ich war entsetzt. Umso mehr, als mir bewusst wurde, dass ich sein Kind nicht wollte.

In dieser Nacht dachte ich unablässig an James. Hinter meinen Augen, die in die Dunkelheit blickten, nahmen die unmöglichsten Gedanken Gestalt an: Erinnerungen an das Glück, das ich bei James empfunden hatte.

Am Washington Square zwischen dem Brunnen und dem Triumphbogen stand eine Menschenmenge in einem Kreis. Ein Pantomime blickte zum Himmel, während sich sein Körper seitwärtsschlängelte. Ich bog in die Fifth Avenue ein und ging zu einem Café, um mich mit ihm zu treffen. Auf dem Gehsteig standen ein paar runde Eisentische. Dort saß er, eine Tasse am Mund, und beobachtete die Passanten. Er werde hierbleiben und ein paar Stunden lesen, erklärte er mir. Ich machte mich auf den Weg zum Arzt und fragte mich, was ich nach dem Besuch dort denken würde. »Es ist nichts«, wie immer. »Das ging ja schnell.«

Hinter der Anmeldetheke blätterte eine Sprechstundenhilfe in der Elternzeitschrift *Parenting*. In der gegenüberliegenden Ecke des Wartezimmers unterhielten sich zwei junge Frauen. Offenbar ging es um Nasenringe. Für mich war klar, welche von den beiden wegen eines Schwangerschaftsabbruchs hier war und welche sie als treue Freundin begleitete. Ich füllte die fünf farbkodierten Formulare aus.

Unterdessen läutete mehrmals das Telefon, Leute, die einen Termin vereinbaren wollten oder nach den Öffnungszeiten fragten. Einmal sagte die Sprechstundenhilfe: »Gehen Sie zu Parkmed, dort sagt man Ihnen, was sie tun können. Nein, nein, nein, wir können es nicht machen. Sie sind zu spät dran.« Die Frau am anderen Ende der Leitung musste mindestens in der dreizehnten Woche sein. Ich war in der zehnten.

Ich starrte auf das blaue Blatt Papier in meiner Hand und suchte nach der einzigen Frage, die auf den Formularen fehlte: Was, Sie sind schon wieder schwanger?

Die Sprechstundenhilfe rief meinen Namen auf. In dem kleinen Behandlungsraum nahm die Ärztin meine Füße und legte sie in gepolsterte Bügel. Sie fragte, ob dies meine erste Abtreibung sei. Ich hörte mich lügen: Meine erste und meine letzte.

Die Krankenschwester hielt meine Hand und sagte, ich solle mich entspannen. Ich legte in Erwartung des Eingriffs meine linke Hand auf meinen Bauch und schloss die Augen. Die Ärztin machte die Sprechstundenhilfe auf die Größe meiner Gebärmutter aufmerksam. Sie war eher orangen- als zitronengroß. Ich war also näher an der zwölften als an der zehnten Woche. In der vierzehnten, sagte sie, während sie das kalte Stahlspekulum einführte, habe die Gebärmutter die Größe einer Grapefruit. Ihre Stimme war sanft, fast zärtlich, und sie redete ununterbrochen.

»Das ist das Spekulum ... das ist Jodseife ... Jetzt werden sie vielleicht einen leichten, kurzen Krampf bekommen, es dauert nur eine Minute, das ist die Betäubungsspritze ... Jetzt öffne ich ihren Gebärmutterhals ... Ich muss ihn nur auf zehn Millimeter weiten ... Jetzt werden Sie ein Reißen und Ziehen spüren ... einen Krampf, nichts Schlimmes.«

Ihre Worte hatten einen natürlichen Tonfall, etwas Normales und Einfaches, das in krassem Gegensatz zu meinen Gedanken stand. Ich wollte, dass mich nichts von meiner Wut auf mich selbst und auf ihn, der unten seinen Kaffee trank, ablenkte. Die Hand fest auf meinen zitternden Bauch gepresst, schwor ich mir, dass dies das absolut letzte Mal sein würde. Nie mehr in der Babyabteilung von Marshalls herumlaufen und einem Baby zuflüstern, das nicht wird leben dürfen. Nie mehr sagen: »Ich behalte dich für ein paar Monate, dann werden wir sehen, wenigstens habe ich dich für ein paar Monate ...« Viel zu lange hatte ich wie ein Vogel Strauß gelebt, der meinte, dem Jäger entkommen zu können, indem er den Kopf in den Sand steckte.

»Wir sind fast fertig, meine Liebe. Sie sind stark wie ein Bär.«

Ich verließ die Praxis wie in Trance. Wieder einmal war ich gerettet und zugleich verloren. Als ich das Café erreichte, hatte er die Füße auf den Nachbarstuhl ausgestreckt, den Kopf zurückgelegt und die Augen geschlossen.

Irgendwann im März, wir waren in Syracuse, träumte ich von meinem Kindheitsschwarm Abraham. Ich wachte mit einem Schmerz in der Brust auf, jenem alten, aber unverwechselbaren Schmerz des Verliebtseins. Ich lief in der Wohnung hin und her, machte mir eine Schüssel Müsli und blickte durch das Fenster auf die schneebedeckte Innenstadt von Syracuse, unfähig, den Zauber abzuschütteln. Frustriert darüber, dass ein Traum solche Macht besaß, legte ich mich wieder ins Bett, entschlossen, mich so lange herumzuwälzen, bis er aufwachte. Ihn wieder in der Welt der Lebenden zu sehen würde alles auslöschen. Doch stattdessen fasste er mich bei den Hüften und versuchte, sich auf mich zu legen.

Ich sagte mir, er ist dein Mann. Ich sagte mir, es wird bald vorbei sein. Ich sagte mir, mach, verdammt noch mal, die Augen zu und spiel mit. Aber mein Körper war außerstande dazu, widersetzte und entzog sich ihm. Ich schloss mich im Badezimmer ein und setzte mich auf die Toilette, zum zwölften Mal schwanger und ohne jede Liebe.

Am frühen Nachmittag des nächsten Tages ging ich die Treppe zu James' Bürogebäude hinauf und klopfte an seine Tür. Wir hatten uns drei Jahre lang nicht gesehen, seit jenem Tag, als ich den Schlüssel benutzt und in seiner Wohnung die nackte Mia vorgefunden hatte. Danach hatte er mich viele Male angerufen, um mir alles zu erklären, aber ich hatte ihn gebeten, mich in Ruhe zu lassen. Jetzt wusste ich nicht, was ich sagen sollte. Er begrüßte mich mit einer festen, langen Umarmung und sah mir, in seinem Blick nichts als Güte, in die Augen. Er nahm zwei Exemplare meines Buches aus dem Regal und bat mich, sie zu signieren, eins für ihn, das andere für seine Schwester. Wir gingen zum Mittagessen. Auf dem Weg zum Fakultätsrestaurant liefen wir meinem Mann in die Arme, der zum Campus wollte. Er blieb, die Hände in den Taschen, stehen und schüttelte, ein verächtliches Lächeln auf den Lippen, den Kopf. Ich ging weiter, und als ich mich einmal umdrehte, stand er immer noch an derselben Stelle und blickte uns nach.

Ich empfand für James nicht mehr als eine tiefe Wertschätzung für die Wertschätzung, die er mir entgegenbrachte. Sein Verhalten beruhigte mich, und er sprach leise. James und ich hatten eine Beziehung gepflegt, in der ich nur mit ihm zusammensitzen und reden wollte. Jetzt war dieser Wunsch stärker als je zuvor. Ich musste meinen Mann unbedingt verlassen, hatte aber keine Ahnung, wie ich es anstellen sollte.

Obwohl ich eigentlich keine Lust dazu hatte, ging ich nach dem Mittagessen nach Hause. Ich betrat unsere Wohnung voller Zuversicht, doch sie hielt nicht lange an. Ihm sei jetzt alles klar, erklärte er. Ich hätte nicht den Mumm, die Beziehung durch die Vordertür zu verlassen. Stattdessen müsse ich aus dem Fenster springen und einen Scherbenhaufen produzieren. Er hörte gar nicht mehr auf. Alles, was er sagte, klang richtig, aber diese Wahrheit berührte mich jetzt nicht mehr, sie konnte mich nicht mehr verführen. Ich begann zu packen. Je mehr ich einpackte, desto wütender wurde er. Immer wieder redete ich mir zu, etwas zu sagen, ihm alles zu erklären, seine Qualen zu lindern, aber etwas hinderte mich daran. Ein Schweigen hatte von mir Besitz ergriffen, das umso tiefer wurde, je mehr Zeit verstrich. Als ich fertig zum Gehen an der Wohnungstür stand, packte er mich am Arm und nannte mich eine Hure.

Mir fielen etliche passende, meine Würde wahrende Antworten ein, aber ich brachte nur ein Lächeln zustande. Diese letzte aggressive Geste erfolgte fast im selben Augenblick wie der harte, gewaltsame Schlag, der meinen Kopf an die Tür krachen ließ. Mir verschwamm alles vor den Augen vor Tränen, und ich heftete meinen Blick auf Oliveira, der vor der Badezimmertür saß und uns anstarrte. Ich merkte nicht, dass er ging. Und ich fragte mich, ob ich je wieder fähig sein würde zu lieben.

Ich zog in die untere Wohnung. Ich hatte kein Geld, keine Möbel, nichts zu essen, aber die mitfühlende Hauswirtin gab mir auf guten Glauben einen Satz Schlüssel zu einer möblierten Einzimmerwohnung. Er wartete, zunächst wütend, dann geduldig, dass ich zurückkehrte, aber ich tat es nicht. Stattdessen rief ich meinen Vater an und erklärte ihm, ich sei wieder allein und benötige Hilfe. Er stellte keine Fragen und sagte, er werde mir Geld über Western Union schicken, ich solle aber nichts überstürzen. Solche Phasen gebe es in jeder Ehe.

Unsere Scheidung vollzogen wir auf höchst ungewöhnliche Weise. Zwischen April und Juni füllten wir, meist bei einem Mittagessen, ohne anwaltliche Hilfe die Scheidungspapiere aus. Ich wollte nichts von ihm, weder Unterhalt noch finanzielle Zuwendungen. Voller Unbehagen und Scham bat ich jedoch um ein paar tausend Dollar, um die Miete zahlen zu können, bis ich eine Stelle gefunden hätte. Er sorgte dafür, dass mir aus seiner Rente eine beträchtliche Summe als einmalige Abfindung übertragen wurde. Ich würde davon dreitausend Dollar behalten und mit dem Rest Rechnungen bezahlen, die während unserer Ehe angefallen waren. Ein erheblicher Anteil musste für die überfällige Hypothek auf der Sarabande aufgewendet werden. Wegen des neuen Motors für das Boot, den wir mit seiner Kreditkarte bezahlt hatten, weil wir auf den Verkauf meines neuen Buches setzten, zu dem es nicht kam, und wegen des Lebensstils, der nicht zu seinem Gehalt für eine Halbjahresstelle passte, hatten wir viele tausend Dollar Schulden. In seinen Augen war ich für die Hälfte davon zuständig. Wir unterschrieben die Papiere und übergaben sie im Juli 1998 dem Gericht. Bei diesen sonderbaren juristischen Begegnungen mit meinem Mann dämpften seltsame, fast groteske Schäkereien die Implosion unserer Beziehung.

Nach mehreren Western-Union-Überweisungen und ein paar Schecks für die Miete kamen mein Vater und Cheo nach Syracuse, um mir beim Umzug zu helfen. Mich rührte diese liebevolle Geste und die Erkenntnis, dass meine Familie immer zur Stelle war, wenn ich sie wertschätzte, wie sie war. Mein Vater wollte, dass ich für eine Weile nach Puerto Rico zurückkehrte, aber ich lehnte ab. Ich wolle mit dem Magisterstudium beginnen, erklärte ich. Das fand er gut. Mich aber machte es allmählich unduldsam, dass er alles und jedes ohne weiteres hinnahm. Ich hatte meinen Mann verlassen, und mein Vater fragte nicht einmal, was vorgefallen war.

»Wenn sich Leute scheiden lassen, dann, weil es notwendig ist«, sagte er. »Jeder muss den Zeitpunkt und die Art und Weise, wie er die größten Dinge im Leben wie Beruf, Liebe und Kindererziehung angeht, selbst bestimmen. Wenn sich die Eltern einmischen, wird alles nur noch schlimmer.«

Obwohl er nicht gern redete, fuhr er fort: »Ich wusste, dass ihr beide nicht gut zueinander gepasst habt. Aber ich musste warten und den Dingen ihren Lauf lassen. Mehr kann ein Vater nicht tun als da sein, wenn er gebraucht wird.«

Irgendwann stellte er mir dann doch eine Frage: Ob mein Exmann mir nach zehn Jahren des Zusammenlebens Unterhalt zahlen würde? Als ich ihm erklärte, worauf wir uns geeinigt hatten, lachte er in sich hinein.

Mercedes hingegen war wütend. Als die Abfindung im Oktober auf meinem Konto erschien, hatte sie mich bereits überzeugt, dass von dem Geld jedem die Hälfte zustand. Wie sonst sollte ich durchkommen, bis mein Leben wieder in geordneten Bahnen verlief? Und hatte ich nicht den Großteil meines Vorschusses für das Buch für ihn und das Boot aufgewendet? Sie hatte recht, und doch schämte ich mich dafür, dass ich sein Geld benötigte.

Die nächsten sieben Monate hing ich Tagträumen nach. Ich malte mir aus, wie ich mir ein neues Zuhause schuf, es ausstattete, Teile des Zimmers, des Hauses, der Wohnung einrichtete und wieder umbaute. Warum ich mich an einem bestimmten Ort befand oder was mich dort hingeführt hatte, interessierte mich nicht. Losgelöst von meiner persönlichen Geschichte hatte die Frau in meinen Träumen keine Vergangenheit und auch keine Verwandten. Sie existierte unabhängig von mir in der Einrichtung der Räume, die sie bewohnte, und entweder schlief sie, oder sie las gerade. Diese beiden Bereiche – das Schlafzimmer und das Wohnzimmer – waren zentrale Bestandteile des Tagtraums. Küchen kamen darin nicht vor.

Ich lebte in einer obsessiven, gedankenlosen, gestalterischen Phantasie, die mich in Bewegung hielt, während mein Körper immer langsamer wurde, ich zu Freunden und Verwandten auf Abstand ging und zwischen den banalen Ereignissen des Alltags herumtaumelte wie ein Kranker, der nach monatelanger Bettlägerigkeit zum ersten Mal wieder aufsteht. Normal fühlte ich mich nur, wenn ich lag. Ich freute mich, wenn ich erkältet war, Fieber oder Kopfschmerzen bekam, denn das passte hervorragend zu meinem katatonischen Zustand. Draußen, im Supermarkt oder in der Bibliothek, wurde mir schwindlig, und ich war verwirrt. Nur in der abgestandenen Luft eines geschlossenen Zimmers konnte ich einigermaßen normal atmen. Ich sonderte mich vollkommen ab, kam mir klein vor und fühlte mich wohl dabei.

Manchmal, bevorzugt mitten am Nachmittag, wenn die Sonne besonders strahlend schien, öffnete ich das Wohnzimmerfenster und blickte hinunter auf das rege Treiben auf dem Universitätsgelände. Draußen unter dem blauen Himmel war alles lebendig, und in diesen Momenten empfand ich einen Hauch von Sehnsucht, anders, auch dort draußen und lebendig zu sein, doch zugleich verspürte ich bei diesem Anblick einen undefinierbaren Schmerz, eine vage Unzufriedenheit, das Gefühl eines mit Mängeln behafteten Lebens.

Wenige Monate nachdem ich meinen Mann verlassen hatte, rief ich Alba in Minnesota an, wo sie unterrichtete. Sie erklärte, sie werde am nächsten Tag herüberfliegen, um mich zu besuchen. Ihre Besorgnis machte mich nervös. Ich beruhigte sie, versprach, Mercedes zu besuchen. Als ich das nicht tat, kam Mercedes zu mir. Wie ein Entchen seiner Mama folgte ich ihr und ihrem Mann zum Auto und fuhr mit zu ihnen nach Hause, aß die Sardinen, die Albas Vater mir voller Abscheu, aber höflich servierte, schlief kurz darauf in Albas Bett ein und wachte erst am nächsten Abend wieder auf, einen nach Mottenkugeln riechenden weißen Plüschbären unter der Wange.

Von Mercedes dazu gedrängt, machte ich einen Termin bei meinem Hausarzt. Sie war der Meinung, ich brauchte einen kleinen Anstoß, um wieder ins Leben zurückzukehren, eine Zauberpille, die in ein paar Monaten meine Sicht auf die Dinge wieder zurechtrücken und mir die Angst nehmen würde. Dann könnte ich darüber nachdenken, wie es weitergehen sollte.

Ein paar Wochen nachdem ich Prozac zu nehmen begonnen hatte, wachte ich um fünf Uhr morgens mit dem überraschenden Bedürfnis auf, alle Leute, die in meinem Adressbuch standen, anzurufen und den Kontakt wiederherzustellen. Als ich daraufhin das Buch suchte, aber nicht finden konnte, wurde ich unruhig. Mir schwindelte. Der Gedanke, alle enttäuscht zu haben, brachte mein Herz zum Rasen. Bis ich das Büchlein schließlich fand, hatte ich es mir anders überlegt. Jetzt wollte ich einkaufen gehen, meine Haare schneiden lassen, mich in einem Fitnessstudio anmelden, mir einen Job suchen, nach Mexiko fliegen und dort einen Schriftsteller treffen, den ich im selben Jahr kennengelernt hatte. Ich wollte wieder anfangen zu schreiben, für eine Stunde oder zwei meinen Mann treffen und die Wohnung putzen. Ich war ein wildgewordenes Energiebündel.

Als ich Mercedes erzählte, dass ich mich mit ihm zum Abendessen traf, machte sie sich Sorgen. Sie wisse nicht, ob ich schon so weit sei, ihm gegenübertreten zu können. Er sei in seiner männlichen Ehre gekränkt. Wie ich damit umzugehen gedächte? Sie sollte recht behalten. Mitten beim Essen stand ich auf und verließ das Lokal.

Als ich ihr erzählte, ich würde nach Mexiko fahren, bat sie mich, damit noch zu warten. Ich fuhr trotzdem. Als ich zurückkehrte und verkündete, ich würde mit dem mexikanischen Schriftsteller nach Indien fahren, meinte sie, nur über ihre Leiche. Daraufhin traf ich mich gar nicht mehr mit ihr. Ich fuhr nicht nach Indien. Stattdessen wurde ich immer fahriger. Die Tabletten gingen mir aus. Ich hielt die Arzttermine nicht ein. Ich begann, ihn zu vermissen.

Ich zog zu einem Mann, den ich in der Tiefkühlabteilung eines Supermarkts kennengelernt hatte. Ich wurde zum dreizehnten Mal schwanger.

Mercedes sah ich zum letzten Mal auf der Straße. Sie saß auf dem Beifahrersitz eines Wagens, der vor dem Minimarkt gegenüber dem Haus parkte, in dem ich wohnte. Ich kam aus dem Laden und sah den Arm eines mir vertrauten grauen Pelzmantels aus dem Autofenster hängen, eine unangezündete Zigarette in der Hand. Das war im Dezember 1998.

In der Hoffnung, sie würde mich nicht sehen, wollte ich schnell vorbeihuschen, doch sie hatte mich erkannt. Sie begrüßte mich mit einem Lächeln, etwas, das sie sonst nie tat, fragte, wie es mir gehe, und meinte, die Pfunde, die ich zugelegt hätte, ständen mir gut. Fast hätte ich ihr erzählt, dass ich in der achten Schwangerschaftswoche war, zum ersten Mal schwanger von einem anderen Mann, doch dann fand ich, dass es ungerecht wäre, zornig auf sie zu sein.

Während wir uns unterhielten, wanderte ihre unangezündete Zigarette mehrmals von einer Hand in die andere, bis ich schließlich fragte, ob sie Feuer brauche. Sie erklärte, sie rauche nicht mehr. Eine Zigarette in der Hand zu halten sei einfach eine Angewohnheit. Sie trug den Armreifen, den ich ihr vor zehn Jahren geschenkt hatte. Sie fehlte mir. Ich beugte mich hinunter und sagte ihr das. Sie kniff mich ins Kinn. Ich spielte mit ihrem Armreifen, während sie über ihn sprach. Er habe sich verändert, er habe seine Fehler eingesehen, er sei bescheiden geworden, er komme oft zu ihnen nach Hause, bringe ihr Bücher, er sei ein guter Freund.

Ich fühlte mich benommen. Die unnachgiebige Mercedes, die ich gekannt hatte, die niemals lächelte und wenig Verständnis für die Schwächen der Menschen aufbrachte, die Mercedes, deren Mut ich mir gern auch nur ein einziges Mal ausgeborgt hätte, selbst wenn er keinen Tag überdauert hätte, diese Mercedes war hinter einer Zärtlichkeit verschwunden, die ihre Stimme mehrmals brechen ließ. Sie klang jetzt wie jede x-beliebige Frau.

Angesichts ihrer Weichheit und ihrer Vernunft fühlte ich mich, schwanger und von allem isoliert, wie ich war, wie eine störrische, unvernünftige Missgeburt. Immer noch spielte ich nervös mit ihrem Armreif. Beim Händeschütteln zog ich ihn von ihrem Handgelenk und streifte ihn über meines. Dann versuchte ich ihn wieder auszuziehen, doch er wollte sich nicht lösen lassen. Verzweifelt zerrte ich an dem Verschluss, und aus irgendeinem Grund nahm dieses Zerren eine ungeheure Bedeutung an, vielleicht, weil Mercedes so aufmerksam zusah und weil mein Exmann wie aus dem Nichts in den Wagen gestiegen war und jetzt hinter dem Steuer saß.

Er war mit ihr zur Apotheke gefahren, um die verschriebenen Medikamente abzuholen. Ich hatte das Auto nicht erkannt. Mein Herz schlug wie wild. Ich beugte das Handgelenk und packte den Armreif noch fester. Als er sich schließlich löste, fiel er zu Boden. Ich gab ihn ihr zurück. Dann war Mercedes' Hand unter meinem Kinn, und als sie mein Gesicht hob, schloss ich die Augen, aus Angst, sie könnte die aufsteigenden Tränen sehen. Sie streichelte meine Wange und bat mich, sie anzurufen. Ich ging davon, ohne ihn angesehen oder auch nur ein Wort zu ihm gesagt zu haben.

Sie überlebte noch einen Winter und meine dreizehnte und vierzehnte Abtreibung. Nach ihrem Tod sah ich sie vor meinem inneren Auge noch eine Weile lang an diesem Weihnachtsabend, in ihrem grauen Pelzmantel und mit ihrem Gehabe, ihrem schwachen Lächeln, und dann sah ich sie im Bett, tot. Ich denke oft an sie, besonders nachts, aber es ist immer die andere Mercedes, die mir in den Sinn kommt, die mich, in eine Rauchwolke gehüllt, vor einem Leben in Leibeigenschaft warnt.

Ende April 2002 flog ich nach Puerto Rico. Ich war seit Miguels Beerdigung nicht mehr dort gewesen. Zwei Tage nach meiner Ankunft wachte ich allein in einem Hinterzimmer auf, das mir eher wie ein Lager erschien und weniger wie eine Arztpraxis. Die Stimme meines Exmannes pochte gegen die Wände meines Kopfes, eher ein Ton, ein warnendes Raunen als Worte. Selbst die beiden, inzwischen drei, Abtreibungen, zu denen es nach meiner Scheidung in der Beziehung mit einem anderen Mann gekommen war, hatte ich empfunden, als wäre er beteiligt gewesen. Um mich herum stapelten sich Schachteln, an den Wänden standen auseinandergebaute Kinderbetten und mehrere schwarze, zusammengebundene Müllsäcke. Ich war entsetzt darüber, was ich mir angetan hatte.

Eine Freundin aus Kindheitstagen hatte mir am Tag meiner Ankunft von dem Arzt erzählt. In Puerto Rico waren Abtreibungen immer noch tabu, und die meisten Gynäkologen verrichteten diesen Dienst lieber nicht in ihrer Praxis, aus Angst, einen Großteil ihrer katholischen, abtreibungsfeindlichen Patientinnen zu verschrecken. Der Arzt meiner Freundin nahm Abtreibungen nur bei langjährigen Patientinnen vor, und auch dann nur unter ganz bestimmten Umständen. Nach allem, was ich ihm erzählte, entsprach ich nicht seinen Kriterien. Ich missbrauchte die Abtreibung als Methode der Geburtenkontrolle.

Ich saß da und war entsetzt, dass die Moral dieses Mannes in mein Leben eingreifen konnte. Bissig fragte ich, ob ich etwa in die Vereinigten Staaten zurückfliegen müsse, um mein Recht auf freie Entscheidung auszuüben. Als ich schon gehen wollte, entschuldigte er sich, dass er mir nicht helfen könne, und fragte nach meiner schriftstellerischen Arbeit. Meine Freundin antwortete für mich. Es sei ein Buch von mir erschienen. Als ich ihm dann von meiner Großmutter erzählte, bekam er große Augen.

»Sie sind die Enkelin von Lolita Lebrón? Ich fasse es nicht!« Eine typische Reaktion. In Puerto Rico bewunderten die Leute meine Großmutter, oder sie hassten sie, doch der Mut der vierundachtzigjährigen Frau, die erst vor kurzem wieder festgenommen und inhaftiert worden war, weil sie in Vieques gegen die US-Marine demonstriert hatte, nötigte ausnahmslos jedem Achtung und Ehrerbietung ab. Für Lolita Lebrón, sagte er, würde er alles tun.

Mit einer seltsamen Mischung aus Scham und Stolz folgte ich ihm und einer Sprechstundenhilfe durch einen langen dunklen Flur in einen schlecht beleuchteten Raum voller Schachteln und Aktenschränke. Auf der Micky-Maus-Uhr an der Wand war es 8 Uhr 25. Ich wurde weder aufgefordert, ein Operationshemd anzuziehen, noch gefragt, wann ich meine letzte Periode hatte. Als ich es ihm von mir aus sagte, sah er die Sprechstundenhilfe lächelnd an. Langsam bekam ich Wut auf diesen Mann, aber ich wollte ihn nicht gegen mich aufbringen, da er gerade dabei war, ein Stahlspekulum in meine Scheide einzuführen. Ich sei, sagte er, zwischen der achten und der zehnten Woche. Es dürfte wohl eher die zwölfte sein, erwiderte ich.

Um 11 Uhr 40 kam ich wieder zu mir. Als ich den Kopf vom Kissen hob, begann sich der Raum zu drehen. Um zwei Uhr wachte ich erneut auf. Der Arzt und die Krankenschwester mussten irgendwo im Raum sein, denn ich konnte ihre Stimmen hören. Ich hätte zu viel Blut verloren, sagte er. Er wolle, dass ich über Nacht bleibe. Ihre Stimmen verklangen langsam hinter der meines Exmannes, die immer lauter wurde, bis sie in meinem Kopf hämmerte und zugleich ein stechender Kopfschmerz einsetzte.

»Du bist in der Wiederholung gefangen, und du kommst da nicht mehr heraus«, brüllte er.

»Aber das hier ist nicht dein verflixtes Kind«, wandte ich ein.

»Was macht das schon?« Meine eigene Stimme übte Verrat an mir. »Sieh dich doch an.«

Ich stand auf, musste aber die Augen schließen, weil mein Kopf so schmerzte. In der Dunkelheit drehte sich der Raum noch schneller.

Es war nach vier Uhr, als ich die Tür zum Wartezimmer öffnete und dort meinen Vater mit der Sprechstundenhilfe streiten sah. Wir gingen zum Auto, in jenes für meinen Vater typische Schweigen gehüllt, das besagte: Wenn hier jemand lügen wird, dann gewiss du, denn ich lüge nie. Darin ähnelte er meinem Exmann.

Im Auto meinte er, ich müsse etwas essen, und fuhr los, wobei er sein übliches Lied über ein altes Pferd summte, das schneller ist als sein Junges. Es klang furchtbar falsch.

In meiner Kindheit sang und summte mein Vater oft und sprach selten. Als Erwachsene nahm ich es ihm dann irgendwann übel, dass er sich nie einmischte. Man konnte meinen Vater leicht belügen. Auf dem College beneidete ich Freunde, vor allem meine amerikanischen Mitschüler unter ihnen, deren Eltern ständig anriefen, Briefe schrieben, vorbeikamen und ihre Kinder zur Rede stellten, wenn sie den Verdacht hatten, dass etwas nicht stimmte. Und wenn meine Freunde dann einmal sagten: »Ich habe meine Eltern satt«, war ich schockiert, wie man so über seine Eltern sprechen konnte. Meine Mutter und mein Vater ragten überlebensgroß über alles hinaus, auch wenn sie in Wirklichkeit klein waren und ihre Fehler hatten.

Ich hatte meinen Vater nie hintergangen. Er erfuhr immer, was ich vorhatte, aber er wollte stets, dass ich die Last meiner Entscheidungen oder Lügen selbst trug. Das war nicht fair. Wenn man sich wirklich um seine Tochter kümmert, schützt man sie auch vor sich selbst. Man gibt ihr Ratschläge, weist ihr eine Richtung, deckt ihre Lügen auf, auch auf die Gefahr hin, zurückgewiesen zu werden. Man ist immer offen und lässt sich vorbehaltlos auf sie ein. Ich war meinem Vater wichtig. Nur schien es ihm wichtiger als alles andere, der zu sein, der er war.

Er fuhr mich zu einem Restaurant mit Blick auf den Strand, in dessen Sand ich viele Nachmittage gespielt hatte, während meine Mutter ihre Unzufriedenheit in der Ehe mit einem Mann in einem Auto zu kompensieren versuchte. An demselben Strand hatten mein Vater und ich jeden Donnerstag einem zahnlosen Fischer dutzendweise Muscheln abgekauft. Ich hatte an diesem Strand gespielt, geweint, geschlafen, Nickerchen gehalten, geträumt, Albträume gehabt, gegessen, gekackt, gelacht, gekämpft, mir vorgestellt, eine Ballerina, ein Delfin oder meine eigene Mutter zu sein. Der Streifen Sand und das Meer waren immer noch da, ich hingegen nicht mehr.

Ich aß noch etwas von meinem Muschelsalat, um meinem Vater einen Gefallen zu tun, dann erbrach ich mich auf seinen Schoß. Als ich wieder zu mir kam, trug er mich auf seinen Armen. Der Himmel hatte eine violette Färbung mit einem Rest von Gold, auf dem Meer mischten sich dunkle Töne mit welligen Flecken schwachen Lichts. Im Wagen blickte mein Vater in ein mit weißem Rum gefülltes Glas. Sein wettergegerbtes Gesicht wirkte alt und müde. »Wenn ich die Chance hätte«, sagte er, weiter auf das Glas blickend,

»nur eine einzige Chance, etwas in meinem Leben rückgängig zu machen, dann, dass ich dich in so jungem Alter weggeschickt habe.«

Ich beschloss, ihm meine fünfzehnte Abtreibung in allen Einzelheiten und sachlich zu schildern und die nüchternen Tatsachen aller vorherigen ebenso. In dem verzweifelten Versuch, meinen Vater zu erreichen, ihn sowohl aus seiner neuen, wohlwollenden Wehmut herauszureißen als auch aus seiner früheren Gleichgültigkeit, sprudelten die Worte geradezu aus mir heraus. Als ich ihm von den Schrecken meines Privatlebens erzählte, kamen mir auch wieder einzelne Szenen aus meinem Leben mit ihm und meiner Mutter in den Sinn. Ich sah vor mir, wie die Gegenwart Gestalt annahm, die Gestalt meiner Vergangenheit. Dabei erkannte ich, dass ich selbst nicht lange genug geblieben war, als dass er eine Beziehung zu mir hätte aufbauen können. Ich hatte ihm, meiner Familie, meinem Land den Rücken zugekehrt. Ich war eine gestaltlose Frau, ein unfertiger Mensch. Als Tochter dieses einfachen Mannes an meiner Seite, geboren auf dieser spanischsprachigen Insel, hatte ich, als Folge eines Lebens, das mich von alledem entfernte, meine ganze Sicht auf die Welt sehr schnell umgekrempelt.

Die Antwort meines Vaters auf alles, was ich gesagt hatte, bestand darin, dass er seine Zeitung vom Armaturenbrett nahm und den Sportteil aufschlug. Ich konnte es nicht fassen. Nach einer Weile faltete er die Zeitung sorgfältig zusammen und schloss die Augen. Er schien zu schlafen, doch dann machte er die Augen wieder auf und sah mich an. Sein Blick war so klar, und es leuchtete darin so viel Mitgefühl, dass ich wusste, er hatte alles deutlich vor sich: nicht nur mich, nicht nur meine Mutter vor fünfundzwanzig Jahren, sondern auch die Zukunft. Die Frage, die mein Vater mir nun stellte, empfand ich wie eine zärtliche Liebkosung, eine verständnisvolle Umarmung:

»Warum hat meine Tochter so leiden müssen? Wo zum Teufel bin ich gewesen?«

Während ich mir wünschte, seine Frage beantworten zu können, sah ich das kleine Mädchen meines Vaters vor mir und folgte der Kette von Demütigungen, die mein Leben ausgemacht hatten. Aber dieses Mädchen schrumpfte schnell vor meinen Augen und wurde zu dem Kind, das auf eine zu große Aufgabe fixiert war, an der es scheitern musste. Die Kleine tat mir leid. Und deshalb fragte ich mich: Warum hat dieses Kind so leiden müssen? Wo zum Teufel bin ich gewesen?

Es gab kein Zurück.

Drei Tage später litt ich unter schrecklichen Unterleibsschmerzen. Manchmal waren sie so stark, dass ich mich vornüberbeugen und die Luft anhalten musste. Nachdem der Gynäkologe meiner Cousine in San Juan eine Infektion festgestellt und mir gesagt hatte, es müssten noch Reste des Fötusgewebes entfernt werden, nahm er eine Ausschabung vor. Ich verließ seine Praxis erst gegen drei Uhr. Der Gedanke an meinen Bruder Fonso, der seit ein Uhr an einer Bushaltestelle auf mich wartete, quälte mich. Ich hatte keine Möglichkeit gehabt, ihm mitzuteilen, dass ich später kommen würde.

Auf diese Begegnung hatte ich mich schon bei meiner Landung auf der Insel gefreut. In den acht Jahren seit dem Tod meines Bruders Miguel hatte mein ältester Bruder an mehr als einem Dutzend Resozialisierungsprogrammen teilgenommen, aber immer nach spätestens einer Woche abgebrochen. Wir hatten zwei- oder dreimal im Jahr miteinander telefoniert, und bei diesen kurzen Gesprächen, bei denen er sich in der Regel in einem von den Drogen herbeigeführten Energieschub befand, hatte ich von seinem großen Wunsch nach Veränderung erfahren und davon, wie sehr sein beschädigtes Ego unter seiner verletzten Würde litt. Und schließlich, als er kaum mehr die Kraft für ein einminütiges Gespräch besaß, hatte ich begriffen, dass die Gefahr bestand, ihn bald für immer zu verlieren. Ich wusste nicht, was ich tun konnte, ich wusste nur, dass ich Zeit mit meinem Bruder verbringen musste.

Er war immer noch da und wartete auf mich. Ich sah ihn, bevor er mich sah. Er ging an einer leeren Bank hin und her und trat erst mit dem einen Fuß dagegen, dann mit dem anderen. Es sah aus, als versuchte er, etwas loszuwerden, das an seinem Schuh oder seinem Hosensaum haftete. Dann tat er dasselbe mit den Händen. Ich rief ihn.

Im Auto schwitzte er furchtbar und schüttelte unablässig etwas von seinen Füßen ab. Ich fragte, ob er sich wohlfühle. »Ich habe nur einen Magenvirus«, erwiderte er und deutete auf den Verkehr vor und hinter uns, als wollte er unbedingt weg.

»Wo sollen wir essen?«, fragte ich.

Seine Schultern begannen zu zittern. Ich legte eine Hand auf seinen Rücken. Sein spindeldürrer, über einen Meter neunzig langer Körper beugte sich auf dem Sitz vornüber. Unter seinen eingesunkenen Augen lagen dunkelviolette Schatten. Als er etwas sagen wollte, gähnte er, und dann noch mal und noch mal. Dazwischen sagte er: »Mir ist kalt. Kannst du die Klimaanlage ausschalten?«

Er starrte auf seine Füße und bat mich, endlich loszufahren, dann folgte ein Schmerzensschrei, und er übergab sich.

Aus einer Familie stammend, in der zwei Brüder heroinabhängig waren, hätte ich eigentlich Bescheid wissen sollen.

»Wir müssen ins Krankenhaus«, sagte ich.

»Es tut mir leid, Irene, es tut mir leid ...« Er schüttelte den Kopf und gähnte wieder.

»Ich hätte nicht aufhören sollen«, meinte er, »nicht jetzt, wo ich meine kleine Schwester treffe.«

»Wie lange ist es her?«

»Zwei Tage, und wenn ich nicht sofort einen Schuss kriege, sterbe ich.«

Bei diesen Worten öffnete er die Wagentür. Ich zog ihn am Hemdkragen zurück. Sein schwacher Körper war wie aus Gummi und sackte auf mir zusammen. Er leistete keinen Widerstand. Ich hatte begriffen, dass mein Bruder schwer auf Entzug war.

»Gib mir ein paar Minuten«, versuchte ich ihn zu beruhigen. »Ich bringe dich sofort in eine Notaufnahme.«

Er könne in kein Krankenhaus gehen. Dort würden sie ihm Methadon geben, und damit würde er nicht überleben. Eher würde er aus dem Auto in den Tod springen als ein Krankenhaus aufsuchen.

Er begann heftig zu schluchzen, dann hörte er auf. Dass er plötzlich ganz still war, machte mir Angst.

»Ich kenne einen Ort nicht weit von hier, wo du mich hinbringen kannst.« Er sprach leise, das Zittern hatte aufgehört. »Dieses eine Mal nehm ich es noch, und dann treffe ich bessere Vorkehrungen, um diesen Mist für immer aufzugeben. Ich verspreche dir, Irene, du wirst mich nie wieder so sehen. Es ist nicht weit, und ich muss nicht mal eine Nadel benutzen. Ich kann es schnupfen und fertig.«

Seine Beine begannen erneut zu zittern.

»Du kannst auf mich warten. Danach wird es mir gutgehen, und wir können uns unterhalten, aber so, guck mich nur an.«

Ich fürchtete, seine Gelassenheit könnte die Ruhe vor dem Sturm sein, der unmittelbar bevorstand. Als sich rechts neben mir eine Lücke auftat, schwenkte ich abrupt hinüber und fuhr auf die Notspur. Ich drückte aufs Gaspedal, schaltete die Warnblinkanlage ein und fragte meinen Bruder, wo seine spezielle »Medizin« zu bekommen sei.

Wie versprochen kam er nach zwanzig Minuten zurück.

Ich wartete in einem Restaurant auf ihn. Er überquerte die Straße mit raschen Schritten, aufrecht und viel größer, als ich gedacht hatte. Er sagte dem Straßenverkäufer auf dem Gehweg guten Tag und blieb dann stehen, um einem alten Mann beim Einparken zu helfen. Schließlich wandte er sich dem Lokal zu und hielt Ausschau nach mir. Als sich unsere Blicke trafen, deutete er zum Himmel. Über uns flog ein Heißluftballon mit einem aufgemalten orangefarbenen Hahn.

»Das da oben ist Dad, weißt du«, sagte er, als er an dem kleinen Tisch saß, auf dem kaum noch Platz war, weil ich drei Teller mit mexikanischen Gerichten für ihn bestellt hatte.

»Der Hahn, das ist Dads Spitzname.« Natürlich wusste ich das. »Und meiner auch«, fügte er hinzu und starrte auf das Essen, »meiner auch.«

Er sprach nun langsamer und immer undeutlicher. Er sah mich an, während er in eine Enchilada biss, und musste dann würgen. Seine Pupillen waren merkwürdig klein, wie Stecknadelspitzen.

»Bitte sag mir, Fonsito, wie kann ich dir helfen?«

Seine Augenlider senkten sich, sein Kopf neigte sich nach vorn. Ich bat ihn, sich auf meinen Schoß zu legen. Er seufzte, bettete seine rechte Wange auf meinem Oberschenkel wie ein gehorsames Kind und schlief ein.

In den folgenden Stunden sah ich mehrmals meinen Bruder Miguel vor mir. Ich sah ihn hoch oben in einem Baum nach der ersten reifen Guave des Sommers greifen, sich neben mich knien und die verfaulten Teile der Frucht wegbeißen, bis sie makellos war. Ich sah, wie er sich nachts in mein Zimmer schlich und ganz langsam zu meinem Sparschwein auf dem Nachttisch kroch. Als er daran herumfummelte und versuchte, es aufzubrechen, fragte ich ihn, ob er mir den Rücken kratzen würde, bis ich einschlief. Daraufhin stellte er das Sparschwein wieder auf den Nachttisch, steckte aus schlechtem Gewissen ein paar Scheine hinein, die er vermutlich soeben Dad gestohlen hatte, und legte sich dann neben mich. Ich sah ihn hinter das Haus laufen und vorn wiederauftauchen, einen Wasserschlauch in der Hand und schreiend, Mom solle die Feuerameisen von meinem Körper spritzen. Ich sah, wie er sie mit bloßen Händen entfernte, als kein Wasser kam, mich dann auf seinem Rücken durch den Garten reiten ließ, bis meine Tränen versiegten. Ich sah ihn am Tag nach der Beerdigung meiner Mutter auf der Treppe unseres Hauses in Palmas Altas sitzen. Er hatte den Kopf in den Händen versteckt und hörte nicht, wie ich ihn um Hilfe rief, weil ich hoch oben in einem Baum festsaß.

Danach verschwamm das Bild. Ich erinnerte mich noch an den Tag im Jahr 1992, als ich ihn zum letzten Mal an einer Bushaltestelle stehen sah und er vor mir davonlief, und an seine eigene Beerdigung, bei der ich die Überreste meines lieben Bruders unter dem weißen Marmor der Grabplatte verschwinden sah.

Ich streichelte Fonsitos Stirn, betete, dass ihm nicht dasselbe Schicksal beschieden sein würde, und fragte mich, warum wir anscheinend alle mit einem Fluch behaftet waren. Gab es überhaupt einen Unterschied zwischen meinem Leben und dem meiner Brüder? Ich war angeblich die Erfolgreiche in der Familie, war früh aufs College gegangen, im Studium gut gewesen, hatte einen Professor geheiratet, mein Leben mit Segeln, Hochschulstudium und Schreiben verbracht. Doch jetzt saß ich da und tröstete meinen Bruder in seinem Elend, obwohl es mir selbst kaum besserging, und bemutterte ihn mit einem Körper, der erst drei Tage zuvor durch meinen eigenen Irrsinn erneut geschunden worden war.

Mein Bruder wünschte, er könnte für mich aufhören, der zu sein, der er war. Mir ging es genauso.

Am Tag vor meinem Rückflug nach New York ging ich noch einmal zum Caracoles Beach, setzte mich in den Sand und blickte aufs Meer hinaus. Ich starrte meine nackten Beine an, die in der Sonne verbrannten: Sie gehörten einer anderen Frau. Ich hatte den Körper verloren, den ich seit meiner Kindheit besessen hatte.

Später bat ich meinen Vater, mich zu dem Haus zu bringen, in dem ich aufgewachsen war. Er sagte, ein Brand habe das Gebäude zum Großteil vernichtet, das Grundstück sei von hohem Gras überwuchert, und ich würde nicht durchkommen. »Du wirst von Ratten oder tollwütigen Hunden gebissen werden, die dort herumstreunen.« Als er das Auto am Rand einer ein Stück vom Haus entfernten Straße zum Stehen brachte und ich ihn fragte, warum er nicht in der Nähe parke, kniff er sich in die Nase als Geste der Warnung vor dem Gestank.

»Du solltest nicht da rausgehen«, sagte er, den Blick starr auf das Lenkrad gerichtet. »Die Stadt hat aus dem Garten vor dem Haus einen Schrottplatz gemacht und entsorgt dort auch tote Haustiere. Sonst ist da nichts, glaub mir«, bat er. »Behalte es lieber so in Erinnerung, wie du es von früher kennst.«

Aber ich wollte weniger in Erinnerung behalten als vielmehr vergessen. Ich stieg aus und ging, zum ersten Mal seit meinem zwölften Lebensjahr, durch das Eingangstor, das es nicht mehr gab. Auch einen Weg gab es nicht, und das Gras stach mir in die nackten Beine. Der Erdboden war mit dicken Abfallschichten bedeckt: Toiletten, Wannenteile, verrostete Motoren, Vogelkäfige, Landkrabbenfallen, Auspufftöpfe, ein Kühlschrank voll mit vergammelten Lebensmitteln. Ich kletterte über einen ungewöhnlich großen künstlichen Weihnachtsbaum und balancierte auf einem Ofen über eine morastige Stelle. Als ich mich dem Haus näherte, traf mich ein so durchdringender Gestank, dass ich würgen musste. An meinem linken Fuß, unmittelbar neben dem großen Zeh, lag eine Hundepfote. Der schlaffe, braune Körper des Tieres und all die anderen Kadaver, die in diesem Morast lagen, wurden von Fliegen umschwärmt.

Vater bedeutete mir mit einer Handbewegung, ich solle zum Auto zurückkommen. Ich arbeitete mich weiter durch den Müllberg. Die Tamarindenbäume standen noch und ragten zu beiden Seiten des Hauses in die Höhe. Die gewundenen Zweige warfen ein Schattennetz. Ich sah nur trockenes Tamarindenlaub von undefinierbarer Farbe, das die Überreste unseres Hauses umgab.

Als ich vor ungefähr acht Jahren zum letzten Mal hier vorbeigefahren war, hatte der für die Tropen typische galoppierende Verfall bereits von dem verlassenen Haus Besitz ergriffen. Ich hatte mich geweigert, aus dem Auto zu steigen, und stattdessen die vielen Hunde betrachtet, die auf der Terrasse schliefen und im hohen Gras im Schatten der Tamarindenbäume herumlagen. Angesichts dieser neuen Bewohner und des weitgespannten Sonnendachs, das die Bäume über ihnen bildeten, wog der Eindruck von Verfall und die Last der Erinnerung nicht mehr so stark.

Seither hatte Feuer seinen Weg in das Haus gefunden und aus dem Ort meiner Herkunft einen Betonklotz mit schwarzen Fensterhöhlen gemacht, die mit dem unnahbaren Blick des Todes in die Welt hinausstarrten. Und wie ich beim Begräbnis meiner Mutter an ihre Leiche herantreten und ihre Nase hatte berühren müssen, musste ich nun noch einmal in dieses Haus gehen, egal, wie wenig davon übrig war. Ich stieg die Betonstufen hinauf, schritt die Veranda ab und bemerkte zwischen den Bodenfliesen eine kleine Eidechse. Auf dieser Veranda hatte ich Tage damit zugebracht, den Eidechsen zuzusehen und Wetten mit mir selbst abzuschließen, in welche Richtung sie verschwinden würden, wenn ich mich ihnen näherte.

Die Räume waren noch vorhanden, und ich betrat jeden einzelnen und schloss dabei die Augen. In der Dunkelheit sah ich die Vergangenheit zu neuem Leben erstehen, hörte die beängstigenden Laute der Nacht, die fröhlichen Töne des Tagesanbruchs, den alten Hahn meines Vaters, mit dem ich in einem Sommer spielte, als wäre er mein Hündchen. Ich roch etwas wie Koriander, und dann war da ein übler, schwefelartiger Gestank, der aus dem Abfluss der Dusche aufstieg. Ich spürte das weiße Fell meines Hamsters Figaro, der sich an meinen Hals kuschelte, und ich fühlte den Regen, der mir über das Gesicht lief, während ich im Hinterhof herumlief und Landkrabben jagte.

Der Regenbogen, den mein Bruder Cheo im Schlafzimmer meines Vaters zwischen die beiden Fenster mit Meerblick gemalt hatte, existierte nicht mehr. Rechts unter dem Fensterrahmen aus Beton war ein Wespennest. Doch dahinter, an einer Ecke der Fensterhöhle, ahnte man unter einer Schmutzschicht blaue, rote und vielleicht grüne Farbkleckse. Das war der Regenbogen meines Bruders.

Als ich zum Auto zurückkehrte, ging die Sonne unter. Irgendwo drehte ich mich ein letztes Mal um. Aus dem Himmel wich die Farbe und hinterließ ein schmutziges Violett, von dem sich das Haus in seinem Verfall noch deutlicher abhob. Ich drehte ihm den Rücken zu, dankbar, dass es noch da war, dann fuhren wir davon.

Das Tageslicht schwand rasch in meinem Heimatland, das hatte ich vergessen. Ein Stern nach dem anderen blitzte auf, während wir durch die Landschaft meiner Kindheit fuhren. Ich öffnete das Fenster. In den Feldern, die das Haus umgaben, stimmten die winzigen Höhlen-Pfeiffrösche oder Coqui, die es nur in Puerto Rico gibt, ihren unaufhörlichen Gesang an, der mit zunehmender Abkühlung lauter wurde. Ich hatte erwartet, von Sehnsucht erfüllt und gerührt zu sein, doch was ich empfand, war das Gefühl des Verlusts: Dieser eine Ort, an dem ich als Kind gelebt hatte, war einer von Hunderten von Orten, die sich irgendwann aufgelöst hatten. Wenn es in alledem überhaupt Kontinuität gab, einen Orientierungspunkt, der unverändert geblieben war, befand sich dieser direkt neben mir. Es war mein Vater.

»Was hast du gesehen?«, fragte er.

»Cantabrico«, entgegnete ich. »Ich habe ihn so deutlich auf der hinteren Veranda gehört, als wäre er immer noch da.«

Mein Vater lachte glücklich in sich hinein.

»Ach, Cantabrico, armer, alter Hahn. Wenn man bedenkt, dass er dein erster Hund war, mit Leine und allem Drum und Dran!« Wir lachten gemeinsam.

Simone de Beauvoir schrieb einmal, die Vergangenheit sei die Situation, in der man nicht mehr ist.

Ob das stimmt?

Es war ein kühler, sonniger Juni in Syracuse. Ich verbrachte jetzt häufiger die Tage und Abende in der Wohnung, die ich im vergangenen Herbst gemietet, aber selten genutzt hatte, weil ich mich allein nicht wohlfühlte und nicht in der Lage war, die Beziehung mit meinem Freund zu beenden. Als er mir eines Nachmittags, kurz nach meiner Rückkehr von Puerto Rico, meinen Pullover und meinen BH auszog, fiel mein Blick auf meine schlaffen, zusammengeschrumpften Brüste, die noch zwei Monate zuvor von einer Schwangerschaft dick und prall gewesen waren. Ich zog mich wieder an und ging. Dabei wusste ich gar nicht, worüber oder auf wen ich eigentlich wütend war.

Ich begann ernsthaft zu schreiben. Wenn ich morgens aufwachte, setzte ich mich gleich an den Computer. Entweder las ich und schrieb, oder ich starrte auf den Sockel meines Eichenschranks, der mich an dem Schriftstellerleben hinderte, zu dem ich immer noch nicht wirklich bereit war. Manchmal aß ich mit meinem Freund zu Abend, sah zu, wie er das Essen genoss und jeden zweiten Bissen mit einem Schluck Wodka anreicherte, hörte mir seine großartigen Pläne an, der Symphonie zum Erfolg zu verhelfen, an der er schon sein Leben lang arbeitete, oder groß auf dem Aktienmarkt herauszukommen, wenn er einen Investor fände, und so weiter.

Während ich zuhörte, fragte ich mich, warum um alles in

der Welt ich auch nur Stunden meines Lebens mit diesem erwachsenen Kind teilte, das noch keinen Tag gearbeitet hatte, seit ich es kannte. Ich wünschte, hinter der Zärtlichkeit und Heiterkeit, die mich anfangs angezogen hatten, hätte ein verantwortungsbewusster Mann gesteckt, den ich bewundern konnte. Er aber beklagte sich, dass ich dem, was er sagte, keine Aufmerksamkeit schenkte. Und bald kamen andere Beschwerden hinzu. Meine Lektoratsarbeit für die University Press und das Schreiben, so meinte er, machten mich hart und zu einer pflichtbewussten, karriereorientierten Amerikanerin. Ich ging mit ihm ins Bett, obwohl ich seinen alkoholgeschwängerten Atem auf meiner Stirn und seinen großen, weißen Körper auf meinem fürchtete.

Er wollte ein Kind. Endlich ein Mann, der meinen Kinderwunsch teilte. Drei Mal war ich von ihm schwanger geworden. Und in allen drei Fällen war ich nahe daran, mich für ein Dasein als alleinerziehende Mutter zu entscheiden. Er verübelte mir die Abtreibungen, nannte mich selbstsüchtig und unsensibel. Mehrmals war ich versucht, ihn zu heiraten, um einem formlosen, richtungslosen Leben Gestalt zu verleihen. Aber ich widerstand der Versuchung.

Im Juli fuhr ich zum zweiten Teil des Schreibkurses, den ich im Januar begonnen hatte, nach Bennington in Vermont. Am ersten Tag führte mich meine Dozentin Susan Cheever zum Grab von Robert Frost.

»Ich versuche, möglichst viele meiner Studenten hierherzubringen«, sagte sie, an einen verwachsenen Ahornbaum gelehnt.

»Also, was ist das für eine Pygmalion-Geschichte, an der du arbeitest? Ich kann es noch nicht richtig greifen, aber irgendetwas an deiner Liebesgeschichte kommt mir spanisch vor.« Sie hockte sich neben ihren Hund und kraulte ihm den Pelz.

»Ich hatte mit meinem Exmann zwölf Abtreibungen in elf Jahren, und es waren die glücklichsten Jahre meines Lebens«, sagte ich, doch es klang ganz fern. Es war, als erzählte ich aus dem Leben eines anderen Menschen.

»Na also, dann hast du ja deinen Stoff, meine Liebe.«

»Aber ich habe keine Ahnung, was ich schreiben soll«, erwiderte ich. Ich hatte das Gefühl, über diesen einen verrückten Satz hinaus nichts zu erzählen zu haben.

Sie nahm meine Hand und führte mich den Hügel hinauf zum Wagen. Dann wandte sie sich um und deutete nach unten auf Frosts Grab. »Ich sage dir, dieser Mann lässt mich niemals im Stich.«

Am Ende des Workshops wusste ich, dass vor mir die Aufgabe lag, mich von meinen idealisierten Erinnerungen zu verabschieden.

Doch es sollte noch ein ganzes Jahr vergehen, bis die Bedingungen stimmten und es mir gelang, in dem seltsamen Land der Selbstreflexionen meinen Erinnerungen auf die Schliche zu kommen, sodass ich hinter den »glücklichsten Jahren meines Lebens« die Geschichte einer Abtreibungssucht erkennen konnte.

Als ich wieder in Syracuse war, lud ich meine Schwestern ein. Diana war inzwischen neunzehn Jahre alt, Miri achtzehn, und ich konnte meinen Blick nicht von ihnen lassen, obwohl ich sie in diesem Sommer bereits einmal gesehen hatte. Doch seit 1995, als sie den Großteil des Sommers mit uns an Bord der Sarabande verbracht hatten, war ich nicht mehr über längere Zeit mit ihnen zusammen gewesen. Damals waren sie einfach nur zwei Mädchen, die von dem Leben ihrer großen Schwester begeistert waren, sogar von deren Ehemann, den sie mit ihrem Gekicher zu stören fürchteten.

Ich holte sie am Flughafen ab und fuhr gleich mit ihnen zu meinem Boot. Die Second Wind war nicht die Sarabande.

Nach der Scheidung war ich an den Ufern des Lake Ontario umhergestreift, hatte von Booten geträumt und davon, die Welt zu umsegeln, das Einzige, was ich mir vorstellen konnte auf eigene Faust zu tun. Ich fand sie auf einer heruntergekommenen Werft in Sodus Point. So alt die Bristol-Schaluppe auch war, hatte sie doch ein erstaunlich trockenes Deck und einen tiefen, satten Kiel. Das Boot war achteinhalb Meter lang und verwittert. Ich kaufte die Second Wind mit den eintausend Dollar, die ich als Steuerrückzahlung erhalten hatte.

Ich fuhr mit meinen Schwestern über den See nach Kingston und brachte ihnen das Segeln bei. Wir gingen in der Nähe öffentlicher Parks vor Anker und zelteten am Ufer. Wir angelten und grillten die Fische über dem Lagerfeuer. Wir wanderten an hohen Klippen entlang. Wir taten Dinge, die ich mich allein nicht getraut hätte.

Eines Abends, als wir am Ufer schliefen, blies ein starker Wind, und ich hatte Angst, der Anker der Second Wind könnte sich lösen. Ich versuchte, das Beiboot ins Wasser zu schieben, um zu meinem Schiff zu fahren und einen zweiten Anker zu werfen, aber die Wellen ließen es nicht zu. Bevor ich noch überlegen konnte, was ich jetzt tun sollte, schwamm Diana schon hinüber, und Miri folgte ihr. Sie setzten den zweiten Anker und schwammen zurück. Ich sah die beiden an, erschrocken, wie schlecht ich sie kannte und dass ich mir all die Jahre nichts aus ihrer Liebe gemacht hatte, ebenso wenig wie aus der Liebe meiner Familie. Ich war schockiert darüber, was für ein erbärmliches Leben ich geführt hatte.

Zwei Tage vor ihrer Abreise wurde ich dreiunddreißig, und ich nahm sie zu einer Gesichtsbehandlung und einer Massage, einer Rundumverschönerung, in ein Wellnessstudio mit. Wir gingen einkaufen und fuhren zu einem Fünf-Sterne-Restaurant am Skaneateles Lake. Jede von uns bestellte etwas, was wir noch nie zuvor gegessen hatten. Diana nahm Froschschenkel, Miri Wild und ich Straußenfleisch. Auf meinem Bett schliefen wir aneinandergekuschelt unter einer großen Daunendecke ein.

Am Tag ihrer Abreise machte ich mit meinem Freund Schluss und zog wieder in meine Wohnung. Wochenlang tat ich nichts anderes, als Dateien für meine bevorstehende Überwinterung in Bennington zu brennen. Morgens und abends führte ich meinen Hund Oliveira aus, der allmählich alt und schwach wurde. Eines Tages wollten ihn seine Beine nicht mehr tragen, und er fiel auf die Schnauze. Ich rief meinen Exfreund an. Ende August befand ich mich wieder in einer Beziehung, die nicht stimmte. Mein fünfzehn Jahre alter Hund lag im Sterben, aber ich wollte es nicht wahrhaben.

Oliveira schwächelte schon seit einigen Monaten. Es hatte mit dem Wasser begonnen. Immer wenn ich seinen Napf füllte, trank er ihn wie im Rausch aus. Wenn er zu dem Napf lief, knallte er gegen die Küchenwand, und dann noch einmal, wenn er sich wieder aufrichtete. Eines Morgens tauchte er den ganzen Kopf in den Napf und wäre beinahe ertrunken. Der Tierarzt meinte, er habe grauen Star und seine Nieren arbeiteten nicht mehr richtig. Er verschrieb eine Altersdiät, aber Oliveira verlor das Interesse am Fressen und war immer mehr auf Wasser fixiert. Einmal leckte er stundenlang verzweifelt am Sockel des Kühlschranks. Ich wurde wütend und schrie ihn an, aber er machte weiter, als wäre er auch taub geworden. Er ging nicht mehr in sein Körbchen, sondern bezog in der Küche unter einem Heizkörper Quartier. Dort versank er in einen nervenzermürbenden Zustand, wartete nur noch auf Wasser und beobachtete die Fliegen. In seiner Zeit als Seefahrer hatte er immer nach ihnen geschnappt.

Kurz nachdem meine Schwestern abgereist waren, begannen die Unfälle. Ich stellte in der Küche ein Gitter auf.

Eines Abends fand ich an den Küchenwänden und auf dem Boden überall Urin und Kot. Ich konnte die Abdrücke von Oliveiras Pfoten sehen, dort, wo er an eine Ecke geprallt war oder sich eingeklemmt und wie verrückt versucht hatte, sich zu befreien. Ich spürte, wie meine Angst einem nie gekannten Zorn wich.

»Hör auf zu stürzen, hör auf zu trinken wie ein Irrer, hör auf mit den Unfällen.«

Ich schämte mich zutiefst, dass ich in derart absurder Weise mit meinem Hund schimpfte. Es gelang ihm aufzustehen. Als ich mich ihm näherte, kam er auf mich zu, schlug dann aber einen Haken in Richtung Schrank, stolperte über seinen Futternapf und kippte ihn um, sodass die kleinen trockenen Bröckchen auf dem ganzen Boden verstreut wurden. »Schluss jetzt!« Ich schlug ihn mit meiner Stimme. Er bellte vor Erstaunen und Angst, rutschte wieder aus, kippte seitwärts und prallte gegen die Heizung. Dann rollte er sich auf den Rücken und streckte die Pfoten von sich. Ich saß auf dem Küchenboden und heulte.

Ich brachte ihn zu einem anderen Tierarzt, der mir erklärte, Oliveira habe einen langsam wachsenden Tumor am linken Hinterlauf. Seine Leberwerte seien erhöht, und die Nieren versagten. Nach einer Woche Tierklinik war sein Zustand zwar stabil, aber seine Beine zitterten beim Gehen, und häufig fiel er auf die Seite, wenn er zum Pinkeln seine Hinterpfote hob. Er fing an, sich dafür hinzusetzen.

Ich ging auf Abstand. Wenn ich an der vergitterten Küche vorbeikam, schaute ich weg. Drei Tage nach seiner Rückkehr steckte ich ihn in einen Zwinger, weil ich ein letztes Mal in jener Saison mit meinem Freund auf dem Ontario-See segeln wollte. In Toronto saßen wir tagelang fest, bis das Wetter sich beruhigte. Als wir schließlich mitten in einem Gewitter in den Hafen von Oswego einliefen, wurde mir klar, dass ich Oliveira acht Tage lang allein gelassen hatte. Ich fand ihn bewusstlos in einer Ecke des Käfigs. Über seinen Augen kreisten Fliegen. Ich dachte, ich hätte ihn umgebracht.

Während der einstündigen Fahrt zum Tierarzt wiegte ich den schlaffen Körper meines Hundes in den Armen. Ein paar meiner Tränen fielen auf seine Stirn und tropften auf meine Hand. In der Tierklinik sagte man mir, Oliveira werde die Nacht nicht überleben. Ich könne dem Hund und mir einige Qualen ersparen, wenn ich ihn einschläfern ließe. Aber dazu war ich nicht imstande. Ich wollte, dass er in meinen Armen starb. Am nächsten Tag, einem Montag, lebte er immer noch. Ich beeilte mich, ihn in die Cornell-Tierklinik zu bringen. Dort blieb er zwei Tage. Als ich ihn zurückbekam, konnte er weder gehen noch fressen. Ich erfuhr, dass ihm vielleicht nur drei Tage, vielleicht aber auch zwei Wochen zu leben blieben. Alles hinge von ihm und meiner Fürsorge ab. Ich nahm ihn mit einer Infusionsflasche an seiner rechten Vorderpfote und einer Schachtel voller Medikamente und weiterer Infusionsflaschen mit nach Hause. Ich sollte, rund um die Uhr, alle zwei Stunden versuchen, ihn zu füttern, und sechsmal am Tag Krankengymnastik mit ihm machen. Es bestand die Hoffnung, dass er den Kopf so weit würde bewegen können, dass er wieder in der Lage war, zu fressen. Vielleicht würde er sogar wieder sitzen können.

In den grausamsten oder angstvollsten Augenblicken in meinem Leben, dann, wenn ich keinen Boden mehr unter den Füßen zu haben glaubte, empfand ich stets das unbändige Bedürfnis, mich der Herausforderung gewachsen zu zeigen.

Eingewickelt in eine Decke, trug ich Oliveira in die Kirche. Dort kniete ich mich vor eine Bronzefigur der Jungfrau Maria, betete und flehte sie an, meinen Hund noch ein wenig leben zu lassen. Dabei hatte ich mich seit meinem zwölften Lebensjahr, als ich mich in dem Internat so einsam gefühlt hatte, nicht mehr um die Heilige Maria gekümmert.

Drei Sonntage ging ich, Oliveiras schlaffen Körper in meine Arme geschmiegt, zur Messe und flehte noch inständiger.

Jedes Mal, wenn es mir gelang, Oliveira mit der Pipette ein wenig Nahrung zu verabreichen oder auch nur den geringsten Stuhlgang in seiner improvisierten Windel fand, dachte ich: »Mein Hund sollte schon längst tot sein, aber er ist es nicht.« Jede Minute kam mir vor, als hätte ich sie der Zeit abgerungen. Wenn Oliveira abends stöhnend in meinen Armen einschlief, konnte ich mich nicht entscheiden, ob ich die Grenzen des Schreckens oder des Schönen erreicht hatte.

Jeden Tag trug ich ihn in seinem Körbchen in den Park und setzte ihn ins Gras, wo er dann in der Sonne ein Nickerchen machte. Ich streichelte ihn, fütterte ihn, wachte über seinen Schlaf, beobachtete die Wolken, die über den Himmel jagten. An einem kalten Freitagabend Ende September nahm ich ihn mit auf die Second Wind. In der V-förmigen Koje lauschte ich dem Wind, der das Boot zum Schaukeln brachte. Oliveira fühlte sich warm an, er hatte seine Vorderbeine auf meine Schulter gelegt, seine tröpfelnde Nase, aus der kleine Rotzbläschen quollen, ruhte an meinem Hals. Seine Hinterbeine zappelten und seine Nase zuckte. Mein Hund träumte, konnte noch träumen.

Die Therapie, die der Tierarzt vorschlug, um Oliveiras Leben um ein paar Tage oder Wochen zu verlängern, kostete mich fünftausend Dollar. Ich bekam eineinhalb Monate. Und ich verstand jetzt auch Milan Kunderas Worte: »Die wahre moralische Prüfung der Menschlichkeit, die elementarste Prüfung äußert sich in der Beziehung der Menschen zu denen, die ihnen ausgeliefert sind: zu den Tieren.« Er hatte recht. Ich hatte moralisch versagt. Daran konnte keine Reue, keine noch so große Geldsumme für die medizinische Versorgung meines Hundes etwas ändern.

Für den 6. Oktober 2002, Oliveira lebte immer noch, hatte ich geplant, nach Spanien zu reisen, um zusammen mit meinem Vater und seinen vier Geschwistern der Hochzeit einer Cousine und einer Zusammenkunft von Verwandten beizuwohnen, die ich nicht mehr gesehen hatte, seit ich als Dreizehnjährige weggegangen war. Von Spanien aus wollte ich für den Universitätsverlag, in dessen Lektorat ich inzwischen arbeitete, weiter zur Frankfurter Buchmesse fahren. Trat ich die Reise an, würde ich mich wahrscheinlich für immer von Oliveira verabschieden müssen. Mein Exmann, den ich angerufen hatte, als ich erfuhr, dass mein Hund jeden Augenblick sterben konnte, und mit dem ich seither in Kontakt geblieben war, liebte Oliveira sehr, hatte einen kleinen Film über ihn gedreht und einen Essay, ein Gedicht sowie eine Geschichte über ihn geschrieben. Oliveira durch unsere Trennung zu verlieren war für ihn schmerzlich gewesen.

Als ich zwei Tage vor meiner geplanten Abreise bereits beschlossen hatte zu bleiben, traf ich ihn zufällig in einem Bagelshop auf dem Campus. Er sah zu, wie ich meinen in eine Wolldecke gewickelten Hund fütterte. Zum ersten Mal schluckte Oliveira alle drei Pipettenfüllungen mit Nahrung und fünf mit Wasser. Nach seinem letzten Schluck hob er den Kopf höher als je zuvor seit seiner Erkrankung und blickte hoch zu seinem ehemaligen Herrchen. Da er seine Glieder kaum noch bewegen konnte, musste er bleiben, wo er war, und reckte nur den zittrigen Kopf zwischen uns in die Luft. Ich konnte nicht nein sagen, als mich der Mann, der mir gegenübersaß, mit Tränen in den Augen fragte, ob ich ihn nicht bitte an Oliveiras letzten Tagen teilhaben lassen wolle.

Am Morgen des 12. Oktober, meinem ersten Tag auf der Buchmesse, sechs Tage nachdem ich Oliveira und eine dreiseitige Liste mit Anweisungen in seiner Wohnung zurückgelassen hatte, zeigte mein Handy an, dass er angerufen hatte. In einem belebten Hallengang suchte ich mir ein ruhiges Eckchen und wählte seine Nummer. Er war gerade auf dem Weg zum Tierarzt. Seine Stimme brach. Oliveira saß auf seinem Schoß. Er hatte am Abend zuvor sein ganzes Futter aufgefressen, fast eine doppelte Portion, er hatte nach der Krankengymnastik am Abend beinahe auf allen vier Beinen gestanden und sogar vor Freude über den süßen Multivitaminsaft sein linkes Ohr aufgestellt. Am Abend war der Hund auf seinem Bauch zusammengerollt eingeschlafen und hatte in der ganzen Nacht nicht ein einziges Mal gestöhnt. Am Morgen hatte er einen normalen gesunden Stuhlgang gehabt, war danach aber nicht mehr aufgewacht. Da hatte er gewusst, dass der Hund tot war.

Als ich auf der Suche nach dem Gemeinschaftsstand der Verlage aus Quebec durch die überfüllten Gänge der Messe lief, hatte ich das Gefühl, mein Leben mit unwichtigen Dingen zu vertun. Mit einem kanadischen Lektor, der aus Haiti stammte, sprach ich über mögliche Gemeinschaftsproduktionen und über Bücher, die wir liebten. Je mehr Gemeinsamkeiten wir entdeckten, umso schwerer fiel es mir, meine Tränen zurückzuhalten. Während er eine bestimmte Frucht beschrieb, die an der Nordostküste seiner Heimat Haiti wuchs, begann ich zu weinen. Ich entschuldigte mich und ging zur Toilette. Als ich zurückkehrte, stellte er keine Fragen und fuhr mit seiner Geschichte fort. Wieder traten mir Tränen in die Augen. Irgendwann erzählte ich ihm, dass mein Hund gestorben war. Und dieser Mann, den ich während des Gesprächs zeitweise wie einen Bruder empfunden hatte, einfach weil er von einer Karibikinsel stammte, sagte nicht ein einziges Wort. Ich war sauer und fragte ihn, was mit ihm los sei, warum er nicht sein Bedauern ausdrücke, mir die Schulter tätschele oder irgendetwas sage.

»Verzeihen Sie«, sagte er und sah mir offen in die Augen. »Ich habe für Hunde nichts übrig.«

Bevor ich fragen konnte: »Und warum nicht?«, rückte er seinen Stuhl näher heran und sagte:

»Es fällt einem nicht leicht, Mitgefühl für den Tod eines

Hundes aufzubringen, wenn die halbe Verwandtschaft von ganzen Rudeln totgebissen wurden, die alle von Papa Docs Geheimpolizei speziell dafür ausgebildet wurden.«

Ich konnte es nicht fassen, wollte etwas sagen, aber mir fiel nichts ein.

»Ich saß auf einem Baum und habe alles mit angesehen. Unter mir feuerten die Freiwilligenmilizen die Hunde an und fütterten sie mit rohen Fleischstücken.«

Während ich mit dem Zug zum Hotel zurückfuhr, vergegenwärtigte ich mir noch einmal die Geschichte des Haitianers. Der Schmerz über Oliveiras Tod zog sich in einen Winkel meines Herzens zurück.

Von meinem Zimmer aus rief ich meinen Vater an. Er bat mich, mir einen Drink aus der Minibar einzuschenken, am besten einen Cognac, und dann wieder ans Telefon zu kommen. Dann erklärte er mir, das Leben eines Hundes sei zwar kurz, doch unsere Liebe zu ihnen bestehe womöglich für immer fort. Das sei eine Zwickmühle. Aber ich solle wissen, dass die Stoffwechselrate der Tiere ihrer Größe und Lebenserwartung entspreche und daher eine Maus in ihrer kurzen Lebenszeit genauso viele Herzschläge habe wie ein Elefant, der sehr alt werde. Alle, sagte er mit einem leisen Lachen, das mich ärgerte, bekämen in etwa denselben Teil vom Kuchen. Ob die Lebenszeit meines Hundes nun kurz oder lang gewesen sei, hänge von der Perspektive ab, aus der ich es betrachtete. Ich fand die Worte meines Vaters herablassend, was mich genauso bestürzte wie die Tatsache, dass er so ungewöhnlich viel redete, um mich zu beruhigen. Als ich ihm dann die Geschichte von dem Haitianer erzählte, wurde mir klar, dass ich jemand anderen hätte anrufen sollen, er war nicht der Richtige. Ich griff erneut zum Telefon, um die Nummer meines Exmanns zu wählen, überlegte es mir dann aber anders. Er würde mich auch nicht verstehen. Stattdessen rollte ich mich im Bett zusammen und weinte, bis ich ruhiger wurde. Meine Ruhe war Resignation.

Vom Flughafen aus begab ich mich direkt zum Tierarzt. Die Sprechstundenhilfe überreichte mir einen schwarzen Müllsack mit dem gefrorenen Leichnam meines Hundes. Oben war eine Beileidskarte angeheftet. Mit dem schweren Beutel auf meinem Schoß setzte ich mich ans Steuer. Sechs Wochen lang war ich stets mit Oliveiras federleichtem Körper auf meinen Beinen Auto gefahren. Ich hatte mich so darauf eingestellt, dass ich sofort merkte, wenn sich sein Gewicht seit der letzten Fahrt verändert hatte. Sosehr ich auch versuchte, den Hund in dem Beutel mit dem Hund in Verbindung zu bringen, den ich geliebt hatte, es gelang mir nicht. Ich suchte einen Park in der Nähe auf und begrub Oliveira in einem gelben Seidenkleid an einer Bootsrampe an der Südseite eines kleinen Sees.

Während ich die Schaufel in den gefrorenen Boden stach, dachte ich an die Beerdigung meiner Mutter und sah wieder ihren in die puerto-ricanische Nationalflagge gehüllten Sarg vor mir. Fast mein Leben lang hatte ich die Liebe meiner Mutter ausgeblendet, aber wenn Oliveira mich ansah, hatte ich wieder an sie gedacht, ich hatte sie wieder gespürt. Es war, als hätte ich durch meine Fürsorge für Oliveira erleben dürfen, wie sie wieder zu mir zurückkehrte, nachdem sie mich verlassen hatte, und sich, erfüllt von Reue und Liebe, nichts sehnlicher wünschte, als wiederherzustellen, was sie zerstört hatte. Ich hatte meinen Hund über eine Woche lang im Zwinger allein gelassen, blind für die Tatsache, dass er mich brauchte, dass er gebrechlich und dem Tode nahe war. Für ihn hatte ich die Welt bedeutet. Auch meine Mutter hatte mich im Stich gelassen, blind für die Tatsache, dass ich ohne sie nicht leben konnte. Für mich hatte sie die Welt bedeutet. Bis zum heutigen Tag bin ich verblüfft darüber, dass die Liebe meiner Mutter, wenn auch nur für kurze Zeit, in mir wiederauferstand, weil mein Hund mich so genau kannte. Mir wurde bewusst, dass wir manchmal zu unglaublicher Gleichgültigkeit fähig sind. Und in diesem Moment empfand ich Mitgefühl für meine Mutter. Sie hätte sich um mich gekümmert, wenn sie noch einmal die Chance dazu bekommen hätte.

Zwei Tage nachdem ich Oliveira begraben hatte, sah ich meinen einstigen Meister zum letzten Mal. Wenn ich bei dem Abendessen in seinem Lieblingsrestaurant etwas sagte, antwortete er jedes Mal: »Hast du das von mir gelernt?«

Er aß eingelegtes Gemüse. »Deine Hassliebe zu deinem Fortpflanzungsapparat hat unsere Liebesbeziehung zerstört. Das und das Schreiben ... Es ist alles meine Schuld«, sagte er. »Ich hätte dir ein Kind schenken sollen. Ich hätte dir nicht sagen dürfen, dass du schreiben sollst.« Er legte seine Gabel beiseite.

In seinen Augen sah ich Liebe, und ich hätte überrascht sein, mich darüber freuen sollen, aber ich empfand nur Mitleid für das Lamm, das ich aus ihm gemacht hatte.

Sich um einen sterbenden Hund zu kümmern verändere einen als Menschen, meinte er. Aber warum ich ihm nicht die Gelegenheit gegeben hätte, Oliveira gemeinsam zu beerdigen. Oliveira sei unser Hund, der Hund unserer gemeinsamen Geschichte.

Ich hörte zu, wie er statt meiner antwortete, was er oft tat, schaute zu, wie er jedes Mal nickte, wenn er innehielt und über etwas nachdachte, wie er an mir vorbeistarrte, wenn ihm nicht gefiel, was ich sagte.

Ich hätte, erklärte ich ihm, meinen Hund in einem tiefgefrorenen Zustand vom Tierarzt geholt und allein beerdigt, weil meine Trauer nur mir und Oliveira gehöre. Es sei meine Geschichte.

Er stand auf und rief den Kellner. Ich trank einen Schluck Wein und wünschte, ich könnte ihn wieder lieben, wünschte, ich könnte überhaupt lieben. Während er ein paar Geldscheine auf den Tisch legte, sagte er, er hätte mir das Kind schenken sollen. Es waren die letzten Worte an diesem Abend. Was für eine Ironie. Jetzt zu erkennen, dass ein Kind mich davor bewahrt hätte, in meiner Lebensmitte die verbitterte Frau zu werden, die ich geworden war. Es sei alles seine Schuld. Ich tue ihm leid. Er hätte mich nicht zum Schreiben zwingen dürfen, um sich dadurch das Leben einfacher zu machen. Er hätte meinem Ego nicht solch eine Last aufbürden dürfen. Ohne ihn würde ich nie in der Lage sein, ein weiteres Buch zu schreiben.

Als ich im Auto saß und zu meiner mit Umzugskartons vollgestellten Wohnung zurückfuhr, vernahm ich die Stimme meines neuentdeckten, kleinen Selbst, die mich drängte: »Mach dich auf den Weg. Und dreh dich nicht um: Es lohnt sich nicht.«

Mein Herz war frei, und zum ersten Mal seit meinem vierzehnten Lebensjahr war ich nicht auf irgendeine maßgebliche Weise an einen Mann gebunden. Diese Situation erlebte ich als befreiend, aber auch irgendwie als hoffnungslos. Und dennoch waren mir die Einsamkeit und die Angst vor dem Unbekannten tausendmal lieber als das Gefängnis der symbiotischen, alles andere ausschließenden Beziehungen, die ich in all den Jahren so verzweifelt aufgebaut hatte.

Eines Morgens weckte mich mein Vater mit der Nachricht, mein Bruder Fonso habe in einem Krankenhaus in New Jersey eine zwölfwöchige Entziehungskur mit Resozialisierungsmaßnahmen gemacht und absolviere nun ein neues Programm, das bis Ende Mai dauern würde. Mein Vater wollte, dass wir meinen Bruder alle zu Weihnachten besuchten. Er gab mir die Telefonnummer.

»Ich habe es dir versprochen, Irenita«, sagte Fonso. »Erinnerst du dich? Ich habe meiner Schwester ein Versprechen gegeben, und ich habe es gehalten.«

Er hatte mir so oft etwas versprochen, dass ich es nicht mehr wusste.

»So darfst du nicht denken«, erwiderte ich. »Setz dich nicht mit Versprechungen unter Druck. Ich liebe dich, egal was du tust.« Ich hatte Angst, er könnte sein wie ich, und ich wollte nicht, dass er etwas tat, womit er überfordert war.

»Hör zu, an dem Tag, an dem du mich nach La Perla gefahren hast und ich zugelassen habe, dass du sahst, was für ein Wurm ich war, hatte ich den Tiefpunkt erreicht. Ich hatte nur noch die Wahl, entweder zu sterben oder meiner kleinen Schwester zu beweisen, dass das Leben nicht so sein sollte, wie ich es ihr gezeigt habe.«

Mein Bruder hatte über zwanzig Jahre lang Drogenmissbrauch betrieben und war heroinabhängig gewesen. Alle hatten ihn aufgegeben und gemeint, er werde sterben. Einzig mein Vater hatte, wenn auch resigniert, Wache gehalten. »Niemand ist tot, bis er gestorben ist und tief unter der Erde liegt«, pflegte meine Großmutter Irene zu sagen.

Ich will nicht sterben, dachte ich beim Duschen, während ich einem Stück Seife hinterherjagte, das von einer Ecke der Badewanne in die andere glitschte. An diesem Morgen hatte eine Gynäkologin mir eröffnet, dass bei mir die Gefahr eines Zervikalkarzinoms bestand. Die Lösung, die sie auf den Gebärmutterhals gegeben hatten, hatte fast das gesamte Gewebe leuchtend hell verfärbt. Sie sah mich nicht an, als sie sagte, dass aus 20 Prozent der Zervixneoplasien, wenn sie unbehandelt blieben, Gebärmutterhalskrebs wurde. Ich müsse zur Nachuntersuchung, sobald die endgültigen Laborergebnisse vorlägen. Veränderungen der Abstrichzellen dürfe man nicht auf die leichte Schulter nehmen. Eine Sprechstundenhilfe kam herein und deutete zum Fenster.

Zum ersten Mal in diesem Winter schneite es. Die Gynäkologin entschuldigte sich mit einem Lächeln. Sie werde in ein paar Minuten wieder da sein, um Fragen zu beantworten. Ehe sie die Tür schloss, sagte sie, es könne auch alles ein Irrtum sein.

Ich wartete nicht ab, bis sie zurückkam. Draußen fiel der Schnee in dicken, schweren Flocken und blieb auf den Bäumen liegen. Er ließ die Welt weich und schön aussehen. Das war mehr, als ich ertragen konnte, und so stand ich da und sah zu, wie Studenten von einem Kurs zum anderen flitzten, und weinte. Ich wollte nicht sterben.

Daheim schlief ich ein, kaum, dass ich mich aufs Sofa

gesetzt hatte. Als ich aufwachte, war es schon dunkel. Das Sprechzimmer der Ärztin fiel mir ein, aber ich schob den Gedanken daran beiseite. Eine Dusche. Essen. Ein Glas Wein trinken. Und dann nachdenken. Ich hatte gelernt, stilvoll zu verdrängen.

Doch dann zwang mich das Stück Seife zu Boden. Ich hatte sie endlich mit beiden Händen erwischt, rutschte dabei aus und prallte mit dem Gesicht an den Badewannenrand. Während ich dalag, dachte ich darüber nach, ob mein Sturz nicht das angemessene Ende einer Lebensphase war. Schließlich war ich zum ersten Mal ernsthaft mit der Möglichkeit konfrontiert worden, sterben zu müssen.

Durch den Plastik-Duschvorhang konnte ich den kleinen Bilderrahmen sehen, den meine Therapeutin Joan mir geschenkt und den ich neben den Badezimmerspiegel gehängt hatte, als sie weggezogen war. Damals hatte ich ihn dort aufgehängt, um jeden Morgen an die harte Arbeit erinnert zu werden, die wir geleistet hatten. Jetzt aber hatte ich das Bild schon lange nicht mehr bewusst wahrgenommen. Ich dachte voller Zuneigung an sie, und während ich mich daranmachte, aus der Wanne zu klettern und sie anzurufen, nachdem ich mich monatelang gescheut hatte, zum Hörer zu greifen, ermahnte ich mich: »Erst mal weg von hier. Wenn du das geschafft hast, dann rufst du sie an.«

Ich schloss einen Pakt mit mir selbst: Ich würde von Syracuse wegziehen. Dabei setzte ich mir keine Frist, ich musste mich einfach nur dazu entschließen und das Ganze dann vergessen, sodass ein tiefes, grundlegendes Vertrauen in die erneuerbaren Ressourcen des Lebens mich erkennen lassen würde, wann der richtige Zeitpunkt gekommen war. Ich igelte mich in meiner Wohnung ein und schrieb, um zu vergessen, dass ich sterblich war.

In der letzten Sitzung mit Joan hatten wir uns angesehen, welche Fortschritte ich gemacht hatte: Meine Traurigkeit, lange in einem Zustand der Erstarrung, war im letzten Jahr ein wenig in Fluss gekommen. Meine Schwerpunkte in der Therapie verlagerten sich. Anstatt über meinen Exmann zu sprechen, erzählte ich jetzt viele Stunden lang meine Lebensgeschichte. Ich sah meine Kindheit in Palmas Altas inzwischen ganz anders, als ich sie in meinen Erinnerungen beschrieben hatte.

Wir fanden heraus, dass für die Distanz, die ich fast zwei Jahrzehnte zu meinem Land und meiner Familie gehalten hatte, nicht allein er verantwortlich war. Flucht war mein Weg gewesen, mit den harten Tatsachen des Lebens fertigzuwerden, mit der Unausweichlichkeit des Todes, sie gab mir die Freiheit, mein Leben so zu gestalten, dass meine Einsamkeit nicht größer hätte sein können. Ich hatte ihn gewählt. Ich hatte ihn zur Startbahn meiner Flucht gemacht. Er gehörte im gleichen Maße zu mir wie meine Träume und meine Albträume.

Ich erkannte zudem, dass sich mein Schmerz nicht wesentlich von dem Joans oder anderer Menschen unterschied, mit Ausnahme der Tatsache, dass ich einen Elternteil verloren hatte, und wenn man einen Elternteil verliert, verliert man seine Vergangenheit.

Gleich zu Beginn hatte sie mich gefragt, was an ihm so liebenswert sei. Ich erklärte, er habe nie gelogen und alles, was er sage, stehe im Einklang mit einer höheren Wahrheit, einer Wahrheit, die aus seinem Mut zum Anderssein erwachse und dazu, sein Schicksal selbst in die Hand zu nehmen, sogar um den Preis von Erfolg und Anerkennung. Er sei also über Eitelkeit und Ego und Narzissmus erhaben und ziehe es vor, unbekannt und besitzlos zu sterben, anstatt in den ständigen Konkurrenzkampf einzutreten und dafür mit seiner Freiheit zu bezahlen, und so weiter und so weiter. Es zeigte sich, dass ich glaubte, diese Eigenschaften, die ich bei ihm so bewunderte, selbst nicht zu besitzen. Joan wies mich darauf hin, dass ich ihm diese Eigenschaften zuschrieb, weil er selbst sie thematisiert habe. Auch wenn er nach diesen Idealen lebe, bleibe die Tatsache, dass er mich gelehrt habe, warum ich ihn lieben sollte.

»Aber bringen wir denn nicht alle dem anderen bei, wie und warum man uns lieben soll?«, fragte ich sie.

Sie sagte: »Manchen gelingt das besser als anderen, und du bist besonders schlecht darin.«

Sein Leben bestand in der Kunst, sein eigenes Leben anzuschauen und andere dazu zu bringen, es ihm gleichzutun. Eine Zeitlang war das alles großartig gewesen. In der Therapie bekam er ein Profil, es entstand aus meinen Antworten auf Joans Fragen.

»Zu lieben ist anstrengend, nicht wahr?«, fragte sie mich. »Aber vielleicht immer noch besser, als nicht zu lieben.«

Das war keine Frage, auch kein Gemeinplatz, sondern eher laut gedacht, so, als teilte sie mir eine persönliche Ansicht mit. Ich war dankbar für Joans Vertrauen. Ich konnte lieben, aber ich musste nicht. Beides hatte etwas für sich.

Joan brachte mich an einen Ort, an dem ich frei war, alles aufzuschieben, an dem es weder Gründe noch die Notwendigkeit gab, zu handeln. Es war beinahe komisch, aber sie ermutigte mich, niemals heute zu tun, was ich auf morgen verschieben konnte. In der Tat war es notwendig für mich, gar nichts zu tun, weder morgen noch heute. Ich musste es aushalten, mich nach innen zu wenden und meinen Ängsten ins Auge zu sehen, statt darüber nachzudenken, was ich mit diesem Tag oder mit meinem Leben anfangen sollte. Zu lange hatte ich im Überlebensmodus existiert, war fortwährend in Bewegung geblieben und hatte meine Ängste bis zum Exzess ausgelebt.

Ich solle meine Lähmung leben, statt von ihr gelebt zu

werden, solle die sein, die ich war, mitsamt meinen depressiven Anteilen, riet sie mir. Ich verschlief ganze Tage, ohne in Verzweiflung darüber zu geraten, dass ich nichts war und nichts von Wert zustande brachte.

Eine Sitzung eröffnete sie mit der Frage: »Was willst du?«, die mir zunächst missfiel, ich fand sie holzschnittartig und glaubte nicht, dass sie zu einem fruchtbaren Gespräch führen könnte. Doch bald stellte ich überrascht fest, dass sich in meinem Kopf eine lange Liste von Wünschen bildete. Allerdings waren es zu meinem Schrecken lauter unerfüllbare Wünsche. So viel Mangel, so viel Schmerz machten mich ratlos. Ich wollte die Zeit zurückdrehen, ich wollte die Zeit anhalten, ich wollte meine Mutter wiederhaben, ich wollte Miguel wiederhaben, ich wollte eine Liebe, die niemals endet, ich wollte mich für immer vereinigen, verschmelzen, und nicht unglücklich deswegen sein. Und all diese Wünsche waren von dem Gefühl begleitet, dass ich hätte mehr tun oder die Dinge anders machen müssen. Schuldgefühle quälten mich, ein Zustand, den Joan als tiefen menschlichen Wunsch interpretierte, das Unkontrollierbare zu kontrollieren. Wenn ich Schuldgefühle hatte, etwas nicht getan zu haben, das ich hätte tun sollen, folgte daraus, dass es etwas gegeben hätte, das man hätte tun können; ein tröstlicher Gedanke, der von meiner Hilflosigkeit ablenkte.

Nach dieser einen Therapiestunde brachte ich über Monate hinweg fast jedes Mal, wenn wir uns trafen, eine neue Sorge zur Sprache. Ich hatte das Gefühl, in meinem Schmerz immer planloser zu werden. All meinen Leiden lag dieselbe Angst zugrunde. Ich kann nicht allein sein. Ich werde nie wieder in der Lage sein, zu lieben. Ich will die Liebe zu meinem Exmann zurück. Vielleicht bin ich nicht verliebt, aber ich liebe ihn immer noch. Ich habe die ganze Zeit Gewissensbisse. Ich kann keinen klaren Gedanken fassen. Mein Hirn ist in der hoffnungslosen, unbesonnenen, ja zwanghaften Gewohnheit gefangen, alles schönzureden. Ich schaffe es nicht, ein Versprechen einzuhalten, geschweige denn eine Verabredung. Ich schaffe es nicht, jemanden zurückzurufen. Ich schaffe es nicht, irgendetwas Produktives zu tun, ich schaffe es nicht, den Mann, mit dem ich lebe, zu verlassen. Ich weiß, dass er der Falsche ist. Ich kann nicht schreiben. Mein Exmann hat recht. Ich werde es nie schaffen, noch ein Buch zu schreiben. Ich bin wieder schwanger.

Ich entschuldigte mich, dass ich nicht in der Lage war, bei der Sache zu bleiben.

»Aber du bist gerade dabei, mutig eine vielschichtige Trauer offenzulegen«, sagte sie. »Ich bin nur hier, um dir begreifen zu helfen, worum es jetzt geht. Dann brauchst du nur noch deinem eigenen Wunsch nach Wachstum und Veränderung zu vertrauen.«

Je mehr ich mich auf unsere Beziehung einließ, desto klarer wurde tatsächlich, worum es jetzt ging. Ich musste meine Freiheit und Verantwortung realisieren, indem ich mich der Angst zum Trotz selbst behauptete. Ich würde entweder anfangen mich zu zeigen oder weiterhin verschmelzen, entweder die Trennung vollziehen oder eingeschlossen bleiben. Ich musste mir selbst Mutter sein, oder ich würde für immer Kind bleiben.

Eigentlich hatte ich gar keine Wahl. Ich war in Therapie, weil ich nicht vor Angst sterben wollte. Ich musste lernen, mit den Toten zu leben, und dazu musste ich zuerst lernen, mit den Lebenden zu leben. Es war längst überfällig, nach Hause zu fahren.

Bei unserem letzten Termin erinnerte mich Joan an die extremen Erfahrungen, die die Illusion von Verschmelzung, nach der ich mich immer gesehnt hatte, gesprengt hatten. Sie konfrontierte mich mit der unüberbrückbaren Kluft zwischen mir und anderen. Meine Mutter, Miguel, Mercedes, mein Exmann. Mit einem anderen Menschen zu verschmelzen war nicht mehr möglich. Meine Meister waren ebenso verwundbar und endlich wie ich selbst. Nur in der Arbeit und in der Liebe konnten meine Fragen beantwortet werden und meine Suche nach einem Sinn Erfüllung finden.

Draußen starrte ich an dem Gebäude in der Innenstadt von Syracuse empor, in dem ich mich mehr als zwei Jahre lang dreimal wöchentlich mit einer etwas über sechzig Jahre alten Frau getroffen hatte, die oft genug hatte kämpfen müssen, um nicht während der Stunde vom Schlaf übermannt zu werden. Ich staunte darüber, dass ich meine Vorbehalte ihr gegenüber überwunden hatte und geblieben war. Ich war dankbar. Ihre beruhigende Stimme war zu einem Teil von mir geworden, und inzwischen beruhigte ich mit dieser Stimme mein verzweifeltes inneres Kind, vor allem, indem ich ihm sagte: »Bleib, du brauchst nicht davonzurennen, du brauchst nicht fortzulaufen oder dich zu verstecken.« Jetzt ging sie in den Ruhestand und zog mit ihrem Mann nach Florida. Ich blieb zurück, um in meinem Leben aufzuräumen.

Ich war entschlossen, Syracuse noch vor Ende des Jahres zu verlassen. Jetzt, da ich mich für ein Leben als Schriftstellerin entschieden hatte, wollte ich das Meer in der Nähe haben und Schnee, um mich nach innen wenden zu können. Vor der Küste von Maine entdeckte ich eine kleine Insel mit Granitfelsen und einem alten Haus mit Blick auf den Hafen.

Ich befand mich in einer Art moralischem Rauschzustand, war wie betäubt von der Aussicht auf meine bevorstehende Befreiung, die Befreiung von der Irene, die ich nicht mehr war. Aber ich wusste nicht, wann und wie sich diese Befreiung vollziehen würde. Als ich mir eines Tages auf dem Weg zum Auto die Gebäude ansah, fiel mir auf, dass sie mit dem Datum ihrer Entstehung versehen und bei einigen sogar ein Name in die Fassade eingraviert war. Dann wurde mir bewusst, dass ich die Leute um mich herum registrierte, Möbel, Kleider, Schmuck, Tiere, die Temperatur. Ich nahm Wände wahr und stellte fest, dass es allein in meiner Wohnung, die sehr klein war, vierzehn Stück gab. Ich erlebte eine Schärfung der Sinne, die beinahe psychotische Dimensionen annahm, Seifenhalter, Toilettendeckel, Frisierspiegel, die Ringe an den Duschvorhängen, die Art, wie Teppiche an die Wände stießen, Schlüssellöcher, alles zog meine Aufmerksamkeit auf sich. Es war, als hätte ich mein ganzes Leben lang nichts gesehen.

17. Januar 2003. Ich aß im Schriftstellerhaus Bennington mit einem Dozenten zu Abend, in dessen Workshop ich das Teilmanuskript dieses Buchs vorgestellt hatte. Er sagte mir, was er davon hielt.

»Im Grunde geht es in deiner Geschichte um das Böse.«

Laut und deutlich drang seine Stimme an mein Ohr. »Die Selbstsucht deines Exmanns ist schlimm, aber noch schlimmer ist, du hast ihn erschaffen.«

Nach diesem Treffen ging ich in das Café, das ich bislang gemieden hatte, weil ich abends lieber schrieb, anstatt Kontakte zu knüpfen und mich zu unterhalten. Außerdem war ich mit meinem Umzug nach Maine in der folgenden Woche beschäftigt und genoss insgeheim, dass ich mir zum ersten Mal in meinem Erwachsenenleben sicher war, nicht lieben oder von einem Mann geliebt werden zu müssen. Da kam er herein.

Ich saß an einem Ende einer alten Couch und beobachtete andere Workshopteilnehmer, die allein zu lateinamerikanischer Musik tanzten. Zwei Frauen bildeten ein Tanzpaar, versuchten ein paar Salsaschritte und riefen mich dann zu Hilfe. Auf dem Weg zurück zu meinem Tisch sah ich ihn hinter der Couch stehen. Ich sagte hallo, worauf er meinte:

»Sieht ziemlich traurig aus, wenn ein Mann allein tanzt.«

»Möchtest du tanzen?«, fragte ich ihn.

»Gern.«

Anfangs drehte sich unser Gespräch um seine beiden Kinder, deren Fotos er im Portemonnaie hatte, und er erzählte von Familienzusammenkünften in ihrem Haus in den Bergen von Colorado. Er hatte einen Bruder und eine Schwester, und alle drei zusammen hatten sechs Kinder. Er liebte es, sich eine Zigarre anzuzünden und zuzuschauen, wie sie heranwuchsen.

»Ich möchte Kinder«, sagte ich.

Ich wollte fortfahren, sagen, dass ich mir wünschte, in

einem kleinen Arbeitszimmer am Schreibtisch zu sitzen, an den Wänden lauter Regale mit all den Büchern, die mir am Herzen lägen, in einem kleinen Haus direkt am Wasser und auf meinem Schoß der warme Körper eines schlafenden Säuglings.

»Es muss schwierig sein, das Buch zu schreiben, an dem du arbeitest«, sagte er.

»Woher weißt du, woran ich arbeite?«

»Ich habe dich bei der Lesung gestern Abend gehört, diesen Text über die vielen Abtreibungen, die du hattest.« Seine Stimme war sanft. »Ich könnte keine Abtreibung ertragen. So wurde ich zum ersten Mal Vater. Die Qualen, die du immer wieder durchgemacht haben musst, ich kann mir das einfach nicht vorstellen.«

»Es ist schwer zu erklären. Keine Ahnung.« Es wurde eine langsame Tanzmusik gespielt. »Möchtest du noch einmal tanzen?«, fragte ich ihn.

»Klar.«

Als wir wieder im Wohnhaus waren, holte ich meinerseits Familienfotos hervor, größtenteils Bilder von Weihnachten, als ich Fonso im Resozialisierungszentrum besucht hatte. Die meisten zeigten meinen Vater und alle seine fünf Kinder in einem Winkel des kleinen Zimmers meines Bruders. Miguel fehlte. Ich erzählte Dan von Miguel. Er erzählte mir von den Menschen, die er verloren hatte. Er war zehn Jahre lang verheiratet gewesen und zog nun seine Kinder, einen sechsjährigen Jungen und ein elfjähriges Mädchen, allein auf. So verbrachten wir unsere Nacht, wir sprachen über unsere Wunden und die Verstrickungen in unserem Leben, als glaubten wir, uns gegenseitig auf der Stelle mitteilen zu müssen, in welchem Zustand sich unsere Herzen befanden.

Früh am nächsten Morgen wachte ich an seinen Körper geschmiegt auf und spürte seine breite Brust an meinem Rücken. Ich verharrte, wach, in dieser Umarmung, bis die

Dämmerung einem strahlenden sonnigen Morgen wich. An diesem Tag wartete ich nach dem Unterricht in meinem Zimmer auf seinen Anruf. Schließlich rief ich ihn an. Er lud mich ein, mit ihm sein Nachmittagsschläfchen zu halten. Was ich zunächst für einen Vorwand hielt, erwies sich als die Wahrheit. Er brauchte sein Nickerchen. Als ich von seinen Armen umschlungen neben ihm lag, spürte ich, wie er sich im Schlaf entspannte, sein regelmäßiger Atem blies warm an meine Wange. Die aggressive, drängende Leidenschaft oder Begierde, die ich bei Männern gewohnt war, fand ich bei ihm nicht. Er schien fest verankert in seinem eigenen Rhythmus, seinen Bedürfnissen, seinen Ritualen wie diesem friedlichen Schläfchen, der Erholungspause, die er seinem Körper regelmäßig gönnte und die er nicht für eine Frau, einen Fick oder irgendein flüchtiges Gefühl aufzugeben bereit war.

Ich setzte mich im Bett auf und blickte aus dem Fenster. Der Tag neigte sich, und Hasen hoppelten im Schnee von Baum zu Baum. Als ich ihn betrachtete, bemerkte ich auf seinen Zügen ein ganz besonderes Lächeln. Es schien zu sagen: »Nicht nötig, etwas zu sagen oder zu tun. Mir geht es einfach gut. Mach du deine Sachen. Es ist schön, allein zu sein.« Ich dachte an Paul Tillichs Neues Sein, daran, dass die Treue zu sich selbst das war, was ich am dringendsten brauchte. Ich konnte spüren, dass ich dem nahe war.

In sämtlichen Augenblicken meiner geistigen Befreiung, Augenblicken, die aus der Fähigkeit erwuchsen, unabhängig zu sein, wenn auch nur kurzzeitig, schlummerte im Hintergrund immer noch ein Kummer. Diese Traurigkeit, so weiß ich heute, war ein Schuldgefühl. Ich war außerstande, dauerhaft und konsequent eine Freundschaft oder eine verwandtschaftliche Beziehung zu pflegen. Die Folge davon war, dass ich viel Zeit und Energie investieren musste, mich vor den Erwartungen zu verstecken, die ich in anderen weckte. Ich war einen Tag für sie da und dann die nächsten Monate, wenn nicht Jahre, abwesend, ohne auch nur anzurufen oder zu schreiben. An einem Tag gab ich alles, am nächsten verschwand ich und mied das Telefon, niedergedrückt von den Ansprüchen, die ich ausgelöst hatte. Die Freundschaften, die ich mir ausmalte und gebar, waren Irrtümer meiner Träume. Meine Freunde waren ratlos.

Kurz vor meinem Wegzug aus Syracuse hatte Rosa, meine beste Freundin, zu mir gesagt: »Ich kann nicht jedes Mal, wenn du auftauchst, für dich da sein und so tun, als wäre alles in Ordnung, wenn du anschließend einfach wieder verschwindest und dich nicht mehr um mich kümmerst.« Damals war ihre Mutter gestorben, und ich hatte mich monatelang nicht sehen lassen.

Statt mich schuldig zu fühlen, ärgerte ich mich über sie. Das war neu. »Ich tue, was ich kann, wann immer ich kann. Ich bin unstet und unzuverlässig, aber so ist die Freundin, die du in mir hast. Es tut mir leid, dass ich dich enttäuscht und im Stich gelassen habe. Vielleicht wird sich das eines Tages ändern.«

Der Verlust dieser Freundin war der erste von vielen, die meine neue Haltung nach sich zog: »Ich bin, was ich bin, nicht mehr und nicht weniger.« Diese Haltung war geboren aus chronischer Erschöpfung durch meine verzweifelten Anstrengungen, geliebt zu werden. Die Auseinandersetzung mit Rosa war ein erster Schritt zu der Erkenntnis, wie kaputt ich war, und ich begann, die Angst vor dem Gedanken zu verlieren, was andere wohl von mir denken mochten.

Ich war nicht so liebevoll und großzügig, wie ich zu sein geglaubt hatte. Lange Zeit hatte mein egozentrisches Bedürfnis, geliebt zu werden, nicht zugelassen, dass ich die Existenz der Menschen um mich herum wirklich wahrnahm. Ihre psychischen Zustände woben sich so in meine eigenen Bedürfnisse und mein Bewusstsein ein, dass sie nur Staffage waren, Teil der Landschaft meiner vielgestaltigen und unbeherrschten Gefühle. Manche Erinnerungen an die Vergangenheit oder an Bücher, die ich schätzte, waren realer als die meisten lebenden, sprechenden Menschen, mit denen ich meine Tage verbrachte. Ich konnte sie so leicht in meinem Leben willkommen heißen und wieder wegschicken, weil sie nicht für mich existierten. Und da ich annahm, dass jeder irgendwann etwas Ähnliches erlebte, schämte ich mich nicht dafür.

Es kam eine Zeit, in der ich es aushalten konnte, nichts zu empfinden. Es war in Ordnung, wenn mein Herz manchmal leer war bis auf ein wenig Sehnsucht, es brachte das Leben nicht zum Stocken. Ich war in der Lage, mein Auto zu packen und um einer unbekannten, kalten Insel willen eine Stadt zu verlassen, in der ich fast zwanzig Jahre gelebt hatte. Ich konnte lange genug innehalten, um einen Augenblick lang alle Menschen auf diesem Erdball als denkende Wesen zu sehen, als lebendige Seelen, fähig, zu leiden und Glück zu empfinden, als Kreaturen, die krank werden und sterben konnten. Ich wurde achtsamer, kümmerte mich um andere, hielt Verabredungen ein, erwiderte Anrufe. Doch ich versprach nicht mehr, als ich halten konnte. Es besteht kein Zweifel: Unsere Fähigkeit zu lieben ist der Spiegel unserer Bedürfnisse, unserer Träume.

An dem Tag, an dem ich Syracuse verließ, schien die Sonne nicht. Es war Ende Januar, und ich fuhr zwei Tage lang durch einen Schneesturm, fest entschlossen, dorthin zu gelangen, wo das Leben vor mir lag. Ab und an traf mich die Realität meiner Krebsuntersuchung wie ein Stich, Angst überfiel mich, und mir wurde übel. Doch auch das schien mir Teil meines Weges zu sein. Ich schenkte ihm Aufmerksamkeit, wie ich dem blendenden Weiß Aufmerksamkeit schenkte, durch das ich fuhr.

Am 31. Januar wachte ich in einem neuen Zuhause auf, in einem neuen Bett, und es gehörte mir. Das Dach über meinem Kopf gehörte mir, solange ich die Miete zahlen konnte. Ich frühstückte in meiner kleinen Küche mit Blick auf den Hafen von Stonington. Hier auf dieser einsamen Insel vor der Küste von Maine war ich umringt von Memorabilien der Seefahrt. Das Haus war liebevoll gestaltet, die Vorhänge, die Möbel und Teppiche, alles war aufeinander abgestimmt und strahlte Ordnung aus. Ich hatte mich zu lange im Chaos eingerichtet.

Bei den Docks überzog der Morgennebel die Boote und das Pfahlwerk mit einer feuchten Schicht. Im verschleierten Glasrund eines Bullauges sah ich mein Gesicht. Ich fühlte mich aufgerufen, die Verantwortung für das Leben zu übernehmen, das ich war.

Am 8. Februar 2003, zwölf Tage nachdem sich unsere Wege in Bennington getrennt hatten und nur sechs Tage nach meinem Umzug nach Maine, befand ich mich in Dans kleinem Haus, das an einer Straßenkurve in einer Stadt bei Denver stand, und hörte ihm zu, wie er aus Walt Whitmans »Gesang von der Landstraße« vorlas. Wir saßen uns mit gekreuzten Beinen auf dem Bett gegenüber.

»Hör mal zu, Irene«, sagte er.

Und er las:

»Camerado, ich gebe dir die Hand!
Ich gebe dir meine Liebe, kostbarer als Geld.
Ich gebe dir mich selbst, vor Predigt und Gesetz,
Willst auch du dich mir geben? Willst du kommen
    und wandern mit mir?
Wollen wir zusammenhalten auf Lebenszeit?«
(*Grashalme*, Zürich 1985)

»Wollen wir?«, fragte er.

»Wie bitte?«

»Willst du mich heiraten?«

Ich fühlte mich, als stünde ich auf einer Klippe, und wusste nicht, ob ich dem Leben oder dem Tod ins Auge blickte. Ich war gerade erst nach Maine gezogen, bereit, ein eigenes Leben zu beginnen. Es war ein langer Weg gewesen. Hatte ich also doch solche Angst, dass mein Herz mir diesen Streich spielen musste? Oder war damit, dass ich Syracuse physisch verlassen hatte, die Schlacht schon so gut wie geschlagen, war dieser Schritt an sich schon groß genug, um diesen schrägen Ball, den das Leben mir jetzt zuwarf, aufzufangen?

Ich wagte den Sprung ins kalte Wasser. Wir heirateten am 6. März. Zu diesem Zeitpunkt waren wir fünfzehn Tage zusammen. Die folgenden zwei Monate verbrachten wir damit, unsere kirchliche Trauung in Puerto Rico zu planen. Meine beiden Onkel würden die Zeremonie in der Episkopalkirche abhalten, der mein Onkel Miguel vorstand. Meine achtzehn Vettern und Cousinen sollten Trauzeugen sein. Zum ersten Mal seit dem Tod meiner Mutter fünfundzwanzig Jahre zuvor würde ich meine ganze Familie, die Vilars und die Lebróns, versammelt sehen.

Als ich am 15. Mai 2003 in Puerto Rico eintraf, befand ich mich in einem Zustand der Euphorie und der beinahe schmerzhaften Erwartung der Wiederzusammenführung und Versöhnung meiner Familie, die meine Hochzeit mit sich bringen würde. Eines Nachts hatte ich einen Traum, aus dem ich mit dem Gefühl aufwachte, mir selbst fremd zu sein. In dem Traum war ich schwanger, und in mir waren das Baby und ich selbst, ein anderes Ich. Wir waren warm. Aber der Körper meiner Mutter, der zugleich mein eigener war, erkaltete langsam. Ich wollte hinaus. Die Hände, die an mir zogen, waren meine eigenen.

Danach war ich ängstlich und unruhig. Ich konnte kaum noch klar denken. Aber ich sagte mir, dass ich einfach erschöpft sei. Ich besuchte meine Großmutter Lolita, mit der ich seit 1994 nicht mehr gesprochen hatte. Damals hatte ich sie angerufen, um mit ihr über mein Manuskript zu sprechen. Meine Briefe waren unbeantwortet geblieben. Das Buch wurde nicht das politische Manifest, das sie sich vorgestellt hatte, und auch nicht die Biographie Lolita Lebróns à la Evita, die ich einmal hatte schreiben wollen. Immer wieder stahl sich das Leben meiner Mutter in den Text und mein eigenes ebenfalls. Ich wollte unbedingt, dass sie das Buch las und mir sagte, was sie davon hielt.

Ich rief sie an. »Wie geht es dir, Lolita?«, fragte ich unbeholfen.

Schweigen.

»Hast du meine Briefe bekommen?«

»Warum rufst du hier an?« Ihre Stimme machte mir Angst.

»Aber Lolita, ich bin doch deine Enkelin, deine Familie.«

Am anderen Ende der Leitung brach lautes, prustendes Gelächter aus.

»Jetzt hör mir mal genau zu, meine Familie ist die Nation Puerto Rico, der ich mein Leben geschenkt habe, und jeder, hör mir gut zu, jeder, der für diese Nation eine Gefahr ist, ist ein Feind. Ich habe für diese Nation gekämpft, im Namen aller in diesem Kampf Gefallenen. Deine Mutter ist auch gefallen. Du beschmutzt ihr Andenken.«

»Bin ich dein Feind?«

»Dieses Buch, in dem du schreibst, Tacita sei nicht bei einem Autounfall ums Leben gekommen, sondern habe sich umgebracht, dieses Buch ist eine Farce, und die nationalistische Bewegung wird das nicht zulassen. Wenn du das Buch veröffentlichst, wird dir die Bewegung das nicht verzeihen.«

»Und du, Lolita?«

»Ich bin die Bewegung.«

Ich wollte diese körperlose Stimme nicht mehr hören und legte auf. Großmutter Lolita, die ich als die einzige Brücke zu meiner Mutter betrachtet hatte, erwies sich bloß als eine weitere Projektion meiner erbärmlichen Bedürftigkeit.

Das Bild der über den Toten aufragenden Heldin, das genährt wurde von den Tausenden Opfern der Sache, für die sie gelebt hatte, war für mich erschreckend und fremd. Mich selbst sah ich nur als eine Frau, die sich an den bedauernswerten Leichnam ihrer Mutter klammerte, das einzige Opfer ihres persönlichen Kampfes. In jenem anderen, absurden Kampf um die Toten hatte dieser Leichnam gegen die vielen von Lolita nicht die geringste Chance.

Als ich bei ihr eintraf, umarmte sie mich nur zaghaft, und ich hörte sie sagen, solange mein unseliges Buch nicht erwähnt werde, sei alles in Ordnung. Sie wisse es zu schätzen, dass ich einen Versöhnungsbrief geschrieben und sie um die Ehre gebeten habe, bei meiner Hochzeit den Toast auszubringen. Sie werde es tun. Beim Abschied empfand ich Dankbarkeit und fühlte mich gleichzeitig gedemütigt.

»Ihr alle, die ihr hier versammelt seid, wisst um die Opfer, die der Kampf um die Befreiung einer Nation mit sich bringt«, sagte Lolita. »Freunde und Angehörige«, fuhr sie fort und schaute dabei zu meinem Tisch, »vor allem die nahen Verwandten der Revolutionäre, nehmen großes Leid auf sich.«

Dan, der neben mir saß, drückte meine Hand fester.

»Meine Familie hat einen hohen Preis bezahlt. Mein Sohn starb. Meine Tochter starb. Meine Enkelin Irene verlor ihre Mutter. Irene hatte ein schweres Leben, sie musste viel leiden. Ich wünschte, es hätte anders sein können.«

Das Sektglas in Lolitas Hand zitterte deutlich sichtbar. Ständig schob sie Strähnen ihres vollen, kinnlangen Haares zurück, das einen leuchtenden weißen Rahmen um ihr zartes Gesicht bildete. Das Zittern wurde immer schlimmer. Sie war jetzt fünfundachtzig, und der vor kurzem diagnostizierte Brustkrebs und die ersten Symptome einer Parkinson-Erkrankung machten ihr schwer zu schaffen. Auch ihre Überzeugungen ließen nach. Nie zuvor hatte sie anerkannt, welche Belastung es für ihre Angehörigen bedeutete, dass sie öffentlich zu einer Art lebendem Mythos stilisiert wurde.

»Jetzt aber fordere ich euch, die ihr hier bei diesem glücklichsten aller Anlässe versammelt seid, auf, erhebt euch und stoßt auf die Zukunft meiner Enkelin an.« Als sie ihr Glas hoch über ihren Kopf hob, schwappte etwas von dem Sekt auf ihr Haar und das Rednerpodest.

»Ja, lasst uns feiern, erheben wir unser Glas, weil Irene heute endlich ihre Tränen getrocknet hat!«

Lolita streckte ihre zitternde Hand in meine Richtung, aber ich weinte und wollte nur, dass sie aufhörte zu sprechen.

An das, was sie dann sagte, kann ich mich kaum noch erinnern, jedenfalls redete sie noch eine Weile. Dan fragte mich, ob alles in Ordnung sei, und Dorothy, seine Mutter, kam zu uns und setzte sich neben mich. Ich schluchzte an ihrer Schulter. Als mich Dan am Ende der Rede bei der Hand nahm, mit mir zu Lolita ging und wir anstießen, rann ihr beim Trinken aus der Sektflöte der Großteil an den Mundwinkeln hinunter auf ihr Kleid. Am liebsten wäre ich weggelaufen.

Etwas Ähnliches hatte ich bei der Beerdigung meiner Mutter empfunden, als die Frau mit dem um die Hand geschlungenen Rosenkranz die Menge fuchtelnd und mit helllauter Stimme aufforderte, keine Träne zu vergießen. Von meiner hohen Warte in den Armen meines Vaters aus konnte ich sehen, dass die Menge bis zum Zaun des Friedhofs und darüber hinaus reichte. Sie drängelten so, dass es für uns, die wir am Rand des ausgehobenen Grabes standen, gefährlich wurde. Doch dann begann die Frau mit dem Rosenkranz, die mir wenige Stunden zuvor als meine Großmutter vorgestellt worden war, über meine Mutter zu sprechen. Niemand solle weinen, wiederholte die Stimme dieser Frau immerzu, weil Gladys Myrna, wie alle Helden des Vaterlands, nicht tot sei. Ich wurde unruhig, und mein Vater setzte mich ab. Ich wollte weglaufen, aber ich saß in der Falle. Über mir klatschte die ganze Welt einer sengenden Sonne Beifall.

Kurz nach der Hochzeitsansprache ergriff mich eine mit Angst gemischte Trauer. Es begann, als von mir ein Foto mit Claudia im Arm gemacht wurde, der zweijährigen Tochter meiner Cousine. Wir blickten direkt in das lange Objektiv, während meine Cousine dem Fotografen Anweisungen gab. In diesem Moment zog vor meinem geistigen Auge eine andere Aufnahme vorbei und weckte Erinnerungen an die Hochzeit meines Bruders, bei der ich meine Mutter zum letzten Mal sah. Auf jenem Foto hält meine Mutter Claudias Mutter im Arm. Die Wangen aneinandergedrückt, blicken sie in die Kamera und lächeln. Mein Herz pochte. In den Sekunden vor dem Blitz schrumpfte mein reales Leben auf meine verwüstete Gebärmutter zusammen. Ich würde niemals ein Kind bekommen. Ich konnte nicht rückgängig machen, was ich getan hatte. Und ebenso wenig Lolita … weder sie noch ich konnten, auch wenn ihr Trinkspruch anderes vorspiegelte, das Geschehene ungeschehen machen.

Mit acht Jahren ging ich drei Kilometer zum Friedhof, um meine Mutter zu begraben, und machte unterwegs Scherze, um die vielen weinenden Tanten aufzuheitern. Später schrieb ich in den sieben Schulen, die ich in sieben Jahren besuchte, beste Zensuren und ging mit fünfzehn aufs College. Kurz darauf zog ich zu einem Mann, der vierunddreißig Jahre älter war als ich, und blieb zehn Jahre bei ihm. Immer malte ich mir aus, etwas Bestimmtes zu sein: Präsidentin, Heilige, Mutter, Seglerin, Schriftstellerin, Verlegerin, wieder Mutter. Als Mutter sah ich mich sehr oft vor mir.

Was ich mir niemals vorgestellt hatte, war, mit vierunddreißig neben meinem Mann in einem Flugzeug zu sitzen, das uns in die überfälligen Flitterwochen nach Europa brachte, und mich zu fragen, wie ich dem Kind in meinem Bauch je eine Mutter sein sollte. Ich hätte die glücklichste Frau unter der Sonne sein müssen. Ich war schwanger, und das Ergebnis der Nachuntersuchung des Gebärmutterhalses war negativ gewesen. Nicht, dass ich deprimiert gewesen wäre, das Gefühl kannte ich nur allzu gut. Aber eine alles durchdringende Traurigkeit hatte sich in mir eingenistet, das Gefühl, dass mit meinem Leben etwas nicht stimmte. Begonnen hatte es auf meiner Heimreise zur Hochzeit, und als ich von meiner Schwangerschaft erfuhr, war es stärker geworden.

Sechs Monate lang hatte ich unser Badezimmer in ein Fruchtbarkeitslabor verwandelt, in dem sich Tests zur Vorhersage des Eisprungs, alle möglichen Thermometer, Bücher zum Thema Empfängnis sowie Zyklustabellen getürmt hatten. Als im August meine seit einer Woche überfällige Regel eingetreten war, hatte ich verzweifelt auf der Toilette gesessen. Ich würde niemals ein Kind bekommen können. Ich wusste es, mit der gleichen vernichtenden Klarheit, mit der ich wusste, dass mein Gebärmutterhals schon fünfzehn Abtreibungen hinter sich hatte. Schwanger wurde ich in dem Monat, in dem ich alle Hoffnung auf ein Kind aufgegeben hatte.

Irgendwann im Dezember erfuhr ich, dass ich mit einem Mädchen schwanger war. Das Bild auf dem Bildschirm war sehr klar. Der Arzt zeichnete die Kurven seiner Wirbelsäule und eines Körperteils nach, der, wie er mir erklärte, ein Bein war. Er wies auch auf die deutlich erkennbaren Zehen hin. Das Ultraschallbild klebte ich mir an den Badezimmerspiegel. Jedes Mal, wenn ich das Bad aufsuchte, blieb ich davor stehen und starrte den schwarzweißen Ultraschallfilm mit den drei Bildern an. Auf dem einen waren Kopf und Rumpf des Fötus um eine weit geöffnete Hand gekrümmt. Ich konnte fünf Finger zählen. Auf dem anderen war der Kopf ein wenig mir zugewandt. Das letzte zeigte einen großen Zeh in einer Babyhand.

Eines Abends, als ich nicht einschlafen konnte, kam mir die Idee, Familienfotos in ein Album zu kleben. Die Fotos hatten seit fast einem Jahr in einer Schachtel gelegen. Ich öffnete sie und fand zwischen unseren Hochzeitsbildern das Foto meiner Mutter aus der Zeit, als sie mit mir schwanger war. Ich rahmte es ein und hängte es ins Kinderzimmer. Mitten in dem leeren Raum stehend, betrachtete ich diese Frau und suchte in ihrem Gesicht nach Hinweisen auf die Mutter, die zu werden ich im Begriff war. Wir hätten eine Beziehung haben können, dachte ich. Sie könnte mich nun beruhigen, mir sagen, dass alles gutgehen werde. Ich nahm das Bild wieder von der Wand.

Ich hatte das Bedürfnis, mich zu sammeln, mein Leben zu verstehen, das weiterging, während ich immer noch abseitsstand. Ich hatte das Gefühl, jeden Tag dieselben Dinge zu tun, dieselben Gedanken zu haben, ich kochte, aß, las, und doch war ich anders. Im Supermarkt gab es andere Frauen, mit leeren Bäuchen, und es gab mich. In meiner angeheirateten Verwandtschaft in Denver gab es meine Schwägerinnen, die ihre Mütter zur Seite hatten, und es gab mich.

Ich setzte mich im Kinderzimmer auf den Boden und las in meinem eigenen Buch das Kapitel über den Tod meiner Mutter. Dann blätterte ich zurück zu den Abschnitten über die Zeiten, in denen wir zusammen waren. In einer Szene betritt sie mein Zimmer, ich liege im Bett, sie kniet sich neben mich und fragt, ob ich sie auch noch lieb haben werde, wenn sie tot sei. Auf dem Einband des Originaltaschenbuchs sitzt sie auf einem Stein am Strand und blickt zur Seite, aufs Meer hinaus. Ich sitze neben ihr. Plötzlich bestürmte mich ein Gefühl der Nähe, ineinander verwobene Gefühle und Erinnerungen. Doch kaum waren sie in mein Bewusstsein gedrungen, waren sie auch schon wieder fort, und die Frau und das Kind wurden erneut zu einem Bild auf einem Bucheinband.

Ich dämmerte in den Schlaf. Als ich schließlich hochschreckte, war ich wütend. Das war ein neues, fremdartiges Gefühl. Ich war wütend auf meine Mutter. Endlich.

In den darauffolgenden Tagen dachte ich immer wieder intensiv über sie nach. Ich begann über meine vergangenen Schwangerschaften nachzudenken. Ich begann über den stechenden Schmerz im Bauch nachzudenken, der mich überfallen hatte, als ich auf dem Ultraschall gesehen hatte, wie mein Baby sich bewegte, wie die vier Herzkammern pulsierten. Ich begann mir der Beziehung, die ich in die Wege geleitet hatte, bewusst zu werden. Ich wurde mir darüber klar, dass ich jahrelang, ohne es zu wissen, mit der Frage gerungen hatte, ob sich eine Beziehung zwischen mir selbst als Mutter und einem Fötus als Kind, zwischen mir und meinem Körper, zwischen meiner Vergangenheit und meiner Zukunft weiterentwickeln sollte oder nicht.

Beim Blick zurück sah ich weniger gedankliche Auseinandersetzung als vielmehr Achtlosigkeit, Wegblicken, ein Leben wie in Trance. Ich hatte mich verändert. Ich hörte mich jetzt besser. Fast mein ganzes Leben lang hatte ich andere weitaus klarer gehört als mich selbst. So könnte ich mein Leben zusammenfassen. Die Dinge, mit denen ich mich um der Liebe willen abgefunden hatte. Ich sagte mir, dass ich mehr Nähe zu Dans Mutter brauchte. Ich brauchte die Weisheit und die Sichtweise einer Mutter, die ihre Kinder hatte heranwachsen sehen.

In unserem neuen Zuhause in Evergreen, Colorado, stand ich am Spülstein in der Küche und wusch das Geschirr, im Hintergrund die Geräusche der Kinder meines Ehemanns; das Schweigen der zwölfjährigen Bella dröhnte in meinen Ohren, und die Sehnsucht des siebenjährigen Nathanael nach seiner leiblichen Mutter zerrte an meinem Lähmungszustand. Dass Dan sich im Raum hin und her bewegte und sich um alles kümmerte, rief mir meine Unzulänglichkeit wieder ins Gedächtnis. Das Essen, das ich zubereitete, gemahnte mich auf niederschmetternde Weise an Tausende von Mahlzeiten, die noch folgen sollten. Ich ging ins Bad und starrte in den Spiegel. Die Frau, die mir daraus entgegenblickte, sah genauso erschöpft aus wie immer. Ich wünschte mir, ich könnte mich in ein Loch verkriechen. Alles, so schien mir, war von Grauen durchdrungen, der Abend, mein schönes Zuhause in den Bergen, die Luft, die wir alle atmeten.

Ich schloss die Augen und betete um Klarheit, doch mein Gebet ging sofort in eine Flut von Erinnerungen über: Ich bin acht Jahre alt, dann zehn, zwölf, fünfzehn, achtzehn, auf einem Friedhof, in einem Klassenzimmer, auf Knien neben einem Bett in einer Klosterschule, mit der U-Bahn unterwegs in Mexiko-Stadt, auf einem Segelboot über den Golfstrom fahrend, das sehe ich ein paarmal, es geht hin und zurück, und ich bin vor St. Augustine auf Grund gelaufen, neben einer grünen Boje, die ich mit der rechten Hand berühren kann, und ich liege nackt in einer Koje in der hinteren Kabine eines Segelboots und versuche zu schreiben, wische mit meinem Slip den Schweiß von der Tastatur, bis er an die Tür klopft, um zu sagen, das Tagwerk sei getan und er habe Hunger. Ich höre ihn Jahr um Jahr klopfen, mit siebzehn, mit neunzehn, zweiundzwanzig, fünfundzwanzig und neunundzwanzig, und ich verbrenne mir die Hände beim Wechseln von Einspritzdüsen und beim Entlüften von Motoren, während das Boot krängt, bis sich die Wanten unter meiner Augenhöhe befinden, und ich bete, damals schon bete ich, ich bete, dass ich das verdammte Ding entlüftet habe, ehe er herunterkommt und mich auf Deck schickt, um das Ruder zu übernehmen.

Ich sah fünfundzwanzig Jahre in eine einzige, sich wiederholende Handlung gepackt, die eher einer Reaktion glich, das Bemühen um andere, deren Liebe ich mir verdienen musste. Ich sah mich in vielen Küchen Teller waschen, in dem krampfhaften Versuch, meiner Gastgeberin, der Mutter einer Freundin, einem Lehrer, einer Nonne, einer Freundin, einem Freund, den Freunden meines Exmannes zu gefallen, ich sah mich Betten machen, die nicht meine Betten waren, und Medizinschränke öffnen, um den Inhalt anzustarren und den Tag herbeizusehnen, an dem ich meine eigenen Sachen hatte.

Ich sah die vergangenen vier Jahre meines Daseins, in

denen ich als eine Art Halb-Single einen Teil der Zeit mit einem weiteren falschen Mann zusammengelebt hatte. Ich sah den guten Job, die Universitätsausbildung, die Reisen und die Leute und die Kraft und die Frau in mir, die endlich dabei war, ihren Weg zu finden. Ich sah die einsamen Tage, in denen ich schließlich mein Auto gepackt und die Stadt verlassen hatte, in der ich mehr als die Hälfte meines Lebens verbracht hatte, mit den beiden falschen Männern. Ich fragte mich, ob ich wohl mit diesem Mutterbild, das über Nacht in mir entstanden war, glücklich sein konnte.

Wir redeten also, Dan und ich, und er fragte, ob ich glücklich sei.

»Mir kannst du alles sagen, lass mich dir helfen.«

»Ich kann nicht Mutter werden. Ich schaffe das nicht. Ich will abtreiben.« Ich konnte nicht glauben, dass ich das gesagt hatte, aber so war es. Ich wollte das Kind abtreiben, um das ich Gott seit mehr als sieben Monaten gebetet hatte. Ich hatte das Gefühl, wahnsinnig zu werden.

Was war bloß los mit mir? Ich hatte eine Familie, die ich liebte. Ich hatte zwei Stiefkinder, die mich Mutter nannten und meinen spanischen Akzent annahmen, aus Mitgefühl für die Mutter, die ich war, und aus Sehnsucht nach der Mutter, die ich nicht war. Ich hatte einen Mann gefunden, dessen Liebe meine ganze Wirbelsäule hinaufgekrochen war und sie aufgerichtet hatte. Die Luft, die er mir einhauchte, hatte meine Sinne zum Leben erweckt. Ich sah, ich fühlte, ich schmeckte, und, wichtiger noch, ich hörte. Ich hörte so viel mehr. Und trotzdem, ich war traurig.

Er nahm mein Gesicht zwischen seine Hände. »Natürlich«, er küsste meine Stirn, »kennt dein Körper nichts anderes als deinen unfreundlichen Umgang mit dir selbst. Es muss seltsam, vielleicht sogar angsteinflößend sein, Irene, wenn du dir gegenüber jetzt achtsamer bist.« Er umarmte mich fest.

»Die Wahrheit ist, dass du eine unglaublich liebevolle Mutter sein wirst, die all ihre grenzenlose Liebe dort verströmen wird, wo sie wirklich blühen kann.«

Ich umarmte Dan ebenfalls, als ginge es um mein Leben. Er trat einen Schritt zurück und sah mir lange in die Augen, mit jenem typischen Lächeln, das mich daran erinnerte, dass man auf die unerschöpflichen Quellen des Lebens vertrauen kann.

Während wir uns in den Armen lagen, wünschte ich, unsere Liebe möge uns beide überleben.

Ungefähr zur gleichen Zeit, in der ich wegen meiner Schwangerschaft die größten Zweifel hatte, träumte ich von meinem Vater. Ich sah ein Korianderfeld vor mir, riesige Korianderhalme, und dazwischen meinen Vater, gefangen zwischen den knollenähnlichen Wurzeln der Pflanzen. Er war ganz ruhig. Es sah aus, als wäre er dort zu Hause. Ich selbst fand den Anblick der Mengen von Koriander schön. Ich befand mich irgendwo nahe am Boden und sah über mir Streifen blauen Himmels und dahinjagende Wolken. Dann geriet die linke Seite des Traumes in Brand. Das Feuer brach zwischen den Wurzeln aus und griff so schnell auf die Stängel über, dass ich kaum Zeit hatte, den überraschten Gesichtsausdruck meines Vaters wahrzunehmen, der sich mir besorgt zuwandte. Ein stechender, würziger Geruch nach frisch gewaschenem Koriander erfüllte meine Lungen und zwang mich, die Augen zu schließen.

Ich erwachte mit der erschütternden Erkenntnis, dass mein Vater allmählich alt und schwach wurde. Ich rief ihn an.

»Was gibt's, Dumbo?«, zwitscherte er ins Telefon.

»Ich habe geträumt, dass du inmitten eines Korianderfeldes gefangen warst, das in Brand geriet. Ich bin genau in dem Moment aufgewacht, als die sengenden Flammen dich erreichten. Ich hatte Angst um dich, und trotzdem hat der Koriander gut gerochen.«

»War es nicht jeden Tag nach der Schule deine Aufgabe, Koriander aus dem Garten zu holen, den deine Mutter zum Kochen brauchte?« Das hatte ich vergessen.

»Du musstest ihn zwischen dem Unkraut suchen und dann Stängel für Stängel abwaschen, für den Fall, dass Hunde daraufgepinkelt hatten. Du bist immer zu spät in die Küche zurückgekommen, sodass deine Mutter dich suchen kam. Oft erwischte sie dich dabei, wie du den Koriander an die Landkrabben verfüttert hast.«

»Du fehlst mir, Dad.«

»Du mir auch, Dumbo.«

»Wie geht es dir?«

»Was ist das denn für eine Frage? Du weißt doch, ich bin ein alter Gaul, der noch jede Menge Gras um sich hat, auf dem er rumkauen kann.« Dad wieherte wie das Tier, das er liebte. »Aber wie geht es meiner verliebten Tochter, die bald Mutter werden wird?«

»Ich habe Angst. Ich liebe Dan, und ich bin unglücklich. Ich glaube nicht, dass ich fähig bin, Mutter zu sein.« Da, nun war es heraus. Was würde er jetzt tun? Wir hatten keine Übung darin, dem anderen eine stützende Hand zu reichen.

»Ich bezweifle, dass das, was ich dir sagen werde, dir helfen wird, Dumbo, aber vielleicht ja doch, denn es hat mir einmal geholfen. Wir erwarten, dass das Leben angenehm ist, und finden all das Unangenehme darin überraschend, als hätte man uns unrecht getan, obwohl genau das Gegenteil der Fall ist. Das Leben ist eines der schwersten, Dumbo.«

»Was soll ich tun?«

»Nach dem Tod deiner Mutter habe ich sechs Wochen lang mein Bett nicht verlassen. Dein Onkel Cheo hat mich wieder zur Vernunft gebracht. Ich war siebenunddreißig Jahre alt, und er fand mich kindisch. Er hat mir gesagt, es sei an der Zeit, erwachsen zu werden. ›Wenn du so weitermachst, verpennst du dein Leben‹, rief er von der Tür aus. ›Es sei denn, du kommst da raus und kümmerst dich um deine Tochter. Sie sitzt ganz oben auf einem Baum.‹ Also stieg ich aus dem Bett, um mich um dich zu kümmern.

Verschwende nicht dein Leben an eine Seifenoper, Dumbo. Es ist gut, dass es in deinem Traum gebrannt hat. Du hast jetzt deine eigene Familie. Du richtest dir ein eigenes Zuhause ein. Vergiss die Vergangenheit, Irene, ich sage dir jetzt, es ist Zeit, erwachsen zu werden. Geh und kümmere dich um deinen Mann und iss ordentlich.«

Als ich kurz nach Neujahr aus dem Küchenfenster auf den in der Ferne liegenden Mount Evans blickte, spürte ich, wie Miguel und Fonso aus meinen Augen schauten. Wir waren daheim. Einst, vor nicht allzu langer Zeit, zeigte jeder Blick aus einem Fenster eine Welt, in der wir Fremde waren.

Am Abend fing ich nach einer achtmonatigen Pause wieder an zu schreiben. Es passierte einfach so, auf unspektakuläre, stille Weise. Ich schrieb:

»Wie kann ich all das Grauen schildern, das ich fünfzehn Mal über ein Mädchen gebracht habe? Ja, ich bin abtreibungssüchtig, und ich suche nicht nach einem Sündenbock. Das vergangene Jahrhundert sagt uns, alles sei erklärbar, alles lasse sich rechtfertigen. Alles vielleicht, bis auf die Bürde abgebrochenen Lebens, die mit mir sterben wird.«

Während ich diese Worte niederschrieb, fühlte ich mich entbunden von einem Leben, auf dem ein Fluch lag. Und jetzt endlich stellte ich mir das Gesicht meiner Tochter vor.

Meine Mutter war valiumabhängig, und mein Vater war Alkoholiker und spielsüchtig. Zwei meiner Brüder waren heroinabhängig. Aus der Perspektive meines Körpers betrachtet, war die Welt ein Schlachtfeld, auf dem Hoffnung und Hoffnungslosigkeit gepaart mit Angst gegeneinander kämpften, wie bei meinen Brüdern.

Bereits in jenem Sommer, in dem ich zwölf Jahre alt wurde und mein Vater wieder heiratete, litt ich unter Schlaflosigkeit, Kopfschmerzen, Magenproblemen, Appetitlosigkeit, Gewichtsverlust, Konzentrationsstörungen, Isolation. In der Schule war ich hervorragend und im Begriff, die nächste Klasse zu überspringen. Ich fuhr zweimal mit den Nonnen, die mich unterrichteten, nach Haiti und war fasziniert von ihrer Missionsarbeit. Ich entdeckte meine Großmutter Lolita für mich und träumte davon, auf diplomatischer Ebene dieselbe Rolle zu spielen wie sie. Ich kümmerte mich um meine neuen kleinen Schwestern Diana und Miri wie um meine eigenen Kinder.

Als ich den Mann kennenlernte, der mein Meister wurde, war ich übermäßig leistungsorientiert und begegnete den Schrecknissen meines Lebens und meinem mangelnden Selbstwertgefühl, indem ich nur auf das Tun und Lassen anderer blickte und in der Hilfe für sie aufging. Und ich war ein Opfer ihrer Wünsche. Ich wurde ihren Erwartungen gerecht, um nicht ihren Schutz und ihre Liebe zu verlieren.

Nur allzu leicht fand ich Halt in der Macht anderer. Was ihn betrifft, so war seine Macht meine Schwäche, seine Wahrheiten waren meine Lügen, und sein Mut, frei zu sein, war meine Feigheit als Frau.

Als fünfzehnjähriger College-Neuling, sieben Jahre nach dem Tod meiner Mutter, kaufte ich in der Buchhandlung der Universität von Syracuse Bücher über Adoption und fand Zuflucht in Phantasien über das Muttersein. Angesichts meiner inneren Lähmung brach sich mein Wunsch Bahn, Mutter zu sein, und verhinderte, dass ich mir meines Elends bewusst wurde. In jenen ersten Monaten auf dem College wich ich, soweit ich mich erinnere, der vor mir liegenden Leere erstmals aktiv dadurch aus, dass ich andere bemutterte, meine mütterlichen Fähigkeiten mit Energie und Tatkraft umsetzte. Für mich war das jedoch nicht nur Vermeidung, sondern auch Konfrontation, nicht nur Flucht, sondern auch Rückkehr. Es genügte, dass ich sexuell aktiv wurde und noch im selben Jahr eine Abtreibung hatte, um meinem Körper einen Vorgeschmack auf das Drama von Leben und Tod zu geben, nach dem er künftig lechzen sollte.

Meine Geschichte ist die einer Perversion nicht nur des Wunsches, Mutter zu sein, sondern auch der Abtreibung, denn ich missbrauchte das Gesetz, das sie erlaubte. Meine erste Schwangerschaft war die Folge einer Lüge. Er war schon in mir, als er fragte: »Du verhütest doch, oder?« Später nahm ich die Pille, ließ sie aber hin und wieder einen Tag, auch mal ein paar Tage und oft einen ganzen Monat lang aus und gelobte mir selbst Besserung. Da ich nicht wusste, wie sich die Pille, ob eine einzige oder eine Handvoll, auf meine Fruchtbarkeit auswirkte, wurde mein Leben zu einem Balanceakt, und die Tage, bevor meine Periode fällig war, waren von einer Art Rausch begleitet. Zu der Hälfte meiner Schwangerschaften in der Beziehung mit ihm kam es in den ersten drei Jahren. Jedes Mal, wenn ich meine Periode bekam, war ich niedergeschlagen. Jedes Mal, wenn ich schwanger war, empfand ich Erregung und Angst. Jede Schwangerschaft glich einem Spiegellabyrinth, in dem ich mich verirrte. Ich verlor jedes Gefühl für die Wirklichkeit, in der es einen Fötus gab und einen Partner mit seinen Ansprüchen und in der die Mutterschaft, die ich phantasierte, unmöglich war.

Nie sehnte ich den Augenblick herbei, in dem ich, die Beine hoch oben auf kalten Metallbügeln, die Hände auf meinen bebenden Unterleib presste und mir schwor, nie wieder. Das verschaffte mir nicht den Kick. Ohnehin erlebte ich die Bewusstseinsveränderung in immer wieder wechselnden Akten meines Dramas. Manchmal stellte sich der Rausch vor der Schwangerschaft ein, wenn ich auf eine überfällige Periode wartete und mein Körper die Aussicht genoss, die Macht zu übernehmen. Dann wieder löste die Schwangerschaft selbst den Stimmungswechsel aus, wenn ich, und sei es auch nur für ein paar Monate, die Macht in mir trug. Und manchmal trat er ein, wenn ich die Abtreibungsklinik verließ und das Gefühl hatte, wieder einmal mit knapper Not davongekommen zu sein. Immer aber war die Zeit meines Dramas meine Zeit, niemand konnte mich stören, vor allem aber konnte ich selbst es nicht unterbrechen, um den Bedürfnissen anderer gerecht zu werden.

Gefühle der Unzulänglichkeit, Hilflosigkeit und Orientierungslosigkeit verblassten angesichts der Möglichkeiten meines empfängnisfähigen Körpers. Eine gewisse Spannung, ein an Ekstase grenzendes Hochgefühl waren mit meinem Wunsch, Mutter zu sein, verbunden. Dieses sehnliche Verlangen gab dem konturlosen Morast der Ereignisse, die mein Leben ausmachten, eine Struktur. Ich ging zu Marshalls und ließ Babykleidung zurücklegen. Ich begann, Tagebuch zu führen. Ich sah mich in Tagträumen ein kleines Mädchen in den Armen halten und ihm das Alphabet beibringen. Ich lag mit einem Lächeln in der Badewanne, weil ich ein Geheimnis hatte.

Während mein Körper alles andere hinausdrängte, baute sich allmählich eine Spannung auf, die mit den körperlichen Veränderungen immer heftiger wurde. Ich wechselte ständig zwischen Leugnung und Hingabe an meinen Zustand. Manchmal vergaß ich, dass ich schwanger war. Dann wieder konnte ich an nichts anderes denken. Irgendwann hörte ich auf zu essen. Wenn ich dann schließlich in einer Abtreibungsklinik lag und auf den Eingriff wartete, empfand ich nur Abscheu und Scham. Beim Verlassen der Klinik erfüllte mich Erleichterung über die Atempause, gemischt mit dem Gefühl, kapituliert zu haben. Und danach sagte ich mir: »Das muss aufhören.«

Es war ein stürmisches, hochemotionales Drama, das verhinderte, dass ich mich einsam fühlte. Irgendwann kam der Zeitpunkt, da allein die Tatsache, nicht schwanger zu sein, den Wunsch in mir hervorrief, schwanger zu werden. Die Phantasien hörten allmählich auf. Bald ging es nicht mehr um die Macht, nach der ich mich zuvor so heftig gesehnt hatte. Schwanger zu werden wurde einfach zur Gewohnheit. Wenn ich nicht schwanger war, stimmte etwas nicht, und zwar mehr, als ohnehin schon nicht stimmte. Ich glaube, diese Gewohnheit etablierte sich mit Abtreibung Nummer neun und Schwangerschaft Nummer zehn, kurz nach meiner Rückkehr von Miguels Beerdigung. Damals wollte ich weder von meinem Mann noch von Schwangerschaft etwas wissen und mich auch nicht mit mir selbst beschäftigen. Ich nahm eine Überdosis und wachte in einem Krankenhaus auf. Wieder einmal musste ich mich selbst verletzen, um mir den Kick zu holen.

Bei dem Gedanken an meine Mutter und die puerto-ricanischen Frauen denke ich unwillkürlich auch an »Entscheidungsfreiheit«. Beim Reden darüber wird meist der freie Wille auf der Grundlage persönlicher Freiheit beschworen, und damit tritt die Dynamik zwischen sozialen Bedingungen und menschlichem Handeln in den Hintergrund. Die Entscheidungsfreiheit findet innerhalb des Rahmens großer institutioneller Strukturen und ideologischer Botschaften statt. Für die in Puerto Rico weitverbreitete Armut wird seit jeher das Bevölkerungswachstum verantwortlich gemacht, während andere Ursachen wie etwa die Ausbeutung durch die USA ignoriert oder verschleiert werden. Oscar Lewis vertritt in seinem mit dem National Book Award für Sachliteratur ausgezeichneten Buch *La Vida* dieselbe Ansicht wie amerikanische Sozialwissenschaftler, wenn er Fruchtbarkeit und Reproduktion zur Ursache des »puerto-ricanischen Problems« macht. Die puerto-ricanische Mutter wird entweder als Opfer ihres machohaften Ehemanns und zahlloser Kinder gesehen, das sich danach sehnt, aus der eigenen Unwissenheit befreit zu werden, oder aber als unerbittliche Gebärmaschine, die zum Stillstand gebracht werden muss.

In den Jahren 1955 bis 1969, als meine Mutter im gebärfähigen Alter war, war Puerto Rico ein menschliches Laboratorium für die Entwicklung von Verhütungsmitteln und die Politik der Geburtenkontrolle. Die US-Regierung ließ Antibabypillen, die zwanzig Mal stärker waren als die heute üblichen und gefährliche körperliche Nebenwirkungen mit sich brachten, unter anderem auch Unfruchtbarkeit, an Frauen testen und gleichzeitig die langfristigen Folgen sekundärer Syphilis bei einer Gruppe von Afroamerikanern in Tuskegee untersuchen, ohne die Erkrankten zu behandeln. 1968 war bei Frauen in Puerto Rico die Wahrscheinlichkeit, sterilisiert zu werden, zehn Mal höher als in den Vereinigten Staaten. 1974 waren siebenunddreißig Prozent der puerto-ricanischen Frauen im gebärfähigen Alter sterilisiert. In meiner kleinen Stadt Barceloneta wurden zwischen 1955 und

1975 fünfundzwanzigtausend Frauen sterilisiert. 1980 hatte Puerto Rico weltweit die höchste Sterilisierungsrate.

Meine Mutter war sechzehn, als sie im Januar 1956 Fonso zur Welt brachte. Im April wurde sie mit Cheo schwanger und gebar im Oktober ein sechs Monate altes Frühchen. Kurz darauf begann sie mit der Einnahme von Enovid, der ersten, umstrittenen Antibabypille mit zehn Milligramm Wirkstoff. Im September 1961, nach der Geburt meines Bruders Miguel, drohte ihr das Krankenhauspersonal, sie nicht zu versorgen, wenn sie sich nicht einer Eileiterligatur unterzöge. Acht Jahre später gingen die Eileiter wieder auf, und sie wurde mit mir schwanger. Als 1974 bei einem Abstrich ein gutartiges, aber krankhaftes Zellwachstum festgestellt wurde, empfahl der Arzt die operative Entfernung der Gebärmutter. Meine Mutter wurde ohne Fortpflanzungsorgan und ohne Hormontabletten nach Hause geschickt. Zu diesem Zeitpunkt war sie dreiunddreißig Jahre alt.

Die meisten bewussten Erinnerungen an meine Mutter habe ich an die Zeit nach dieser Hysterektomie. Depressionen und Stimmungsschwankungen fesselten sie an ihren Sessel oder trieben sie mitten in der Nacht aus dem Haus. Ihr von Thrombosen heimgesuchter, von Migräne gepeinigter Körper krümmte sich im Bett zusammen. Fragen ihrer Tochter wurden mit Reizbarkeit bestraft. Vor dem Spiegel schämte sie sich ihres aufgeschwemmten Körpers, des Fettansatzes an Hüften und Schenkeln.

Was die Tatsache, dass sie in armen Verhältnissen und wie eine Waise aufgewachsen, Tochter einer in einem amerikanischen Gefängnis sitzenden Rebellin und zweiunddreißig Jahre lang mit einem Mann verheiratet war, der ihre Vorzüge nicht zu schätzen wusste, was all diese Dinge nicht vermochten, gelang mit dem amerikanischen Programm der Massensterilisierung und den rassistischen Ideologien der Geburtenkontrolle. Meine Mutter verordnete sich selbst Valium, lebte, ausgeplündert, eine wilde, wenn auch hohle Sexualität und verfiel vor meinen Augen.

Der Lösung, die meine Großmutter und meine Mutter für ihre Ohnmacht fanden, wohnte ein trotziger Romantizismus inne, der sich mit dem von Marx stammenden Satz »Ich bin nichts, und ich müsste alles sein« umschreiben lässt. Jede strebte auf ihre Weise nach einer höheren Wirklichkeit, um sich ein Selbstwertgefühl zu verschaffen. Ich hingegen suchte Rückhalt in einem Dasein als Mutter. Schließlich war ich in einer Familie aufgewachsen, die von der romantischen Schilderung Albizu Campos' geprägt war: »Die Yankee-Invasoren haben ihre Schamlosigkeit bis zum Äußersten getrieben und versucht die Mutterschaft der Puerto Ricanerin zu entweihen; sie haben versucht, ins Innerste des Nationalbewusstseins einzudringen.«

Früher glaubte ich stets, ein glückliches Kind gewesen zu sein, das nur das Pech hatte, seine Mutter sterben zu sehen. Die wiederholten Abtreibungen sah ich als Symptome von Leichtsinn und mangelnder Selbstwertschätzung, gelegentlich in Verbindung mit depressiven Zuständen. Ebenso wie beim Selbstmord meiner Mutter war ich zu keinen Gefühlen fähig. Erst als ich mir erschüttert eingestand: »Ich bin abtreibungssüchtig«, blieb mir nichts anderes übrig, als anzuerkennen, dass ich traumatisiert war. Traumaerfahrungen sind den Machtlosen vorbehalten. Sie führen uns vor Augen, dass wir nicht in der Lage sind, die Richtung unseres Lebens zu bestimmen. Unvermitteltes, unkontrollierbares Verhalten ist ein wichtiges Indiz für posttraumatischen Stress.

Als meine Mutter die Beifahrertür des kleinen Mazda öffnete, mit dem mein Vater uns von der Hochzeit meines Bruders Cheo nach Hause fuhr, rief ich: »Mami!«, und ich weiß noch, wie mir ihre Schulter mit einem harten Ruck entglitt, als ich die Hand nach ihr ausstreckte. Aber das

Gefühl der Verlassenheit war schon weit vor ihrem Tod da. Ich erinnere mich noch bruchstückhaft an einsames Warten auf öden Parkplätzen, an Stränden, in stinkenden Motelfluren, in meinem eigenen Zimmer. Ich wartete darauf, dass meine Mutter zurückkehrte.

Ich hatte keinen Einfluss auf die Entscheidung meiner Mutter, mich zu verlassen. Wohl aber besaß ich Macht über meinen Körper. Ich konnte dafür sorgen, dass ich schwanger wurde, und ich konnte abtreiben. Niemand anderes hatte Einfluss auf mein Schicksal, wenn ich ein so seltsames Eigentumsrecht geltend machte. Wiederholte Abtreibungen »erinnerten« an die Erfahrung von Tod und Verlassensein. Meine Mutter zog den Tod mir vor, und ich erzählte diese Geschichte fünfzehn schreckliche Male.

Was hätte ich tun sollen? Schließlich war meine Mutter eine düstere Persönlichkeit, die aus dem Auto in den Tod gesprungen war. Ihre Mutter wiederum war ausgesprochen romantisch, sie hatte den US-Kongress mit einer Waffe in der Tasche betreten und um sich geschossen. Aus irgendeinem Grund war ich frei von derartigem Ehrgeiz. Ich wählte ein intimeres Theater für mein Drama. Meine Großmutter brach in eine Megalomanie aus, die alle Grenzen sprengte. Meine Mutter suhlte sich in Fluch und Selbstbestrafung wie die wertlose Sünderin aus der Bibel. In meinem Drama stand die Sehnsucht, beschützt zu werden, im Mittelpunkt. Dass meine Eltern dazu nicht in der Lage waren, ist eine Folge des Melodrams, das die Geschlechter in unserer Kultur aufführen. Diese rund um die Uhr laufende Seifenoper macht an sich schon süchtig, und so hatten sie, gezwungen, Tag für Tag mitzuspielen, wenig Zeit für ihren Nachwuchs übrig. In ihrer Seifenoper war mein Vater ein Meister der doppeldeutigen Botschaften. Er schätzte seine Frauen, während er sie gleichzeitig abwertete. Beide Frauen waren süchtig. Meine Mutter nahm Valium, meine Stiefmutter inhalierte Insektenspray. Die Botschaft meines Vaters war: Ich liebe euch, und zu eurem eigenen Besten muss ich euch verlassen. In seinen beiden Ehen stand mein Vater gut da, während die Frauen unbeherrscht schienen.

Selbstschädigung, die Unfähigkeit, sich selbst zu schützen, ist eine verbreitete Folge des Verlassenwerdens. Es gibt ebenso viele Theorien für die Selbstverletzung, wie es Trauma-Überlebende gibt. Man erklärt sie mit der Flucht vor dem Gefühl der Leere, Spannungsabbau, mit dem Wunsch, das eigene Leiden zu demonstrieren, den eigenen Körper zu bestrafen, um damit die Verantwortung für den »Missbrauch« auszudrücken. Sie gilt als Instrument, das Gefühle von Kontrolle und Macht vermittelt. Mein Wiederholungszwang beruhte auf impulsiven Handlungen, die mich davor bewahren sollten, Einsamkeit und Schlechtigkeit zu erfahren. Die Abspaltung schuf Raum für magisches Denken, für das Gefühl, meine Ohnmacht, meine Hoffnungslosigkeit und meine antrainierte Hilflosigkeit überwinden zu können. Aus meiner heutigen Sicht sah mein Drama so aus: Nach und nach baut sich Spannung auf (Schwangerschaft), es folgt das schmerzliche, die Spannung entladende Ereignis (Abtreibung), dann die Ruhe der Atempause. Die Erregung vor der Gewaltanwendung und der Friede der Kapitulation danach verstärken die traumatische Verbindung zwischen Opfer und Täter.

Die Rolle, die ich übernahm, als ich meinen fünfzehn Jahre alten sterbenden Hund Oliveira versorgte, war entscheidend für das Durchbrechen des Teufelskreises. Oliveira war machtlos, mein kindliches Selbst und mein imaginäres Baby, dem ich kein Leben schenken konnte. Meine Mutter, mein erwachsenes Selbst, vernachlässigte ihn. Als ich ihn halb tot in dem Zwinger vorfand, war ich die Täterin, die vernachlässigende Mutter. Die tiefe Wut, die ich angesichts von

Vernachlässigung, Tod und Hilflosigkeit empfand, brach sich Bahn, und ich erreichte den Tiefpunkt. Völlige Entgleisung. Die Abspaltung, in der ich gelebt hatte, trat zutage, die Tatsache, dass ich die Vernachlässigung durch meine Mutter und die Selbstschädigung als Teil meines Selbst internalisiert hatte. Und damit war der anhaltende Einfluss meiner alten traumatischen Erfahrung auf mein gegenwärtiges Leben erschüttert und bekam einen neuen Stellenwert.

Man hat mich eine Überlebende genannt, aber das war ich nicht. Ich war ein verblendetes Wesen, dessen Belebung erst noch bevorstand. Überleben ist etwas, das bewusst geschieht, es ist die Entdeckung des eigenen Selbst als einer unzerstörbaren Einheit. Ich wurde erst zur Überlebenden, als ich meine Angst überwand, die Mutter des Kindes in meinem Bauch zu sein. Zur Mitte meiner sechzehnten Schwangerschaft schloss ich Frieden mit meinem Wunsch, Mutter zu sein, und verliebte mich in meine Situation und die Zukunft, die in mir heranreifte. So war es meine Tochter Loretta Mae, die nach beschämenden fünfunddreißig Jahren mein Leben endlich vollständig machte.

An einer Seite meines Badezimmerspiegels hängen mehrere Bilder von ihr. Auf einem liegt sie, erst ein paar Minuten alt, in einem Brutkasten, auf die Seite gedreht, das Gesicht zur Kamera gewandt, die Augen weit geöffnet, die linke Hand ruht auf der Wange. Auf dem zweiten sitzt sie, von mir unterstützt, an einem Picknicktisch und blickt hinaus aufs Meer. Auf dem dritten schlafen sie und ich, ihr kleiner drei Monate alter Kopf in meine Armbeuge geschmiegt. Trotz all der Veränderungen, die diese Fotos festhalten, bleibt meine Tochter dasselbe kleine Mädchen.

Auf der anderen Seite des Badezimmerspiegels hängt ein Bild von Loretta, das am 22. Dezember 2003, achtzehn Wochen vor ihrer Geburt, aufgenommen wurde. Auf den

Ultraschallaufnahmen ist deutlich ein winzig kleiner, nach hinten gebogener Kopf, ein erhobener Arm und die zum Gesicht zeigende Hand zu erkennen. Es wäre möglich und erlaubt gewesen, ihrem Leben an diesem Punkt ein Ende zu setzen.

Epilog

MONTAG, 1. MÄRZ. Ich liege in der Hängematte, die Dan zwischen zwei Gelbkiefern im Garten hinter dem Haus für mich aufgehängt hat. Es ist ein ungewöhnlich warmer Märztag. Die Dämmerung senkt sich herab, und es hat den Anschein, als legte sie sich nicht über die Dinge, sondern als träte sie aus ihnen heraus. Mir gefällt es besser, wie es in Puerto Rico Abend wird, plötzlich und schnell, als ob auf der Bühne der Vorhang fällt.

Aber gleichzeitig fühle ich mich in meiner Hängematte von einer diskreten Ruhe, einer friedlichen Stimmung umgeben. Ich überlege, ob es daran liegt, dass die Natur, und insbesondere diese fremdländische Natur, mich nicht kennt. Mit diesen Teilen meines Lebens in Amerika bin ich inzwischen in einer Weise eng vertraut, wie ich es in Puerto Rico nie war und nie sein werde. Der Mount Evans zum Beispiel ist mein Berg geworden. Er ist brausende Steppe für mich, Schnee, Wildgänse, die seine Felsen durchstreifen, die tausendjährigen Grannenkiefern, die namenlose, uralte Erde, der gesichtslose, sphinxähnliche Gletscher. All das, in dem unaufhörlichen Wind in mehr als viertausend Meter über dem Meeresspiegel, ist Inbegriff ihrer Missachtung meiner Person, und seine Präsenz – hoch ragt er über unserem Zuhause auf – beruhigt und beschwichtigt mich, vielleicht, weil seine Stimme nicht menschlich ist. Atempausen habe ich in diesem Land fast ausschließlich in der Natur erlebt. In diesen Augenblicken habe ich alle Fehler und Sehnsüchte meines Lebens vergessen. Ich empfand ein zärtliches Mitgefühl mit mir selbst und allem anderen.

Es geschah in meiner Internatszeit, als ich, zehn Jahre alt, in einem Wald in New Hampshire Ahornbäume anzapfte, und ebenso, als ich, als Teenagerin, in verschwiegenen Seen der Adirondack Mountains im Norden des Staates New York schwamm, und etliche Male in dem Sommer, als ich neunzehn wurde, bei meinem ersten Segeltörn auf dem Intracostal Waterway. Als wir in Cape May einliefen, flog ein Gänseschwarm so tief über das Boot, dass mich ein Flügel am Mund streifte. Ich höre noch immer das Geschrei dieser Gänse, als sich der Schwarm aufteilte, um dem Segel auszuweichen, und sich in der Ferne neu formierte. In Beaufort, North Carolina, rannten wilde Ponys, die Hälse nach dem Boot gereckt, steuerbords den Strand entlang, und ihre Hufe ließen das Wasser hochspritzen. In St. Augustine schlugen zwei Sehkühe Rückwärtssalto um die Ankerleine, hin und wieder hielten sie inne, um mich singend um ein weiteres Salatblatt zu bitten. In Fort Lauderdale folgte mir eines Mitternachts beim Segeln eine totale Mondfinsternis in den Hafen. Der Motor hatte bereits mehrere Seemeilen vor dem Ufer aufgegeben, und ein im Verschwinden begriffener Mond wies mir den Weg, um sich, eine Minute nachdem ich Anker geworfen hatte, vollends zurückzuziehen.

Mich Auge in Auge mit der Natur zu befinden, habe ich immer als befreiend erlebt. Bei jeder dieser Begegnungen, angefangen mit meinem »pastoralen« Leben an der Boynton-Schule, fühlte ich mich berührt von einer Entschlossenheit, an der ich gern teilhatte und die meinen Problemen diametral entgegenstand. Ich frage mich, was und wie sich das verändern wird, wenn ich meine Tochter zur Welt gebracht habe und mein Blick dem ihren begegnet.

Im Augenblick empfinde ich meine Schwangerschaft

ähnlich wie solche Naturbegegnungen. Heute Morgen hat sich mein Bauchnabel nach außen gestülpt, und ich habe zum ersten Mal eine dunkle Linie darunter bemerkt, die sich bis zu meinen Schamhaaren zieht und dort verschwindet. Ich stehe am Beginn des siebten Monats, und meine Interessen sind jetzt weniger breit gefächert und eher nach innen gewandt. Das Einzige, was mich wirklich beschäftigt, ist das kleine weibliche Wesen, das bald zur Welt kommen wird. Ich nehme an, dieses kleine Mädchen wird im tiefstmöglichen Sinne mir gehören, und ich ihr. Ich ertappe mich bei der Frage, was sie wohl schon über mich weiß.

FREITAG, 26. MÄRZ. Heute habe ich an der State University of New York eine Vorlesung über das Schreiben von Erinnerungen gehalten und über Abtreibung gesprochen. Wegen meines dicken, runden Bauchs war der Abstand zum Mikrophon groß. Ich dachte, ich würde es nicht schaffen. Auf dem Weg zum Podium sagte ich mir immer wieder: Sie werden es nicht verstehen. Man wird dich verachten. Ich hatte damit begonnen, eine Denkschrift über Abtreibung zu verfassen, um mir über meine ureigenen Entscheidungen, meine einzelnen Selbste und den Lebensweg, den sie bestimmt hatten, klarzuwerden. Inzwischen hatte ich den Eindruck, meine Erfahrungen unterschieden sich grundlegend von denen anderer Menschen. Doch als ich den Hörsaal verließ, kam ein älterer Mann, um die sechzig, auf mich zu. Nachdem er sich als College-Professor vorgestellt hatte, erklärte er, er glaube an Bergsons und Thomas Davidsons Gedanken zu einer Ontologie des organismischen Selbstgefühls. Alle Lebewesen, erläuterte er mit starkem britischen Akzent, fühlten sich von Schönheit, Güte und Vollkommenheit angezogen. Kant habe diese innere Sensibilität als Gewissen erkannt, »das moralische Gesetz in mir«, zitierte er. Das Herz der Natur schlage im Rhythmus der Selbstentfaltung. Die Menschen unterschieden sich nur insofern von anderen Lebewesen, als sie als einzige Organismen dazu verdammt seien, herauszufinden, was es bedeutet, mit sich im Reinen zu sein. Also müssten wir mit einem qualvollen Triebparadox leben. Einerseits sehnten wir uns danach, mit dem Rest der Natur zu verschmelzen, in etwas Größerem aufzugehen, um nicht allein und ohnmächtig der Natur und der Unvermeidlichkeit des Todes gegenüberzustehen. Andererseits wollten wir einzigartig sein, hervorstechen, uns von allem anderen abheben. Wenn man sich das bewusstmache, stelle sich die Frage, ob ein Teenager, in dem solch ein Kampf tobe und der von dem Paradox zerrissen werde, überhaupt eine Lebenschance habe. So habe seine siebzehnjährige Tochter, die schwanger geworden sei und das Kind gewollt, dann aber abgetrieben habe, drei Tage später Selbstmord begangen. Ich hätte mir in diesem Augenblick gewünscht, ihm etwas Sinnvolles sagen zu können. Doch inzwischen ist mir klar, dass wir alle die Sehnsucht hegen, unser Schicksal zu beeinflussen, ein anderes Lebensmuster zu entwerfen, das authentischer wäre und weniger von der Angst gezeichnet.

MONTAG, 19. APRIL. Heute ist unser dritter Tag auf Isla Mujeres. Endlich beginnen Dan und ich uns in den engen Grenzen dieser strohgedeckten mexikanischen Hütte am Meer zu entspannen. Wir haben ein paar Tage gebraucht, um uns daran zu gewöhnen, dass Guano auf das Moskitonetz über unserem Bett herabregnet. Die Verwalterin hat uns erklärt, das seien bloß die Eidechsen, die im Dach der Hütte wohnten. Es gebe sie in jeder Hütte, Gott segne diese Eidechsen, sagte sie, denn sie hielten die Wanzen fern. Es erinnert mich an meine Kindheit, dieses einfache, ursprüngliche Zuhause, in dem es nicht viel gab, was das Innen von dem Außen trennte. Nachts pflegte meine Mutter eine

Schüssel voll Wasser unter jeden Bettpfosten zu stellen, damit keine Tausendfüßler und Feuerameisen hinaufkrabbelten, während ich schlief. Mein Bruder Miguel und ich wetteten gern um Süßigkeiten, wie viele Wanzen sich in der Schüssel finden lassen würden. Er gewann immer. An diesem Morgen, Dan schlief noch, fand ich auf seinem Rücken ein Eidechsenbaby. Ich betrachtete die beiden und dachte an das Leben, das wir suchten, den Grund, warum wir auf diese Insel gekommen waren. Wir wünschten uns beide ein einfacheres Leben, einen Ort, an dem wir unsere Kinder großziehen könnten, ohne dass Autobahnen und Fahrzeuge unsere Familien und unsere Gedanken durchschnitten. Natürlich ginge es auf dieser Insel nicht. Zu viele Rentner, zu wenig Kinder, außer wir zögen in die Stadt, in der der Tourismus wütet, oder in einen der Vororte, in denen einen die Armut der Dritten Welt anfällt. Wir werden uns anderswo umsehen müssen, aber inzwischen machen wir wenigstens den Urlaub, den wir vor der Geburt des Kindes dringend nötig haben.

In den ersten Tagen war ich fast niedergeschlagen, so, als hätten sich mein müder Körper und mein müder Geist meiner bemächtigt. Mehr als eine seltsame Apathie empfand ich nicht auf dieser himmlischen Insel. Aber heute beginnt sich etwas zu verändern. Ich hätte mich erinnern müssen, wie es war, am Meer zu leben, auf einer kleinen Insel fernab der Wirren von Stadt und Vororten. Die ersten Tage sind immer so, genau wie jeden Winter auf der Sarabande. Ich bin zu einem vollkommen anderen Rhythmus gezwungen und muss den Menschen, der ich bei der Ankunft bin, abschütteln, um Platz für ein langsameres, ruhigeres Selbst zu machen. Und dann, irgendwann, beginnen Herz, Seele und Geist sich zu öffnen, gerade wenn ich mich daran gewöhne, mit sehr wenig auszukommen. Weniger Kleidung, weniger Obdach, kein luftdichtes Dach wie im Norden, sondern bloß ein Strohdach mit Eidechsen. Mein Haar wird grau. Ich lasse es tun, was es will.

Heute Morgen, als Dan und seine Eidechse noch schliefen, ging ich mit dem Gefühl den Strand entlang, dass diese Schwangerschaft mir das Geschenk des Alleinseins gemacht, die Fähigkeit und das Bedürfnis gegeben hatte, allein zu sein, um wieder zu dem inneren Frieden zu finden, den ich als Kind in den Wäldern eines Internats in New Hampshire empfunden hatte, als ich eine Heilige sein wollte, und dann wieder, als ich auf einem Boot gewohnt und davon geträumt hatte, um die Welt zu segeln. Mit meiner Tochter schwanger zu sein lehrt mich, dass alles in meinem bisherigen Leben Zerstreuung gewesen ist.

SAMSTAG, 1. MAI. Heute Morgen war ich bei der Hebamme. Ich befürchtete einen Blasensprung, dann hätten die Wehen sieben Wochen zu früh eingesetzt. Sie untersuchte den PH-Wert der Flüssigkeit, die aus mir rann, und versicherte mir, es sei kein Fruchtwasser. Aber ich bin immer noch unruhig. Heute Nachmittag habe ich ein Schläfchen gehalten, und es kam noch mehr Flüssigkeit. Sie strömt aus mir heraus, wenn ich liege, und versiegt mehr oder weniger, wenn ich herumlaufe. Ich rief die Hebamme erneut an, und sie sagte mir, ich hätte die Möglichkeit, ein Krankenhaus aufzusuchen, doch dort würden sie einfach auf Nummer sicher gehen und mir eine hohe Dosis Antibiotika verpassen. Wollte ich zu Hause gebären, so müsse ich ihren Rat befolgen. Trotzdem sagt mir mein Bauchgefühl, dass dieses Baby zu früh zur Welt kommen wird. Es spielt für mich keine Rolle, dass sie sagt, es liege keine Verstreichung des Gebärmutterhalses vor. Ich kann nicht mehr schlafen, weil ich daran denken muss, dass all die Abtreibungen vielleicht das Leben meiner Tochter gefährden.

Als meine Hebamme mich zu Anfang der Schwangerschaft zum ersten Mal sah, befürchtete ich, sie würde nach vergangenen Schwangerschaften fragen. Als sie es tat, wirkte sie nicht überrascht. Sie blickte von ihrem Notizbuch auf und sagte mir, es sei in Ordnung, der weibliche Körper sei widerstandsfähiger, als es den Anschein habe. Dann hatte sie mich untersucht. Meine Beine waren gespreizt, die Socken hatte ich anbehalten, ihre Finger fuhren hinein, ihre Hände drückten auf meinem Bauch herum. Sie fragte, ob ich meine Zervix sehen wolle. Sie führte ein Spekulum ein, öffnete es weit und platzierte am Eingang einen auf mich gerichteten Spiegel. Ich hätte, so sagte sie, überhaupt kein Narbengewebe. Und würde zweifelsfrei termingerecht gebären. Ich weiß noch, dass ich die Tränen zurückhalten musste und mir sagte, wer ist diese Frau, Gott segne sie. Eine Geste der Freundlichkeit und Beruhigung seitens einer Fremden ist herzzerreißend.

Jetzt kann nichts, was sie sagt, mich davon überzeugen, dass alles in Ordnung ist. Aber ich wünsche mir so sehr, mein Kind im eigenen Bett zu bekommen. Wenn bloß der Gebärmutterhals bis zur siebenunddreißigsten Woche durchhält. Wenn die Wehen vorher einsetzen, kann die Hebamme Loretta Mae nicht zu Hause auf die Welt holen.

MITTWOCH 5. MAI. Heute Morgen um 10:07 ist Loretta Mae zur Welt gekommen, zweieinhalb Kilo schwer und neunundvierzig Zentimeter lang. Sie war sechs Wochen zu früh dran. Ich sehe sie in ihrem Brutkasten liegen, die Augen geschlossen, ihr winziger Brustkorb hebt und senkt sich wie der eines Vögelchens. Nach der Geburt hielt ich sie einen Augenblick im Arm, bevor die Schwestern sie eilends auf die Intensivstation brachten. So oft hatte ich es mir vorgestellt: Sie liegt in meinen Armen, alles ist, wie es sein soll, daheim wartet das vorbereitete Kinderzimmer. Vor einer Stunde habe ich sie erneut im Arm gehabt und zum ersten Mal versucht, sie zu stillen. Sie fand guten Halt an der Brustwarze, schlief aber sehr bald ein. Ich war nicht in der Lage, mich mit meiner Tochter im Arm zu entspannen. Sie ist so klein, so zerbrechlich. Die Schwestern schienen lockerer im Umgang mit dem winzigen Körper.

Als ich sie in den Glaskasten zurückgelegt hatte, sah ich mir die anderen Brutkästen im Raum an, darin andere winzige Geschöpfe, kleiner als meines, die meisten bekamen Sauerstoff zugeführt, ihre Lungen arbeiteten schwer. Ich merkte, dass ich bei allen Schwierigkeiten, die es mir bereitete, anderen die Pflege zu überlassen, dankbar war, dass meine Tochter gesund zur Welt gekommen war. In diesem Moment war mir alles egal, und ich setzte mich wieder mit meinem Baby hin. Ich wiegte seinen nackten Körper an meiner entblößten Brust, bis ich wirklich begriffen hatte, dass sie auf der Welt war.

Eine andere Mutter, die ihr Frühchen stillte, hatte mich vorher gefragt, wie die Geburt für mich gewesen sei. Jetzt, da ich mein Baby im Arm gehalten habe, weiß ich, dass Geburt für mich bedeutet, sie am Leben zu erhalten. Die Milch muss einschießen, ich muss abpumpen, ich muss ihren nackten Körper die ganze Nacht lang an meiner Brust wiegen, ich muss sie warm halten, damit ihre Körpertemperatur stabil bleibt. Meine Loretta muss leben.

DONNERSTAG, 23. JUNI. Mein Vater ist uns besuchen gekommen. Am Flughafen finde ich ihn in einem Rollstuhl in einer Ecke des Bereichs mit den Förderbändern. Mein Bruder Cheo schimpft mit ihm. Er will das Wasser nicht trinken, das mein Bruder ihm gegeben hat. Mir gegenüber beschweren sie sich gleichzeitig übereinander. Mein Bruder sei ein Quälgeist, mein Vater stur und störrisch wie ein alter, mürrischer Esel. Ich bin froh, dass sie einander haben.

Zwei Wochen zuvor ist er an Krampfaderblutungen im

Magen fast gestorben. Die Blutung war Folge seines Alkoholismus, von dem er angeblich nichts wusste. Als er noch in seinem Büro arbeitete, habe er jeden Abend getrunken und, so sagte er, niemals gefehlt. Er erholte sich, bekam Medikamente für seine geschädigte Leber, aber im Flugzeug war er ohnmächtig geworden und hatte so starke Schmerzen im Unterbauch bekommen, dass er jetzt nicht gehen kann. Ich muss mit ihm vom Flughafen aus direkt in die Notaufnahme fahren.

»Für mich scheint der Mond nicht mehr«, sagt er mit einem Lächeln.

In der Notaufnahme fällt mir auf, wie eingefallen sein Gesicht ist. Er sitzt im Bett, von Kissen gestützt. Seine Oberarme ragen nackt aus dem Krankenhausnachthemd, die Haut hängt um die Knochen wie bei einem alten Mann. Mir dreht sich der Magen um, und ich wende mich ab. Die Füße und Knöchel meines Vaters lugen unter der Bettdecke hervor. Die Haare an seinen Waden sind ausgefallen, und die von braunen Altersflecken übersäte Haut hat einen durchscheinenden Glanz. Der linke Knöchel ist geschwollen und merklich dunkler als der andere. Ich lege meine Hand darauf und erschrecke, als mir klarwird, dass ich es vor allem tue, um ihn nicht sehen zu müssen.

»Das sind Rinderhufe«, sagt mein Vater. »Und der da ist sowieso ein Wunder, den hätte ich beinahe bei einem Motorradunfall verloren, als ich in jenen schrecklichen Monaten nach dem Tod deiner Mutter sterben wollte.«

Er lacht kurz auf und streicht mir über den Nacken. Seine braungrünen Augen heben sich leuchtend von seiner gelblichen Haut ab, zarte, breite Falten zeichnen die Augenwinkel, er schneidet eine kleine Grimasse.

»Dad, du musst auf dich aufpassen«, sage ich lächelnd, denn meinem Vater gegenüber muss man alles mit einem Lächeln tun. Nichts konnte jemals so schlimm sein, dass man vergessen durfte, dass wir Staub sind und zu Staub zurückkehren. Er ist genauso sehr Priester wie seine beiden ordinierten Brüder, auch wenn er ein Mistkerl ist.

Später, nachdem der Arzt gekommen ist und erklärt hat, zu der fortgeschrittenen Zirrhose meines Vaters komme erschwerend der alkoholinduzierte Diabetes hinzu, begreife ich, dass mein Vater sterben wird. Nicht an diesem oder am nächsten Tag, aber auch nicht erst in ferner Zukunft. Kurz nachdem der Arzt den Raum verlassen hat, döst mein Vater ein. Ich sehe zu, wie sich seine Züge nach und nach entspannen, wie sich sein Brustkorb hebt und senkt, und mir wird bewusst, dass ich meinen Vater nie habe schlafen sehen. Ich habe ihn überhaupt nicht oft angesehen. Was für ein Leben führen wir bloß, dass wir unsere Eltern erst in Momenten wie diesen wahrnehmen, wenn der Tod den Blick unausweichlich macht.

Bei dem Gedanken, dass auch sie versucht haben, im Leben ihren Weg zu finden, durchströmt eine Woge des Respekts und der Bewunderung mein Herz.

DIENSTAG, 28. JANUAR 2005. Mein Körper wird dich niemals vergessen. Ich schlafe immer noch auf dem Futon neben deiner Wiege, obwohl du nicht mehr bei mir schläfst. Seit zwei Monaten liege ich jede Nacht neben deiner Wiege und vermisse dein Köpfchen an meiner Schulter, deinen warmen, süßen Atem an meinem Kinn. Ich hatte mich auf die Zeit gefreut, da du die Wiege akzeptieren würdest, aber ich hätte nie erwartet, dass die Veränderung so viel Schmerz mit sich bringen würde. Seit ein paar Monaten bist du jede Stunde aufgewacht, hast gequengelt, wolltest aber nicht gestillt werden. Ich musste mit dir hin und her laufen, damit du wieder einschliefst, doch eine Stunde später warst du erneut wach. In einer Nacht habe ich mitgezählt: Neun Mal wurdest du wach, drei Stunden lang bin ich herumgelaufen. Ich wusste, dass du in die Wiege wolltest, dass jede meiner Bewegungen im Bett dich gestört hat, mein Geruch, mein Atem, mein Körper, mein Gewicht. Jetzt schläfst du jeweils drei bis vier Stunden am Stück. Ich liege neben dir, erlebe das Ende einer ganz besonderen Phase in unserer Beziehung und frage mich dabei, wie viele noch kommen werden, ermahne mich, dass ich dich loslassen muss, um unser beider willen.

Ich weiß, was Verzweiflung ist. Ich sehe sie neben meiner Liebe zu dir wachsen. Ich sehe, wie du stündlich, täglich wächst, merke es jedes Mal, wenn wir nachmittags zusammen baden, und daran, dass dein Gebrabbel immer mehr so klingt, als wolltest du etwas sagen. Und ich versuche hilflos, die Gegenwart festzuhalten, zu verhindern, dass sie zur Vergangenheit wird. Ich weiß, dass meine Verzweiflung auch mit dem Verlust meiner Mutter vor langer Zeit zusammenhängt, mit der bald darauf folgenden Trennung von meinem Vater und von meinem Zuhause, und mit dem in der Zukunft dräuenden unausweichlichen Tod. Ich bin eine Sehnsuchtskranke, die sich lange Zeit geweigert hat, den Verlust ihrer Liebesobjekte zu betrauern, und stattdessen ihr Leben auf Verschmelzung mit falschen Ersatzpersonen gebaut hat. Aber du, Loretta Mae, du bist der richtige, der sinnvolle Ersatz. Und doch ertappe ich mich dabei, ein bisschen zu fest zuzudrücken, wenn du dich meinen Armen entwinden willst, während ich dich wiege oder mit dir herumlaufe, damit du einschläfst. Ich merke, wie es in meiner Brust eng wird, wenn ich erkenne, dass du kleine Person selbst bestimmen willst, wie viel du von mir bekommst, und von mir wegkrabbelst. Manchmal ertappe ich mich dabei, dass ich den sechs Monate alten Säugling vermisse, der sich nicht fortbewegte und so nachdenklich wirkte, der ganz und gar auf mich angewiesen war, natürlich auch nach deinen Bedürfnissen, aber mir so nah, so nah.

DONNERSTAG, 18. MÄRZ. Deine Tante Julie hat gerade ihre dritte Tochter bekommen. Im Krankenhaus streckte ich die Arme nach deiner Cousine Emma aus, und noch ehe ich sie berührt hatte, spürte ich den kleinen, sich ankuschelnden Neugeborenenkörper, roch den Babygeruch, und es flossen Tränen. Eine tiefe Trauer schnitt mir ins Herz, eine Mischung aus Erinnerung und Hoffnung, aus verpassten Gelegenheiten und unerbittlichem Schicksal. Emma war zehn Stunden alt. Du warst zehn Monate alt. Ich war fünfunddreißig. Meine Mutter vierundsechzig.

Die meisten Frauen, mit denen ich spreche, beginnen ihren Müttern zu verzeihen und sie mehr zu lieben, wenn sie selbst Mütter werden. Sie stellen dann fest, dass sie die Grenzen ihrer Mütter akzeptieren können. In unserem Fall, Loretta, es tut mir leid, das sagen zu müssen, ist es umgekehrt. Meine Liebe zu dir hat eine Wut auf deine Großmutter geweckt, zu der ich mich nicht für fähig gehalten hätte. Wenn ich in deine Augen blicke und mir der Atem stockt bei dem Gedanken, was für ein liebevoller Halt ich dir bin, kann ich nicht begreifen, dass meine Mutter nicht in meine Augen sah, dass sie mir nicht erlaubte, mich an sie zu klammern. Im Kopf verstehe ich all die Gründe, warum eine Mutter vielleicht unfähig ist zur Mütterlichkeit. In gewisser Weise bin ich meiner Mutter Mutter gewesen, und ich habe ihr den Gefallen getan, sie in meinen Erinnerungen zu idealisieren. Das ist nicht ungewöhnlich, viele vernachlässigte Töchter tragen diese Last. Aber ich habe mich über diese meine Rolle nie geärgert, bis du kamst. Und ich habe mich nie zuvor als vernachlässigt empfunden.

Als wir gestern Abend zusammen badeten, balanciertest du auf deinen kleinen Beinchen, während du dich an meiner Schulter festhieltest. Deine Fingernägel gruben sich tief in meine Haut, das tat weh, aber ich ließ dich weitermachen. Du warst so glücklich. Plötzlich tauchten aus den Winkeln einer vertrauten, angenehmen Erinnerung verstörende Bilder auf. Deine Großmutter wusch mich vor dem Schlafengehen mit Rosenwasser. Das tat sie jeden Abend. Ich wollte nicht mit diesem Schwamm abgerieben werden. Ich hasse den Geruch von Rosenwasser. Plötzlich ahnte ich, dass das Rosenwasser Franzbranntwein war. Er stach in meinen Augen. Ich hasste den rauen Schwamm. Mein ganzer Körper brannte. Flehend sah ich zu meiner Mutter hoch, und sie sah mich nicht an, sondern schrubbte noch stärker, und ihre Nägel gruben sich in meine Schultern. Ich schluchzte, aber nur leise, um sie nicht zu behelligen. Ich merkte, dass sie verstimmt war. Ich begriff, dass sie keine Lust hatte, mich zu waschen. Dabei war es ihre Idee. Ich brauchte es nicht. Sie brauchte es. Aber sie war nicht glücklich.

Also, Loretta Mae, was du in dieser Geschichte finden wirst, wenn es so weit ist, ist nicht so sehr die persönliche Geschichte deiner Mutter, sondern ihre durch ihre Herkunft geprägte Beziehung zur Welt. Die Wahrheit deiner Mutter, die wichtigsten Momente in ihrem Leben, haben keinen festen Platz in ihrem Gedächtnis, mal verfolgen sie sie, manchmal fliehen sie vor ihr. Wenn ich, mein Schatz, je irgendetwas wirklich Wichtiges gelernt habe, von dem ich mir wünsche, dass du es so früh wie möglich mitbekommst, dann ist es die Tatsache, dass einem das Leben durch die Finger gleitet: dass ich als Sechsjährige am Abend, mich am weichen Handgelenk meiner Mutter festhaltend, einschlafe und am nächsten Tag als Teenager aufwache, dem ein Segeltau zwischen den Fingern brennt, und dass ich, als das Unwetter vorbei und der Golfstrom wieder blau ist, unter Deck gehe und als Fünfunddreißigjährige wieder heraufkomme, die deine winzigen Neugeborenenhändchen in den ihren hält.

MONTAG, 6. JULI. Ich lese Bücher über Psychologie und die Entwicklung des Kindes, prüfe alle möglichen Wege, um dich vor mir zu beschützen. Immer wieder sucht mich das albtraumhafte Bild heim, wie du mit fünfzehn allein in einer fremden Stadt in Schaufenster starrst und dich unzulänglich und ungeliebt fühlst, während elegant aussehende Frauen vorbeischlendern. Ich will nicht, dass du die Qualen erleiden musst, die es bedeutet, sich im falschen Körper gefangen zu fühlen. Ich will nicht, dass du jemals unter dem zerstückelten Leben eines falschen Selbst zusammenbrichst. Ich will nicht, dass du je in einer Abtreibungsklinik auf einer Bahre liegst, die Füße auf kalte Stahlbügel gestützt. Dein Schicksal hängt zu großen Teilen von mir ab. Dies niederzuschreiben ist in gewissem Maße meine Vorstellung davon, wie ich dich vor meiner Geschichte schützen kann.

MONTAG, 12. SEPTEMBER. Man-O-War-Cay. Ein Tag mit dir. Wir erwachen in demselben kleinen Zimmer vom Geräusch des Windes, der durch die Palmen streicht, und dem schlaftrunkenen Rhythmus der Wellen, die ans Ufer schwappen. Ich stille dich, du hast den Blick auf deine Hand gerichtet, die der über unseren Köpfen wehenden Gardine zuwinkt wie zum Abschied. Es ist sechs Uhr fünf am Morgen. Du setzt dich auf und klatschst Beifall, als du mich sagen hörst: »*Buenos Días*, Loretta.« Du strahlst mit einem sechszähnigen Lächeln das Fenster an, deutest mit dem Zeigefinger nach draußen und sagst: »*Go allà!*« Gehen wir da hin ... und, *allà*, gehen wir.

Du gehst voraus, den nackten Hintern schon voller Sand, weil du in den Dünen ein paarmal gefallen bist. Der Strand liegt weich und glatt da, glitzernd von den Muscheln, die die Ebbe angeschwemmt hat. Ich deute auf die aufgehende Sonne über dem Wasser, und du klatschst erneut in die Hände. »Lu!« für *luna*, Mond. »Ja, Loretta, *la luna* sieht aus wie die Sonne«, und bei meinen Worten berührst du das Muttermal auf meiner rechten Wange, das du besonders magst, und sagst noch einmal »Lu!«, diesmal für *lunar*, Muttermal. Du wendest dich ab, läufst auf das Meer zu, blickst zurück, forderst mich heraus, dich zu jagen. Ich erwische dich genau in dem Moment, als du in eine Welle springen willst. Du läufst wieder vor mir weg, blickst zum Himmel hinauf, und dann findest du ihn, den Mond, und quietschst vor Freude. »Lu, lu, lu!«, rufst du mir zu, während dein ganzer zehneinhalb Kilo schwerer Körper sich emporreckt, bis du auf den Zehenspitzen stehst, beide Arme himmelwärts gerichtet.

Ich klatsche Beifall, und du läufst mit ausgestreckten Ärmchen auf mich zu, damit ich dich umarme, eine Umarmung, die sich anfühlt wie ein Sprung ins Meer, eine Taufe, eine Wiedergeburt. Ich umschließe dich und denke, dass du schon sechzehn Monate alt bist. Zwischen den Korallenköpfen glänzen Wasserbecken. Bald ist Vollmond, um diese Zeit erreicht die Ebbe ihren Tiefstand. Ich nehme dich mit zu den Becken. Im flachen Wasser sieht man in den puderigen Sand gegrabene Sanddollars. Du springst aufgeregt in das glitzernde Wasser. Wir gehen zurück zu unserer kleinen Veranda. Ich setze mich hin, du kletterst auf meinen Schoß und beginnst, an meiner Brust zu trinken. Die Beine in der Sonne, lachen wir, ich stille dich, und wir lachen wieder. Manchmal ist dein Gesicht ganz friedlich, es wird ruhig, deine Augen werden feucht, deine Wangen röten sich ein wenig, und ich weiß, dass es an der Milch liegt, die in dich strömt und dein ganzes kleines Leben mit Wärme erfüllt.

FREITAG, 28. NOVEMBER. Während ich dies schreibe, durchfluten mich Gedanken an die Zukunft. Mein Geist lässt die tausend Zufälle aufblitzen, die zusammenkamen, um mein Leben neu zu erschaffen. Ich blicke aus dem Fenster und nehme die Weite des Meers in mich auf, dessen Grenze die Korallenriffe am Strand bilden. Du bist jetzt neunzehn Monate alt, und ich bin erneut schwanger. Voraussichtlicher Termin ist der 7. August 2006, mein siebenunddreißigster Geburtstag.

Die Tatsache, dass du unvermeidlich wächst und immer unabhängiger wirst, erinnert mich ständig daran, dass ich letztendlich allein bin, dass das Verschmelzen mit einem anderen, der Stoff, aus dem meine persönliche Biographie bestand, keine Lösung ist. Einst, als du in meinem Bauch warst, schien es, als wären wir ein einziges Wesen.

Der Wunsch nach Verschmelzung ist die tiefe Sehnsucht, sich dem Verlust zu widersetzen, den das Vergehen der Zeit notwendig beinhaltet.

Schon eine zweite Schwangerschaft fühlt sich manchmal an wie ein Abschied. Aber ich habe immer weniger Angst vor Veränderung und Wachstum. Du wirst wachsen, meiner Brust den Rücken kehren, nicht mehr mit dieser durchdringenden, absoluten Liebe in meine Augen blicken, und so wird es auch das Kind tun, das jetzt in meinem Bauch wächst.

Ich habe diese Version meines Lebens in der Hoffnung aufgeschrieben, dass meine künftigen Leben weniger unauthentisch sein werden. Ich weiß, dass es kein perfektes Leben gibt. Ich habe die Phantasie meiner Kindheit, mich durch riesengroße, epische Sprünge neu zu erfinden, jeden Morgen neu anzufangen, um alles in Ordnung zu bringen, aufgegeben. Das »richtige« Leben gibt es nicht, es wird sich mir immer wieder entziehen. Ein vollkommener Tag mit meiner Tochter zum Beispiel, heute, jetzt, in diesem Augenblick, ist alles, was ich habe. Ein ruhiger Abend mit meinem Mann, an dem wir einander vorlesen, was wir geschrieben haben, was andere geschrieben haben, an dem wir über uns und die Welt lachen. Was kann man sich mehr wünschen?

MONTAG, 24. DEZEMBER. Heute Abend, nachdem ich dich zu Bett gebracht hatte, ging ich noch einmal in dein Zimmer und stand an deiner Wiege. Es machte mir Angst, zum ersten Mal zu begreifen: Ich werde sterben und dich verlassen müssen. Auch kam mir in den Sinn, dass eines Tages in nicht allzu ferner Zukunft du an einer Wiege stehen und dein Kind im Schlaf betrachten wirst und dir das Gleiche klarwerden wird. Ich wurde ruhiger. Die Ruhe bestand, wie so oft bei mir, aus Resignation. Aber allem Schmerz zum Trotz freue ich mich darauf, dich heranwachsen zu sehen, zu hören, wie sich der Klang deiner Stimme verändert, all das wird eine Verbindung zwischen der Frau herstellen, die ich bin, und dem Kind, das ich einmal war.

Loretta Mae. Du bist das Band zwischen mir und der Welt, aus der ich komme. Du wirst zu meinem Ursprung.

Nachwort

Irene Vilar hatte in fünfzehn Jahren fünfzehn Abtreibungen. Die Seiten dieses Buches zeichnen ihre Entdeckungsreise zu den Gründen nach, eine Suche, die Stereotype Lügen straft, die wir längst überwunden zu haben glaubten.

Zunächst einmal sollte festgehalten werden, dass Vilar schreiben kann (was heutzutage leider nicht bei allen Autoren selbstverständlich ist). Darum lesen sich diese Erinnerungen so spannend wie ein Roman von Isabel Allende, nur dass im vorliegenden Fall das lateinamerikanische Genre des magischen Realismus auf grausame Weise mit der Wahrheit übereinstimmt. Diese Seiten legen nuancenreich intime Aspekte weiblichen Leidens, Überlebens und der Selbstheilung bloß, und dies in einer so komplexen Sprache, dass sie, wie Vilar anmerkt, nicht auf einen Autoaufkleber passen würden.

Zum anderen ist Vilar eine Feministin, die das Recht der Frau vertritt, sich für eine Abtreibung zu entscheiden, aber jahrelang davor zurückschreckte, dieses Buch zu schreiben, aus der verständlichen Angst heraus, missverstanden zu werden, vor allem aber aus der Befürchtung, ihre Geschichte könnte sich auf die Wahlfreiheit der Frauen negativ auswirken. Dieses Zurückschrecken ging so weit, dass sie lange Selbstzensur übte: Unter dem Titel *The Ladies' Gallery* (New York 1996) hatte sie Erinnerungen veröffentlicht, in denen »das entsetzliche Skript der Übertragung, das ich mit dem

Mann, den ich liebte und von dem ich mehrmals schwanger wurde, in den Jahren meiner Arbeit an jenen Erinnerungen durchlebte, ... nicht vor[kam].«

Darüber hinaus ist Vilar Lateinamerikanerin aus Puerto Rico, und deshalb ist dies auch eine Erzählung über den Kolonialismus, der den Sexismus mit produziert hat. Vilar schreibt: »Die lateinamerikanischen Abtreibungsgesetze zählen zu den schärfsten der Welt, und doch ist die Abtreibungsrate hier eine der höchsten weltweit. ... Sich in irgendeiner Form mit der Pro-Life-Bewegung zu identifizieren wird vollends abwegig, wenn man sich klarmacht, dass sie im Grunde fordert, zu den in Lateinamerika herrschenden, grauenhaften Abtreibungs- und Todeszahlen von Frauen zurückzukehren, und dabei die beeindruckend niedrigen Abtreibungszahlen in Westeuropa einfach ignoriert.«

Vilars Bericht entfaltet sich vor einem Hintergrund aus mehreren, dicht übereinanderliegenden Schichten: den patriarchalischen Verhältnissen ihres Zuhauses und in ihrem Heimatland, dem Rassismus, Kolonialismus und Neokolonialismus sowie der »Tradition« des Verschweigens sexuellen Missbrauchs von Mädchen durch männliche Familienangehörige.

Am Anfang steht eine übermächtige Großmutter, die im Alter von siebzehn Jahren gezwungen war, sich um der Landpacht willen zu verkaufen, Puerto Rico verließ und in New Yorker Ausbeuterbetrieben zu überleben versuchte. Ihr leidenschaftliches Engagement für die nationalistische Bewegung Puerto Ricos fand 1954 seinen Höhepunkt, als sie mit einer Waffe und einer Nationalflagge in der Handtasche die Stufen zum amerikanischen Kapitol hinaufstürmte. Diese Frau, Lolita Lebrón, je nach politischer Einstellung berühmt oder berüchtigt, saß für ihren »Versuch, die Regierung der Vereinigten Staaten zu stürzen«, zwanzig Jahre lang im Gefängnis. Jahrzehnte später, als Vierundachtzigjährige und immer noch politisch aktiv, wurde sie erneut verhaftet, weil sie gegen die Stationierung der US-Marine in Vieques protestierte. Lebrón war eine Heldengestalt, doch die von ihr gewählte Opferrolle erforderte auch, dass sie »öffentlich zu einer Art lebendem Mythos stilisiert wurde«, was ihre Familie, insbesondere die Frauen, teuer zu stehen kam.

Lebróns Tochter wuchs bei einem Onkel auf, der sie sexuell missbrauchte, suchte mit fünfzehn Jahren Zuflucht in der Ehe und »gebärdete sich gern unterwürfig«. Sie wurde valiumsüchtig und beging mehrere Selbstmordversuche, deren letzter erfolgreich war: Sie sprang, ihre Tochter Irene war erst acht Jahre alt, aus einem fahrenden Auto. Vilars Vater war spiel- und alkoholsüchtig und zwei ihrer drei Brüder heroinabhängig. Einer von ihnen starb an einer Überdosis. Dass Irene Vilar daran nicht zerbrochen ist, ist im Grunde ein Wunder.

Von ganz entscheidender Bedeutung ist der politische und soziale Kontext. Vilar schreibt: »Beim Gedanken an meine Mutter und die puerto-ricanischen Frauen denke ich unwillkürlich auch an ›Entscheidungsfreiheit‹ … Beim Reden darüber wird meist der freie Wille auf der Grundlage persönlicher Freiheit beschworen, und damit tritt die Dynamik zwischen sozialen Bedingungen und menschlichem Handeln in den Hintergrund … Für die in Puerto Rico weitverbreitete Armut wird seit jeher das Bevölkerungswachstum verantwortlich gemacht, während andere Ursachen wie etwa die Ausbeutung durch die USA ignoriert oder verschleiert werden. Oscar Lewis vertritt in seinem mit dem National Book Award für Nonfiction (1967) ausgezeichneten Buch *La Vida* dieselbe Ansicht wie amerikanische Sozialwissenschaftler, wenn er Fruchtbarkeit und Reproduktion als Ursache des ›puerto-ricanischen Problems‹ ansieht. Die puerto-ricanische Mutter wurde entweder als Opfer ihres machohaften Ehemanns und zahlloser Kinder gesehen, das sich danach sehnte, aus der eigenen Unwissenheit befreit zu werden, oder aber als unerbittliche Gebärmaschine, die zum Stillstand gebracht werden musste.«

Es ist tragisch, aber Vilar hat recht. Von 1955 bis 1969 war Puerto Rico ein Forschungslabor der USA, in dem Empfängnisverhütungsmittel für Frauen getestet wurden, insbesondere hochdosierte Antibabypillen mit gefährlichen Nebenwirkungen bis hin zur Unfruchtbarkeit. Ich weiß noch, wie ich mit anderen jungen Feministinnen gegen den Missbrauch puerto-ricanischer Frauen als »Meerschweinchen für Verhütungsmitteltests« protestierte. Das war 1968, als die Wahrscheinlichkeit, sterilisiert zu werden, bei puerto-ricanischen Frauen zehn Mal höher war als bei US-amerikanischen Frauen. »1974 waren siebenunddreißig Prozent der puerto-ricanischen Frauen im gebärfähigen Alter sterilisiert. ...1980 hatte Puerto Rico die weltweit höchste Sterilisierungsrate.«

Vilars Mutter war sechzehn, als sie im Januar 1956 ihr erstes Kind bekam, im Oktober des gleichen Jahres folgte ein sechs Monate altes Frühchen. Sie benutzte eine umstrittene Pille, aber 1961, nach der Geburt eines weiteren Kindes, versorgte sie das staatliche Krankenhaus nur unter der Bedingung, dass sie sich einer Eileiterligatur unterzog. Acht Jahre später gingen die Eileiter wieder auf, und sie wurde mit Irene schwanger. Als ein Arzt zu einer Hysterektomie riet, wurde diese Frau ohne Fortpflanzungsorgan und ohne Hormontabletten nach Hause geschickt, mit dreiunddreißig Jahren. Vilar fasst das Ergebnis zusammen: »Die Tatsache, dass sie in armen Verhältnissen und wie eine Waise aufgewachsen, Tochter einer in einem amerikanischen Gefängnis sitzenden Rebellin und zweiunddreißig Jahre lang mit einem Mann verheiratet war, der ihre Vorzüge nicht zu schätzen wusste, vermochte nicht, was dem amerikanischen Programm der Massensterilisierung und den rassistischen Ideologien der Geburtenkontrolle gelang. ... Meine Mutter ... zerfiel vor meinen Augen.«

In seiner Zuschauerrolle erlebte das Kind viel Widersprüchliches und geriet noch mehr in Verwirrung, als die Leugnung zum familiären Grundkonsens wurde. Selbst Jahrzehnte später noch wetterte Lebrón gegen den Wunsch ihrer Enkelin, die Wahrheit aufzuschreiben: »Jetzt hör mir mal genau zu, meine Familie ist die Nation Puerto Rico, der ich mein Leben geschenkt habe, und jeder, hör mir gut zu, jeder, der für diese Nation eine Gefahr ist, ist ein Feind ... Dieses Buch, in dem du schreibst, Tatita sei nicht bei einem Autounfall ums Leben gekommen, sondern habe sich umgebracht, dieses Buch ist eine Farce, und die nationalistische Bewegung wird das nicht zulassen. Wenn du das Buch veröffentlichst, wird die Bewegung dir das nicht verzeihen.«

Was also geschah mit jenem aufgeweckten achtjährigen Mädchen, das zusehen musste, wie seine Mutter erst den Verstand verlor und dann freiwillig aus dem Leben schied?

Entschlossen, sich über die Trauer zu erheben, und trotzdem ihrem Erbe, der Gefallsucht, verhaftet, war sie während sieben Jahren in sieben Schulen eine exzellente Schülerin und trat mit fünfzehn ins College ein. Insofern hatte sie die vorgezeichnete Lebensbahn der Tragödien verlassen, jedoch allein auf intellektueller Ebene, in ihrem Körper blieb diese Spur eingeschrieben. Die Vergangenheit holt die intelligente, leidenschaftliche junge Frau ein, die zwischen Vernachlässigung und Bildung, scheinbaren Freiheiten und wahrer innerer Befreiung ihren Weg sucht. Und das Patriarchat flüstert diesem hungrigen Geist ein, es gebe für ihn nur eine Nahrung.

Sie kann nicht selbst die brillante großartige Frau werden, die sie sein möchte. Sie muss einen »männlichen Helden« finden, einen Pygmalion, einen Svengali, einen Liebhaber, der gleichzeitig Tutor und Vater ist und dem sie sich unterwerfen, ohne den sie nicht zur Blüte gelangen kann. Irene lernte ihren »männlichen Helden« mit sechzehn Jahren kennen. Er war fünfzig. Während ihrer zehnjährigen Hörigkeit ließ sie mehrere Abtreibungen über sich ergehen, unternahm etliche Selbstmordversuche und wurde einmal in eine psychiatrische Klinik eingewiesen. Ach ja, der »männliche Held«.

Heute ist die feministische Prophezeiung »Wir werden zu den Männern, die wir heiraten wollten« tatsächlich wahr geworden. Und doch sind bis vor kurzem gebildete, intellektuelle, in anderen Bereichen starke junge Frauen, vor allem Künstlerinnen und Schriftstellerinnen, besonders leichte Beute für »männliche Helden« gewesen. Nervös, aber willig folgten wir, so sehr waren wir es gewohnt, Spuren unserer eigenen Substanz auf ein Er und das Männliche zu übertragen, so sehr hatten wir uns damit abgefunden, alles, was in Richtung unserer abweichenden Wirklichkeiten ging, zwischen die Zeilen ihrer Wirklichkeit zu schieben, weil ihre Realität fast immer eine war, in der weibliche Menschenwesen nicht vorkamen oder hinter die Kulissen verbannt bloß ein- oder zweidimensional waren. Schlimmer noch, wir standen es durch und bestätigten dadurch selbst die Lügen, die man uns über einen »naturgegebenen weiblichen Masochismus« erzählt hatte. Wir lehnten es ab, uns mit anderen Frauen zu identifizieren (das trifft selbst auf viele Lesbierinnen zu: Gertrude Stein, Elizabeth Bishop), weil nur Männer vollwertige Menschen waren, nur Männer besaßen die Macht, handelnd ins Leben einzugreifen. Jede von uns, verzweifelt bemüht, in den kritischen Augen ihres »männlichen Helden« die »Ausnahmefrau« zu sein, strebte nach Macht und Selbstausdruck durch ihn.

Wenn wir seinen Zwecken gedient hatten, als bewundernde Studentin, Muse, Gefährtin, Mami, Sexspielzeug, Brotverdienerin (damit er sich seiner Kunst widmen konnte),

Harpyie (wenn wir uns auflehnten), zerstörte er uns. Einige Frauen, unter ihnen Sylvia Plath und Anne Sexton, taten ihm den Gefallen, sich das Leben zu nehmen. Manchen von uns gelang es zu entkommen. Eine solche Frau bin ich selbst, aber ich brauchte fast zwanzig Jahre, um mich zu befreien. Darum kann ich Vilars Dilemma nicht einfach abtun.

Ihr »männlicher Held« war einer ihrer Lehrer, ein Dozent für Lateinamerikanische Literatur und Literaturtheorie, der sich rühmen konnte, mit anderen »männlichen Helden« wie Julio Cortázar, Carlos Fuentes, Gabriel García Márquez, Manuel Puig und Octavio Paz befreundet zu sein – eine Liste, angesichts derer bei intelligenten Frauen schon die Alarmglocken schrillen sollten. Als argentinischer Jude, atheistischer Philosoph, Überlebender einer von der Diktatur eingesperrten und ermordeten Generation, war er ein Rebell. Durch ihn konnte Vilars Rebellion, die ihr selbst nicht zugestanden wurde, manifest werden.

Er stellte die gemeinsame Beziehung als ihre Rettung dar, was sie in seinem Sinne auch war, für Vilar jedoch eine permanente Prüfung bedeutete. Er erklärte ihr, seine Partnerinnen seien nie länger als fünf Jahre bei ihm geblieben, Familie töte das Begehren, er habe darum gekämpft, kinderlos zu bleiben, seine früheren Gefährtinnen seien nicht bereit gewesen, den Preis für ein Leben in Freiheit zu zahlen. Reife, weniger formbare Frauen seien von Sorgen und Wunden entstellt. Erstaunlicherweise gab er auch unumwunden zu: »Ich brauche eine unfertige, konturlose Frau, die noch nicht zu viele Wunden hat. Das ist der Grund, warum ich junge Frauen bevorzuge.«

Die einzige Form von Rebellion, zu der Irene Vilar in der Lage war, bestand darin, ihre Pille (die ohnehin starke Erinnerungen an kulturelle und familiäre Erniedrigung weckte) zu »vergessen« und schwanger zu werden. Mit jeder Schwangerschaft widersetzte sie sich ihm. Um jedoch die Rettungsschnur, die er verkörperte, nicht zu verlieren, war es anschließend unumgänglich, wieder *un*schwanger zu werden. Und damit war der Teufelskreis geschlossen.

In der Zwischenzeit verschlang sie die Literatur von Männern, die er ihr verordnete. Cortázar, Fuentes, Fernández, Bertrand Russell, Martin Buber und insbesondere die des Theologen Paul Tillich, die sie während ihrer ersten Schwangerschaft las. Tillichs Einfluss zieht sich, in Form ihres Strebens nach dem, was er »den Mut zum Sein« nannte, durch ihr ganzes Buch.

Es lohnt sich also, sich kurz mit der alternativen Realität zu befassen, die diesen »männlichen Helden« umgibt und die uns von seiner Witwe Hannah Tillich in ihrem Buch *Ich allein bin* (Gütersloh 1993) mitfühlend, aber rückhaltlos enthüllt wird. Nach seinem Tod, so berichtet sie uns, öffnete sie »die Schubladen«. Unter seiner Kladde versteckt fand sich ein Brief pornographischen Inhalts, die Schilderung seiner Lieblingsphantasie: nackte, gekreuzigte Frauen, die ausgepeitscht werden, es fanden sich Fotos, Affären, Geliebte, Sekretärinnen, die Liebesdienste erfüllten, einmalige sexuelle Abenteuer, Missbrauch von Studentinnen, die ihn verehrten. Hannah Tillich schreibt: »Ich war versucht, jene obszönen Relikte seines wirklichen Lebens, das er, ein geistiger Midas, in das Gold der Abstraktion umgewandelt hatte, zwischen die geheiligten Seiten seines gefeierten Lebenswerkes zu legen.« Doch stattdessen ging Hannah Tillich das Wagnis ein, dieses Buch zu schreiben und damit alchemistengleich aus dem »blutenden Torso einer Frau«, zu dem sie, wie sie schreibt, geworden war, ihre eigene Integrität zu destillieren.

Den gleichen Mut beweist auch Vilar, die darauf besteht, prinzipiell die Verantwortung für das eigene Tun zu übernehmen, auch wenn sie sie in einen Kontext setzt: In einem Zeitraum von acht Monaten war sie »verantwortlich« für eine

Affäre, einen Selbstmordversuch, drei Autounfälle, zwei Bootskollisionen und zwei Abtreibungen. Ihr Gewicht fiel auf zweiundvierzig Kilo ab, bei einer Größe von einem Meter siebzig. »Jedes Mal, wenn ich meine Periode bekam, war ich niedergeschlagen. Jedes Mal, wenn ich schwanger war, empfand ich Erregung und Angst.« Doch dann begann Vilar ernsthaft zu schreiben, und dabei stellte sie fest: In jenen »Phasen gesteigerter Kreativität und Bestätigung mied ich das Drama von Schwangerschaft und Abtreibung und ›vergaß nicht‹, meine Pille zu nehmen«. Was für ein Zufall.

Beim Lesen dieses Buches fragte ich mich immer wieder, wo in Vilars Leben die Frauenbewegung war, als Mittel der Unterstützung, der psychischen Hygiene, des Überlebens, das sie in den vergangenen vierzig Jahren in den Leben so vieler Millionen Frauen gewesen ist. Inwiefern haben wir bei ihr versagt? Wir wissen, dass es Länder gibt, in denen der Zugang zu Empfängnisverhütungsmitteln so rigoros eingeschränkt wird, dass die Frauen gezwungen sind, zum Zweck der Geburtenkontrolle mehrfach abzutreiben, aber das war hier nicht der Fall. War ihre Sucht so mächtig oder seine Magie so stark, dass sie den unübersehbaren, für jede Frau zugänglichen feministischen Gruppen auf dem Campus und in den großen und kleinen Städten, in denen sie lebte, aus dem Weg ging? Oder haben einige Feministinnen, gefangen in einer uns eigenen ethnozentrischen Kurzsichtigkeit als »Gringas«, dahin gehend versagt, dass sie keine sinnvolle Hilfe leisteten, weil sie unfähig waren, all die sich überschneidenden Faktoren ihres Leidens, zu denen auch Rassismus und Kolonialismus gehörten, zu berücksichtigen?

Vilar hegte sehr wohl enge Freundschaften zu Frauen, doch diese waren offenbar nicht in der Lage oder willens, ein ausreichendes Gegengewicht zu dem »männlichen Helden« zu bilden, und sie hat ihnen auch nicht immer Zugang zur ganzen Wahrheit ihres Lebens gewährt. Allerdings stellte die Lektüre von Simone de Beauvoirs *Memoiren einer Tochter aus gutem Hause* durchaus einen wichtigen Wendepunkt dar: »Etwas an dem vertrauten Bild einer jungen Frau, die in einer erstickenden Umgebung aufwächst und mit einer solch existenziellen Zielstrebigkeit ausbricht, dass selbst der Tod der Mutter zu einer Fußnote ihrer Geschichte wird, erschütterte mich zutiefst«. Und schließlich wagte Vilar zuzugeben, dass sie sich »gezwungen [fühlte], zwischen ihm und meinem Leben zu wählen«.

An diesem Punkt drehte er natürlich den Spieß um, um sie zu halten. Er sagte, sie müsse sich der Abtreibung am nächsten Tag nicht unterziehen. Er sagte, er sei bereit, ihr ein Kind zu »schenken«, wenn es das sei, was sie wolle. Ironie schafft Ironie. Sie stellte zum eigenen Schrecken fest, dass sie sein Kind nicht wollte.

In einem Essay aus dem Jahr 1974, »On Women as a Colonized People« (*The Word of a Woman*, New York 1994), habe ich analysiert, wie Frantz Fanon und Albert Memmi die Charakteristika der Kolonisierung definiert haben: Die Unterdrückten werden ihrer Kultur, ihrer Geschichte, ihres Stolzes und ihres Landes beraubt und (mittels systematischer Bestrafung und Belohnung) gezwungen, die Sprache, die Werte, ja sogar die Identität des Unterdrückers anzunehmen. Mit der Zeit werden sie den eigenen Werten und sogar dem eigenen Land, dessen natürliche Ressourcen vom Unterdrücker ausgebeutet werden, entfremdet. Die Kolonisierten dürfen das Land bearbeiten (das heißt, sie werden dazu gezwungen), nicht aber von dessen Früchten profitieren, sodass sie es letztendlich als Belastung empfinden. So dient die Entfremdung vom eigenen Territorium der Mystifizierung dieses Territoriums, und die erzwungene Identifikation mit Kolonialherren führt schließlich dazu, dass die Kolonisierten sich ihrer selbst schämen und ihr Land verachten. Folglich ist das vorrangige Ziel eines kolonisierten Volkes, sein Land zurückzufordern. Was Fanon und Memmi nie begriffen haben, ist, dass die Frauen an und für sich ein kolonisiertes Volk sind. Unsere Geschichte, unsere Werte, unsere Stimmen und unsere (kulturübergreifende) Kultur sind uns genommen worden, manifestiert in der patriarchalischen Besetzung unseres elementaren »Landes«. Unsere eigenen *Körper* sind uns genommen worden, ausgebeutet um ihrer natürlichen Ressourcen willen (Sex, Kinder und Arbeit), und entfremdet/mystifiziert, sei es im Stereotyp der Jungfrau, der Hure oder der Mutter. Folglich müssen wir als Frauen, um unser Leben zurückzufordern, erst unser Fleisch zurückfordern.

Irene Vilar, vielfach kolonisiert, hat ihr Leben zurückerobert, als sie endlich ein Kind zur Welt brachte und die Frau gebar, die sie heute ist, nach so vielen Jahrzehnten einer Tragödie, die endlos viel schlimmer ist als all ihre Abtreibungen: die Abtreibung des Selbst. Wer glaubt, der Kampf für Freiheit und Rechte der Frau sei nicht mehr notwendig oder sei eine eindimensionale Simplifizierung, täte gut daran, dieses Buch zu lesen. Wir dürfen keinesfalls vergessen, dass das Recht der Frau, über den eigenen Körper zu bestimmen, sich nicht nur auf ihren Bauch bezieht, sondern auch auf ihre Stimme. Irene Vilar hat sie mutig erhoben und gesungen. Hören Sie ihr zu.

Robin Morgan
New York City, 8. März 2009